教师教育系列教材

现代教育技术

(第 3 版)

李志河　主　编

清華大學出版社
北京

内 容 简 介

本书共分为 8 章，内容包括现代教育技术概述、数字化学习资源及其应用、教学媒体设计与应用、现代教育技术应用环境、信息化教学设计、信息技术与课程整合、现代教育技术应用案例和现代教育技术实践。

本书每章以"本章学习目标""核心概念"和"引导案例"等模块导入主题，并通过"小贴士""知识拓展""思考交流""实践"等知识模块贯通全书。另外，每章都配有大量的经典案例以及体现教学交互的"教与学活动建议""学习资源链接"和"扩展阅读"等模块。

本书配有 PPT 教学课件(可发电子邮件至 381373449@qq.com 联系索取)和二维码微课，以方便教师和学生灵活地采用不同的教与学活动形式，从而达到优化教学的目的。

本书是高等师范院校本、专科生"现代教育技术"公共课教学必修教材，也可作为教育学科硕士研究生公共必修课的参考用书，还可供大、中、小学教师和教育技术工作人员培训和阅读参考。

图书在版编目(CIP)数据

现代教育技术/李志河主编. —3 版. —北京：清华大学出版社，2019(2023.8 重印)
(教师教育系列教材)
ISBN 978-7-302-53530-0

Ⅰ. ①现… Ⅱ. ①李… Ⅲ. ①教育技术学—师资培训—教材 Ⅳ. ①G40-057

中国版本图书馆 CIP 数据核字(2019)第 173334 号

责任编辑：陈冬梅
装帧设计：刘孝琼
责任校对：李玉茹
责任印制：杨　艳

出版发行：清华大学出版社
　　　　网　　　址：http://www.tup.com.cn, http://www.wqbook.com
　　　　地　　　址：北京清华大学学研大厦 A 座　　邮　　编：100084
　　　　社 总 机：010-83470000　　　　邮　　购：010-62786544
　　　　投稿与读者服务：010-62776969, c-service@tup.tsinghua.edu.cn
　　　　质量反馈：010-62772015, zhiliang@tup.tsinghua.edu.cn
　　　　课件下载：http://www.tup.com.cn, 010-62791865
印 装 者：小森印刷霸州有限公司
经　　销：全国新华书店
开　　本：185mm×260mm　　　印　张：17.25　　　字　数：416 千字
版　　次：2011 年 8 月第 1 版　2019 年 9 月第 3 版　　印　次：2023 年 8 月第 17 次印刷
定　　价：49.80 元

产品编号：083570-01

前　言

习近平总书记在中国共产党第二十次全国代表大会上的报告中明确指出："我们要办好人民满意的教育，全面贯彻党的教育方针，落实立德树人根本任务，培养德智体美劳全面发展的社会主义建设者和接班人，加快建设高质量教育体系，发展素质教育，促进教育公平。"本教材在编写过程中深刻领会党对高校教育工作的指导意见，认真履行党对高校人才培养的具体要求。

由于信息技术的快速发展和我国新课程改革的全面推进，以及高等院校教育形态的变化，特别是近年来出现的微课、翻转课堂、慕课、人工智能、智慧教室和虚拟学习空间等新的学习形态，使我们感觉到教材中的内容需要进行更新了，于是我们在第2版的基础上，对教材内容等方面进行了较为全面的修订，并且对各章节主要内容录制了微课。

本次修订是在保持版本章节不变的基础上，对内容和结构做了必要的调整。我们主要对每章的名人名言和章节后的课程资源，教材目录结构的二级、三级及其相关内容做了调整，增删和勘误了相关内容，如第1章加入了混合式学习理论；第2章增删了部分图示；第3章做了调整；第4章进行了较大的调整；第5章删除了协作式翻转课堂教学；第6章做了必要的修订；第7章做了较大的调整，增加了教育信息化2.0、人工智能等内容；第8章增加了微课和皮影客动画设计等内容。

本书由李志河教授主编并进行了最后的统稿和定稿工作。本书的编写分工具体如下：王永平、吴彦茹和王元臣编写和修订第1章；杨芳、李玲静和杨玉霞编写和修订第2章；李志河、刘敏和潘霞编写和修订第3章；杨丽勤和王茹编写和修订第4章；张建、赵嵬和许书静编写和修订第5章；郑晓俊、姚海莹和张春雨编写和修订第6章；徐桂兰和吕佳晖编写和修订第7章；邱镜和苑磊编写和修订第8章。

本书受到山西师范大学2016年校级优质课程和2019年度山西省高等学校精品共享课程"现代教育技术"、2018年度山西省高等学校教学改革创新项目(项目编号：J2018251)和山西师范大学现代文理学院2018年度质量工程(项目编号：2018JG04)"独立院校信息技术与课程深度融合模式的理论与应用研究"的资助。另外，在编写的过程中，我们参阅和引用了大量专著和文献资料，在此对各位作者深表谢意。

由于编者水平所限，书中难免有疏漏之处，敬请广大读者批评指正。如有疑问或者需求可与作者联系(381373449@qq.com，李志河)。

编　者

《现代教育技术》教学大纲.doc

ppt.zip

练习题与答案.docx

目　录

我们应该使每一个学生在毕业的时候，带走的不仅仅是一些知识和技能，最重要的是要带走渴求知识的火花，并使它终生不熄地燃烧下去。

——苏霍姆林斯基(1918—1970)，苏联著名教育实践家和教育理论家

第1章 现代教育技术概述

本章学习目标

➢ 掌握现代教育技术的基本概念。
➢ 了解现代教育技术的理论基础和功能。
➢ 熟悉现代教育技术的发展趋势。
➢ 能够运用相关理论分析实际教学中存在的问题。

核心概念

现代教育技术(Modern Education Technology)、建构主义(Constructivism)、信息素养(Information Literacy)

引导案例

什么是现代教育技术

作者：李怀龙

教师：听说你是现代教育技术专家，你是干什么的？你主要的工作是劝说我们学科教师多多使用幻灯、投影仪、多功能教室、计算机、计算机网络等媒体教学工具，帮助我们使用这些媒体管理、维护和维修这些设备，并提出关于如何更好地使用这些教学媒体的建议，对吧？

李怀龙：是的，我确实是从事现代教育技术工作的人，我也确实建议教师们使用这样或那样的媒体教学工具，帮助教师选择合适的教学媒体和进行有效教学，但我实际上并不把自己看成是教学媒体的硬件管理人员。

教师：那你肯定是教育电影或教育电视节目的制作者，或者是教学软件和教学网站的开发者了？

李怀龙：这些事情我们是要做的，也已经做过，当然可能还会继续做，但我们即使永远不再做这些事情，同样也是胜任自己工作的，因为这些工作并不是我们最主要的工作。[①]

教师：现代教育技术不就是要使用机器、工具、设备干一些事情吗？用教学工具干一些与教育教学有关的事情吗？其他技术也是这样一些东西吗？

李怀龙：我承认很多人确实是从这个角度出发工作的。从经常涉及设备、工具和机器之类的意义上说，技术就是工具、机器和设备之类。但工具、机器和设备只是技术的产生物，是技术凝结后的产品，而不是技术本身，技术存在于工具、机器和设备之前，技术的概念所包含的内容要比一套工具、机器和设备丰富得多。

教师：这是不是说，工具、机器和设备的使用还不是真正意义上的技术？

李怀龙：是的。你可能拥有一套工具，也许还有一套技法，而没有什么技术。我以为这将依赖于工具、机器和设备如何被使用，以及工具、机器和设备在使用者心目中的地位，是工艺式的还是教条式的。

(资料来源：中国教育报，2004-10-16(3))

信息时代的到来，一方面使教育面临着严峻的挑战，另一方面也为教育的进一步发展带来了良好的机遇。在发展信息时代教育的过程中，现代教育技术以其先进的观念、手段和方法发挥着重要的作用。

1.1 现代教育技术的基本概念

1.1.1 现代教育技术的概念及内涵

现代教育技术是教育技术的组成部分，属于教育技术的下位概念。它与教育技术的区别也就体现在"现代"一词上。现代教育技术的"现代"主要体现在它的数字化、网络化、

1.1_现代教育技术的基本概念.mp4

多媒体化、智能化和虚拟化上。我国著名学者李克东认为："现代教育技术是指运用现代教育理论和现代信息技术，通过对教与学的过程和资源的设计、开发、利用、管理和评价，以实现教学优化的理论和实践。"[②]其内涵具体体现在以下几个方面。

1. 现代教育技术以现代教育理论为指导

现代教育理论包括现代教学理论和现代学习理论。对现代教育技术影响较大的现代教学理论有布鲁纳的"结构—发现"教学理论、赞可夫的发展教学理论和巴班斯基的教学最优化理论等。对现代教育技术影响较大的现代学习理论有行为主义学习理论、认知主义学习理论和建构主义学习理论等。

现代教育技术的应用必须以先进的教育思想和教学理论为指导，树立应用现代教育技术推进素质教育，培养学生的创新精神和实践能力的教育思想，重视应用现代教育理论指导教与学的过程和资源的设计、开发及应用。

---

① 李克东. 新编现代教育技术基础[M]. 上海：华东师范大学出版社，2002：5.
② 李克东. 新编现代教育技术基础[M]. 上海：华东师范大学出版社，2002：5.

2．现代教育技术以信息技术为主要手段

简单地说，信息技术就是指获取、加工、存储、传输、表示和应用信息的技术。信息技术不仅包括计算机技术，还包括微电子技术、通信技术等，其中在学校是以多媒体与网络技术为核心，要充分利用和发挥多媒体与网络技术的优势，形成以多媒体和网络技术为基础的信息化环境和数字化的教学资源。

3．现代教育技术的研究对象是教与学的过程和资源

现代教育技术是以教与学的过程和资源为研究对象，并以优化教与学的过程和资源为目标，因此现代教育技术既要重视优化"教"，更要重视优化"学"；既要重视"资源"，更要重视"过程"的研究和开发。通过优化教与学的资源，建设信息化的教学环境，开发信息化教学软件，探索并建构信息化环境下的新型教学模式。

4．系统方法是现代教育技术的核心思想

现代教育技术是以系统方法为核心思想展开全部教育实践的，即对教与学的过程和资源进行设计、开发、利用、管理和评价。现代教育技术重视教育教学过程中各步骤的精心设计、实施，要求教学各要素有序进行，并随时进行评价和修正。

🖐 **小贴士**

"现代教育技术"与"教育技术"这两个概念，严格来说是有区别的，但是对于非教育技术专业的学生来说，不必进行严格的区分。

1.1.2 现代教育技术的应用领域

现代教育技术的研究领域包括学习过程与学习资源的设计、开发、利用、管理和评价五个方面的理论与实践。

学习过程是指学习者通过与信息和环境的相互作用而得到知识、技能和态度的长进的过程。学习资源是指支持学习的资料来源或资料库，它包括支持系统的教学材料与环境，但资源并非仅指用于教学过程的设备和材料，它还包括人员、预算和设施。

现代教育技术研究的五个领域的具体内容如下。

第一，学习过程与学习资源的设计，是指为达到给定的教学目标，首先要进行学习者的特征分析和教学策略制定，在此基础上进行教学系统及教学信息设计，包括教学内容的确定、教学媒体的选择、教学信息与反馈信息的呈现内容与呈现方式设计等，以创造最优化的教学模式，使每个学生都成为成功的学习者。

第二，学习过程和学习资源的开发，是指对音像技术、电子出版技术、计算机辅助教学技术，以及多种技术综合集成应用于教育教学过程的开发研究。也可以说，开发是对教学设计结构的"物化"或"产品化"，是教学设计的具体应用。开发领域的范围可以是一节课、一个新的改进措施，也可以是一个大系统工程的具体规划和实施。

第三，学习过程和学习资源的利用，应强调对新兴技术、各相关学科和最新研究成果，以及各种信息资源的利用和传播，并要设法加以制度化、规范化，以支持现代教育技术手段的不断革新。

第四，学习过程和学习资源的管理，是指对所有学习资源和学习过程进行计划、组织、指挥、协调和控制。具体包括教学系统管理、教育信息及资源管理、教学研究及开发管理等。"管理出效益"，科学管理是现代教育技术的实施和教学过程、教学效果优化的保证。

第五，学习过程和学习资源的评价，是指既要注重对教育教学系统的总结性评价，更要注重形成性评价，并以此作为质量监控和不断优化教学系统与教育过程的主要措施。为此，应及时对教育教学过程中存在的问题进行分析，并参照规范要求(标准)进行定量的测量与比较，向学习者提供有关学习进步的情况，以便及时调整学习步伐，直至取得成功。

1.2 现代教育技术的理论基础

现代教育技术是教育科学群体中一门新兴的综合性学科，现代教育技术在教育教学中的应用已随着现代教育科学和现代信息技术的发展而日益广泛和深入，人们对现代教育技术的理解和认识也在不断地深入。因而，现代教育技术的理论也在不断地完善和发展之中。

1.2.1_现代教育技术的理论基础(上).mp4

由于对现代教育技术的学科认识以及研究立场、研究取向的不同，因而关于支撑它的理论基础也会有不同的看法和认识。但我们知道，现代教育技术在发展过程中一直在不断地借鉴其他学科的一些理论和方法，可以说，这些学科理论和方法为教育技术学科的产生奠定了理论基础。纵观已出版的现代教育技术专著和教材，基本上都提到了学习理论、教学理论、媒体传播理论和系统科学理论。本节主要围绕这些理论进行简要阐述。

1.2.2_现代教育技术的理论基础(下).mp4

1.2.1 学习理论

现代教育技术是探讨现代化教学设备和手段如何在课堂教学中使用，并提高课堂教学效果的专门研究领域，它必须根据科学的学习理论进行学习过程和学习资源的设计、开发、利用、管理和评价，以帮助学生进行有效的学习。因此，在现代教育技术的理论体系中，学习理论一直处于核心地位，是构成现代教育技术的重要理论支撑之一。

学习理论，就是探讨人类怎样学习的理论，旨在阐明学习如何发生、有哪些规律、是什么样的过程、如何才能有效地学习等问题，它对现代教育技术的发展具有重要的指导意义。纵观学习理论的发展，行为主义、认知主义、建构主义以及人本主义学习理论为现代教育技术的形成和发展奠定了坚实的基础。下面对各种学习理论进行简要阐述。

1. 行为主义学习理论

在20世纪的前半个世纪，占主导地位的学习理论是行为主义学习理论，其理论先驱是美国心理学家桑代克(Thorndike)。桑代克早期主要通过动物的行为来研究动物心理，特别是研究动物的"学习"行为。通过研究，桑代克得出了一个非常重要的结论：动物的学习是经过多次的试误，由刺激情境与正确反应之间形成的联结所构成的。

在现代心理学派中树立起行为主义旗帜的是美国心理学家华生(Watson)。他提出心理学的研究应关注行为，而不是人的意识，他把有机体应付环境的一切活动统称为行为；把作为行为最基本成分的肌肉收缩和腺体分泌称之为反应；把引发有机体活动的外部或内部变化统称为刺激。由此建立起行为主义心理学的基本公式："人和动物的全部行为都可以分析为刺激和反应。"华生提出的这个刺激—反应公式成为行为主义解释学习的理论基础，他们认为学习的实质就在于形成、强化刺激与反应之间的习惯性联结。

在行为主义发展的后期，对学习理论影响最大的是斯金纳(Skinner)，他根据自己发明的一种学习装置——"斯金纳箱"，通过不断地实验，提出了操作性条件反射学说。根据这个实验，斯金纳将学习概括为：刺激—反应—强化。他认为如果一个操作发生后，接着给予一个强化刺激，那么其强度就会增加。用这种方法就可以提高这一操作再次发生的概率。

由此可见，尽管行为主义学派内部对学习的解释有不一致的看法，但总的来说，在对宏观的学习解释上仍然是一致的。行为主义学习理论对学习的条件、学习的过程和学习的结果作了如下解释。

> 学习的条件。学习的顺利进行离不开强化，强化是学习得以进行的重要条件，即外部刺激引起学习者的反应，然后经过反馈对学习行为进行调节和强化，直到学习者形成正确的学习行为，并关注学习的外部条件。

> 学习的过程。学习的过程是渐进的尝试错误的过程，即随着错误反应不断减少，正确反应不断增加，形成固定的"刺激—反应"之间的联结，也称为"尝试错误"，直到最后成功的过程。

> 学习的结果。学习的结果就是形成刺激与反应的联结，即 S—R 间的联结，即学习就是有机体在某种情境下自发做出的某种行为，由于得到强化而提高了该行为在这种情境下发生的概率，形成了反应与情境的联系，从而获得了用这种反应应付该情境以寻求强化的行为经验[①]。

🔑 **思考交流**

行为主义学习理论对于哪些类型的学习内容的学习具有指导意义？

2. 认知主义学习理论

行为主义理论将人的所有学习都简单归结为"刺激—反应"之间的联结，而不考虑人的思维、意识等内心世界，这显然存在理论缺陷，由此导致了认知主义理论的发展。

认知主义源于格式塔心理学，它的核心观点是：学习并非是机械的、被动的刺激—反应的联结，学习要通过有机体积极主动的内部信息加工活动，形成新的完形或认知结构。瑞士心理学家皮亚杰(J.P.Piaget)提出的著名的"认知结构说"认为，认识活动的目的在于取得主体对自然社会环境的适应，达到主体与环境之间的平衡，主体通过动作对客体的适应又将推动认识的发展，强调认识过程中主体的能动作用，强调新知识与以前形成的知识结构相联系的过程，表明了只有学习者把外来刺激同化进原有的认知结构中去，人类学习才会发生。认知主义理论的主要代表人物有苛勒(Wolfgang Kohler)、皮亚杰(J.P.Piaget)、布鲁纳(Bruner)、奥苏贝尔(Ausubel)和加涅(Robert Mills Gagne)等。

---

① 莫雷，张卫. 学习心理研究[M]. 广州：广东人民出版社，2005：51.

1) 布鲁纳的认知—发现学习理论

布鲁纳是美国当代著名的认知心理学家,他反对以 S—R 联结和对动物的行为习得的研究结果来解释人类的学习活动,而是把研究的重点放在学生获得知识的内部认知过程和教师如何组织课堂教学,以促进学生"发现"知识的问题上。他的认知—发现学习理论是当代认知主义学习理论的主要派别之一。

布鲁纳的认知—发现学习理论的主要观点:学习的结果就是形成认知结构,在布鲁纳看来,人们是根据类别或分类系统来与环境相互作用的,客观世界是由大量不可辨别的物体、事件和人物组成的,人类认识客观世界时,不是去发现各类事件的分类方式,而是创建分类方式,借此来简化认识过程,适应复杂的环境①;学习的过程就在于学习者主动地进行加工活动(自下而上),形成认知结构,即进行类目化的活动过程;学习的条件涉及知识的呈现方式和学习的内在动机等。

2) 奥苏贝尔的认知同化学习理论

奥苏贝尔明确区分了机械学习与有意义学习、接受学习与发现学习之间的关系,并阐明学生的学习主要是有意义的接受学习,是通过同化使知识结构不断发展的过程。他认为学习过程是自上而下的同化过程,用同化来解释有意义学习的内部心理机制。有意义学习的结果是形成良好的认知结构。进行有意义学习的条件是:学习材料本身具备逻辑意义,而且学习者具有有意义学习的心向;学习者的认知结构中必须有同化新知识的原有的适当概念。

3) 加涅的累积学习理论

加涅认为,学习的复杂程度是不一样的,既有简单的联结学习,也有复杂、高级的认知学习,并将学习按从简单到复杂分为八种类型(信号学习、刺激反应学习、连锁学习、语言的联合、辨别学习、概念学习、规则学习和解决问题的学习)。加涅用信息加工的学习模式来说明学习的过程,如图1-1所示。

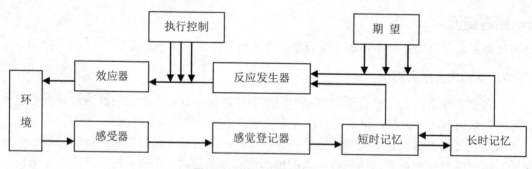

图 1-1　学习的信息加工模式

从图 1-1 中可以看出,学生从环境中接受刺激,刺激推动感受器,并转变为神经信息进入感觉登记器(瞬时记忆),这时记忆储存非常短暂。被感觉登记了的信息很快进入短时记忆,短时记忆的容量和保持时间都是有限的,一旦超过了一定数量,新的信息进来就会把部分原有的信息赶走,若想保持信息,就得采取复述策略。当信息离开短时记忆进入长时记忆时,就要通过编码并储存在长时记忆中。当需要使用信息时,需经过检索提取信息。被提

---

① 莫雷,张卫. 学习心理研究[M]. 广州:广东人民出版社,2005:66.

取出的信息可以直接通向反应发生器，从而产生反应；也可以再回到短时记忆中，对该信息的合适性做进一步的考虑，结果可能是进一步寻找信息，也可能是通过反应器做出反应。在整个过程中离不开期望和执行控制。期望是指学生希望达到的目标，即学习动机。执行控制即加涅所说的认知策略。

对学习条件的论述是加涅的累积学习理论中最核心的内容。他认为引起学习的条件可分为内部条件和外部条件。内部条件即学生开始学习某一任务时已有的知识和能力；外部条件是指学习的环境。加涅提出了五大类学习的结果(言语信息、智慧技能、认知策略、动作技能和态度)。

关于认知主义学习理论还有其他一些代表人物以及他们的学说，但认知主义学习理论对学习的结果、过程和条件还有以下一些共性的东西。

➢ 学习的条件：注重学习的内部条件，如主动性、内部动机、过去的经验、智力等。

➢ 学习的过程：学习的过程是积极主动地进行复杂的信息加工活动的过程。

➢ 学习的结果：学习是形成反映整体联系与关系的认知结构。

思考交流

认知主义学习理论适合用于指导哪些类型学习内容的学习？

3. 建构主义学习理论

建构主义(Constructivism)学习理论是在认知主义学习理论的基础上进一步发展产生的一种理论。其最早提出者是瑞士著名心理学家皮亚杰。他创立了发生认识论，认为儿童在与周围环境相互作用的过程中，逐步建构起关于外部世界的知识，从而使自身认知结构得到发展。在皮亚杰的理论体系中，认为认知发展受同化、顺应、平衡三个过程的影响。①同化原本是一个生物学上的概念，这里是指个体对刺激输入的过滤或改变的过程。也就是说，个体在感受到刺激时，把它们纳入头脑原有的图式之内，使其成为自身的一部分，就像消化系统将营养物吸收一样。②顺应是指有机体调节自己内部结构，以适应特定刺激情境的过程。顺应与同化相伴而行。当个体遇到不能用原有图式来同化新的刺激时，便要对原有图式加以修改或重建，以适应环境，这就是顺应的过程。③平衡是指个体通过自我调节机制使认知发展从一种平衡状态向另一种较高的平衡状态过渡的过程。皮亚杰认为："智慧行为依赖于同化和顺应这两种机能从最初不稳定的平衡过渡到逐渐稳定的平衡。"[①]需要注意的是，平衡状态不是绝对静止的，而是在"平衡—不平衡—新的平衡"的循环中不断得到丰富、提高和发展。在皮亚杰的理论基础上，科尔伯格、斯腾伯格和维果茨基等人做了进一步的研究。所有这些研究都使建构主义理论得到了进一步的丰富和完善，为实际应用于教学过程创造了条件。

建构主义学习理论认为，学习的实质是：①学习是认知结构的改变。同化和顺应是学习者认知结构发生变化的两种方式，同化—顺应—同化—顺应……循环往复，平衡—不平衡—平衡—不平衡相互交替，人的认知水平发展就是这样一个结构变化的过程。②学习是个体主动建构自己知识的过程。学习不是由教师把知识简单地传递给学生，而是由学生自己建构知识的过程。学习不是简单的信息输入、储存和提取，而是新旧知识经验之间双向

---

① 施良方. 学习论[M]. 北京：人民教育出版社，1994：173.

的相互作用的过程。影响学习的因素主要有：①先前知识经验的作用。学习者不是空着脑袋走进教室的，他们在开始学习之前已经存在许多先前的概念，尽管对每个学习者来说这些概念是不一样的。②真实情境的作用。建构主义强调学习情境，认为学习离不开一定的情境，知识也总是在一定的情境中才有意义。③协作与对话的作用。建构主义重视学习者之间的协作与对话，并将协作与对话建立在合作学习的平台上。建构主义学习理论认为，情境、协作、会话和意义建构是学习环境中的四大要素。

由此可见，建构主义学习理论在学习的条件、过程和结果上是作如下解释的。

- 学习的条件。建构主义认为，学习者内部的知识经验、真实情境等因素是影响学习的重要条件。
- 学习的过程。建构主义认为，学习是学习者主动地建构内部心理表征的过程，是学习者从不同的背景、角度出发，在教师和他人的协助下，通过独特的信息加工活动，建构起对现实世界的意义的过程。建构主义强调了这个过程的独特性与双向建构性，即"建构一方面是对新信息的意义的建构，另一方面又包含对原有经验的改造和重组"①。
- 学习的结果。建构主义认为，学习的结果是学习者形成自己独特的认知结构。但这里的认知结构不是加涅所指的直线结构或布鲁纳等人提出的层次结构，而是围绕关键概念建构起来的网络结构的知识，既包括结构性知识，也包括非结构性知识。

思考交流

建构主义学习理论适用于哪些类型的学习内容？

4．人本主义学习理论

人本主义心理学是20世纪50年代末诞生的，是在"科学主义"被人们信奉为时代精神，而人的情感、价值和需要却被忽略的背景下产生的。人本主义的学习理论是以人本主义心理学的基本理论为基础的。人本主义相信，学习是个人潜能的充分发展，是人格的发展，是自我的发展，是人的自我实现的过程，强调无条件积极关注在个体成长过程中的重要作用。以罗杰斯为代表的人本主义心理学与行为主义心理学进行了长时间的争论，斯金纳关心外部的控制，而罗杰斯则寻找排除外部控制的途径。人本主义学习理论反对传统的无意义的学习，倡导有意义的学习，并阐述了有意义学习的原则和条件。

- 学习的条件。罗杰斯指出，学生要实现有意义的学习，必须依靠一定的条件，这个条件就是教师要营造一种自由、民主、和谐融洽的充满着关爱与真诚的学习氛围。教师要为学生提供学习方法和条件，促进个体自由地成长。
- 学习的过程。人本主义学习理论认为，学习的过程就是学生在一定条件下自我挖掘其潜能、进行自我实现的过程。人本主义认为人皆有天赋的学习潜力，自幼就表现出对环境的探索，对世界事物的好奇，而且都有实现自我的需要。
- 学习的结果。关于学习的结果，"人本主义心理学既反对行为主义关于形成一定刺激与反应联结的观点，也不同意认知学派关于构建认知结构的主张，而是认为

---

① 张建伟，陈琦．从认知主义到建构主义[J]．北京师范大学学报：社会科学版，1996(4)：75-82.

学习的目的和结果是使学生成为一个完善的人、一个充分起作用的人，也就是使学生整体人格得到发展"①。

🔑 **思考交流**

人本主义学习理论适用于哪些领域？

1.2.2 教学理论

教学理论是研究教学客观规律的科学。教学理论的研究范围主要包括教学过程、教师与学生、课程与教材、教学方法和策略、教学环境以及教学评价和管理等。教学理论是从教学实践中总结并上升为理论的科学体系，它来自教学实践，又指导教学实践。对于现代教育技术而言，为了解决教学问题就必须遵循教学的客观规律，也就有必要与教学理论建立起一定的联系。

教学理论的研究和发展为现代教育技术提供了丰富的科学依据。如前所述，教学理论研究的范围涉及诸多方面，其研究成果极其丰富。现代教育技术从其指导思想到教学目标、教学内容的确定和学习者的分析，从教学方法、教学活动程序、教学组织形式等一系列具体教学策略的选择和制定，到教学评价，都从各种教学理论中吸取精华，综合运用，寻求科学依据。例如，赞可夫的发展教学理论，布鲁纳的结构—发现教学理论，巴班斯基的教学最优化理论等，都在现代教育技术的实践中被接纳和融合。

1．赞可夫的发展教学理论

赞可夫的教学理论在苏联 20 世纪 70 年代的教学改革中得到实施，并在实施过程中不断发展，对其他国家也产生了较大影响。赞可夫认为要把教学目标确定在学生的"最近发展区"之内，教学要有一定的难度，要让学生"跳一跳"才能摘到桃子，要把促进学生的一般发展作为教学的出发点和归宿。为此，赞可夫提出了如下教学原则：①以高难度进行教学的原则；②以高速度进行教学的原则；③理论知识起主导作用的原则；④使学生理解学习过程的原则；⑤使全班学生包括后进生都得到发展的原则。②

2．布鲁纳的结构—发现教学理论

布鲁纳在 20 世纪 50 年代末提出的结构—发现教学理论认为：①学习一门学科最重要的是掌握它的基本结构；②任何学科都能够用正确的方式，有效地教给任何发展阶段的任何儿童；③要学得好，必须采取发现法。

3．巴班斯基的教学最优化理论

巴班斯基提出了教学最优化理论。所谓的教学过程最优化，是指根据培养目标和具体的教学任务，考虑教学的实际，教师制定或选择这样一个最佳的方案，它能使教师和学生在花费最少的必要时间和精力的情况下取得最好的效果。

---

① 莫雷，张卫. 学习心理研究[M]. 广州：广东人民出版社，2005：106.
② 李逢庆. 混合式教学的理论基础与教学设计[J]. 现代教育技术，2016，(9)：18-24.

他提出了十条基本的教学原则：①方向性；②科学性和实践性；③系统性和连贯性；④可接受性；⑤激发动机；⑥自觉性、积极性和独立性；⑦各种方法有机结合；⑧各种教学形式最优结合；⑨为教学创造最佳条件；⑩巩固性和效用性。

4．混合式教学理论

1) 混合式教学的内涵

混合式教学是指在适当的时间，通过应用适当的媒体技术，提供与适当的学习环境相契合的资源和活动，让适当的学生形成适当的能力，从而取得最优化教学效果的教学方式。"混合式教学"这一将线上、线下相融合的教学方式，强调学生的主体性并充分发挥其积极性、主动性、创造性，借助在线教育资源与信息技术革命促进课堂教学、提升学习效果。

2) 混合式教学的特征

混合式教学的主要特征：①混合式教学是将在线教学和传统教学的优势结合起来的一种"线上+线下"的教学，通过两种教学组织形式的有机结合，可以把学习者的学习由浅到深地引向深度学习；②"线上"的教学不是整个教学活动的辅助或者锦上添花，而是教学的必备活动；③"线下"的教学不是传统课堂教学活动的照搬，而是基于"线上"的前期学习成果而开展的更加深入的教学活动，是"线上"教学的延续；④混合式教学没有统一的模式，但是有统一的目标，就是要充分发挥"线上"和"线下"两种教学的优势改造我们的传统教学，改变我们在课堂教学过程中过分使用讲授而导致学生学习主动性不高、认知参与度不足、不同学生的学习结果差异过大等问题；⑤混合式教学改革一定会重构传统课堂教学，因为这种教学把传统教学的时间和空间都进行了扩展，"教"和"学"不一定要在同一时间同一地点发生，在线教学平台的核心价值就是拓展了教和学的时间和空间。

1.2.3　媒体传播理论

现代教育技术是由媒体技术、个别化教学技术和教学设计技术三者构成的统一体，因此媒体教学的选择和应用是现代教育技术必须考虑的问题。那么，关于媒体教学的基本理论就成为现代教育技术的重要理论基础之一。这里主要介绍对教育媒体运用进行了大量研究的艾德加·戴尔(Edgar Dale)的"经验之塔"理论。

1．戴尔的"经验之塔"理论

20世纪20年代后，视听教育在美国兴起，新的教学媒体与教育方式得到了应用和发展。从20世纪40年代开始运用录音、电视、语言实验室等进行教学，促使视听教育得到了较快的发展。当时从事视听教育的专家艾德加·戴尔总结了视听教育经验，对视听教学进行了大量研究，提出了著名的"经验之塔"理论。

1) 主要观点

戴尔将人们学习的各种渠道统称为获得经验，将各种经验按照抽象程度的不同，由低到高进行了划分，把人类学习的经验划分为三大类11个层次(先是10个层次，后改为11个层次)，如图1-2所示。

(1) 做的经验。经验之塔底部的第一类别是做的经验，包括直接的有目的的经验、设计的经验和参与活动的经验三个层次。

> 直接的有目的的经验。它是指通过直接的实践活动和感知真实的事物而获得知识的经验，是教育的基础，是从生活中总结出来的最丰富、最具体的经验。

> 设计的经验。它是指通过观察设计的模型、制作的标本等间接材料获得的经验。这些经验不是事物本身，而是事物的简化，与真实事物相比，大小和复杂程度都有所不同，但比较容易突出事物的本质属性，在教学上应用比真实事物易于领会，有相当高的使用价值。

> 参与活动的经验。它是指通过演戏、表演等再现某种真实的情境。这种情境虽然不是原来面目，但有典型性，使学生在这种情境中获得接近真实的经验。世界上有许多知识不能靠直接经验体会到，如历史知识，但可以通过游戏、表演等活动来获得类似的经验。

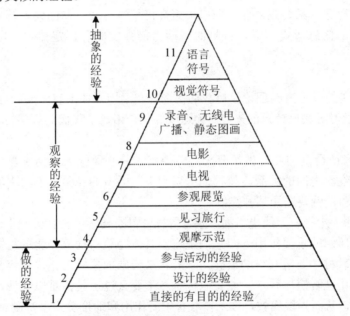

图 1-2 戴尔的"经验之塔"理论

(2) 观察的经验。经验之塔中部的第二类别是观察的经验，包括观摩示范，见习旅行，参观展览，电视、电影，录音、无线电、静态图画五个层次。

> 观摩示范。即先看别人怎么做之后，自己再动手模仿去做。观摩示范在教学上用得很广泛，如教师先演示，然后让学生去做。

> 见习旅行。即在实地观察课堂上看不到的真实事物和情境，从而进行学习，增长知识。例如，生物教学和地理教学中的实地考察都属于见习旅行。

> 参观展览。即根据一定的目的组织学生参观展览，通过观察展览布置的展品而获得观察的经验。

> 电视、电影。它能集影像、语言、音乐、音响、实物等各种信息于一体，运用色彩的变化、镜头的运动以及各种蒙太奇手法，真实地再现现实生活，具有极强的表现力。看电影、电视获得的经验是间接的经验，能使人看得真切、理解深刻，有身临其境之感。

> ➤ 录音、无线电广播、静态图画。静态图画包括图画、照片、幻灯片等，提供视觉经验，它只能传递静止图像，不能像电视、电影那样表示事物的运动状态和变化过程，所以与电视、电影相比，它空间感差些，抽象层次较高。但静态图画善于表现某一时刻的状态和表现，便于观察。而录音、无线电广播是利用语言、音乐、音响传递教育信息，属于听觉媒体，利用录音和无线电广播传递的信息比静态图画要抽象，但文字符号要直接、具体。

(3) 抽象的经验。经验之塔顶部的第三类别是抽象的经验，包括视觉符号和语言符号两个层次。

> ➤ 视觉符号。它是指表格、地图、示意图等，它们是抽象化了的符号。视觉符号不能提供具体的经验。
>
> ➤ 语言符号。它包括口语语言、书面语言等。语言符号是最抽象的，与它所代表的事物或观念毫无类似之处。如口头语言符号的声音、书面语言符号的文字等都是抽象化的信息形式。语言符号的概括力最强，概念、定律、法则等都用语言符号表达。

2) 意义

研究戴尔的"经验之塔"理论，对我们在选择和运用媒体上有重要的意义。

(1) 分析了学习者获得经验的来源、渠道或媒体，拓宽了我们对教学材料、教学媒体的认识。

(2) 把学习者所得到的经验做了分类，并指出了某些经验来自何种媒体或何种活动方式，分析了各类经验之间的关系，使我们认识到不同类型的经验在学习中的作用，并认识到要得到某些经验，就要选择某种媒体。

(3) 指出电影、电视、无线电广播、录音等媒体具有传播"替代经验"的作用，看到替代经验在教学中所起的重要作用，即它们是连接具体经验与抽象经验的桥梁和纽带。戴尔指出，利用视听教材学习所取得的经验，"既容易转向抽象概念化，也容易转向具体实际化"。可见，利用视听媒体教学，能克服传统教学要么过于具体难以实现，要么过于抽象难以理解的弊端，从而为现代教育技术在教育中的作用和地位奠定了基础。

🔑 思考交流

为什么说"经验之塔"理论是视听教育的主要理论依据？

2．传播理论

传播理论产生于 20 世纪 40 年代的美国，施拉姆(W.Shramm)最早研究传播学，他集中了先驱者的研究成果，把传播规律作为一门学问进行独立研究，从而形成传播学。传播学研究传播的基本作用与过程。

1) 传播及教育传播

传播一词译自英语 Communication，也有人把它译为交流、沟通、传递等。迄今为止，人们对传播概念的认识仍众说纷纭。一般认为：传播是人们通过符号或信号传递、接受和反馈信息的活动，是人们彼此之间交换意见、思想、感情，以达到相互了解和影响的过程。可见，传播是一种信息交流的互动过程，同时也是一种有目的的行为，即达到信息共享。

用传播学理论来研究、探索媒体在教学过程中的作用机理，是现代教育技术的一个重要课题，并由此诞生了教育传播学。教育传播就是教育者与学习者之间的信息交流活动，根据教学目标、教学内容，通过教学媒体向特定的教学对象传播知识、技能、思想意识等。

2) 教育传播系统模式

(1) 香农-韦弗的模式。20世纪40年代，数学家香农(Claude E. Shannon)出于对电报通信问题和信息论的研究，提出了一种关于通信过程的数学模型，经过与韦弗(Warren Weaver)的合作改进，形成香农-韦弗模式(见图1-3)。它在现代教育技术中的应用获得了巨大成功，也经常被应用于教育传播。

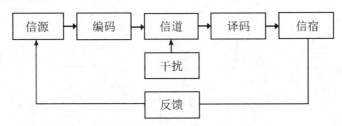

图1-3　香农-韦弗的传播模式

这一模式可用于表明教育传播的过程：教师(信源)把教学内容(信息)编码成各种信息符号，通过相应的传播媒体转换成可以传递的信号，经过各种通道(眼睛、耳朵等)传递给学习者。学习者接收信号后，通过大脑的工作，将信号译码，教育信息被解释、理解和储存。同时，学习者通过回答、提问、动作表情等对所传递的信息内容做出反应，反馈给教师。教师分析反馈信息以检验传播效果，进而采取措施，以提高教学效果。在信息传播过程中会受到各种干扰，应该尽量把干扰降到最低限度。

(2) 拉斯韦尔的"5W"模式。美国政治学家拉斯韦尔(H.D.Lasswall)提出了一般传播过程的"5W"的直线模式(见图1-4)。拉斯韦尔的传播模式将传播者、信息、媒体、受播者、效果5个要素包含在一切传播行为之中，是一种传播过程的基本理论。

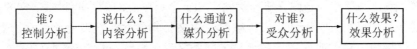

图1-4　拉斯韦尔的传播模式

拉斯韦尔传播模式中的每个"W"都代表教学过程的一个要素，都体现着现代教育技术应该研究和分析的问题。其中，"谁(Who)"即传播者，也就是教师，他是教学过程的控制者；"说什么(Says What)"即分析传播内容，也就是分析教学内容，研究教学过程说什么和怎么说的问题；"什么通道(in Which Channel)"，即分析和研究媒体，选择和组合最优教学媒体进行教学；"对谁(to Whom)"，即信息的接受者，也就是分析作为教学对象的学生的兴趣、爱好、接受行为等；"什么效果(with What Effect)"，即信息传递效果，也就是教学后收集学生的意见、态度以及行为变化信息，作为评价教学效果的依据。总的来看，这个模式就是要发挥教师(传播者)、学生(受播者)的积极性和主动性，选择恰当的教育媒体，将教学信息传递给学生并检验教学效果。

(3) SMCR传播模式。贝罗(D.K.Berlo)提出的SMCR传播模式(见图1-5)比较全面地表明了影响传播效果的各种因素。他指出，传播的最终效果不是由传播过程中的某一部分所决定，而是由组成传播过程的信息源(Source)、信息(Message)、通道(Channel)和受播者(Receiver)四部分以及它们之间的关系共同决定的。这四个部分所对应的英语单词首字母组合起来就是SMCR，人们称它为SMCR模式。用SMCR模式解释教育传播过程，说明教育传播过程是由多种因素组成的，它们之间相互联系、相互制约，影响着教育传播的效率和效果。为了提高教育传播效果，就应该改善教育传播过程中各个因素的功能及其关系，使它们处于最佳状态。

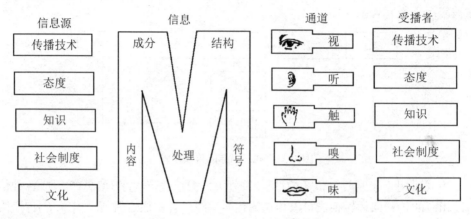

图 1-5　贝罗的 SMCR 传播模式

✦ 思考交流

以上三种传播模式对现代教育技术各有什么启示？

1.2.4　系统科学理论

现代教育技术的发展与系统科学理论也是紧密联系的。系统科学是"三论"和"新三论"的总称。系统科学作为一门介于自然科学和社会科学之间的横断科学，它的系统观点、方法、原理是各学科的方法论和基础，被广泛用来研究自然科学、社会科学、生命科学等各学科的共性规律。对于研究现代教育技术问题来说，系统科学理论同样提供了重要的方法论和基础，是我们研究的重要指导思想和有力手段。

1. 信息论、系统论、控制论

1) 信息论

信息论的创始人是美国的数学家香农，他于1948年出版了《通讯的数学理论》一书，从此奠定了信息论的基础。信息论是研究系统中信息的计算、传输、交换、储存以及控制问题的科学。信息是物质的运动状态和规律的表征，是自然界和人类社会的一种普遍现象，消息、情报、数据等都是信息。信息是可以量化计算的，它的作用是减少和消除人们对事物认识的不确定性。在教育系统中有各种各样的教育信息，专门研究教育信息问题的科学称为教育信息论。教育信息论主要关注现代信息技术条件下教育信息的获取、储存、传输、呈现和反馈等问题。

2) 系统论

系统论的创立者是奥地利生物学家贝特朗菲(Bertalanffy)，他于1947年发表了《一般系统论》一文，从此奠定了系统论的基础。系统论认为，系统是相互依存、相互作用的，并与环境进行能量和信息交换的各个部分组成的具有一定功能的有机整体。自然界是一个巨大的系统，人类思维是一个复杂的系统，世界上一切事物几乎都是自成体系又相互联系的有机整体，任何系统都是在与环境发生物质、能量、信息交换中求得发展。用系统论的观点分析、研究教育问题，指导教育实践就构成了教育系统论。在这个教育系统中，由教师、学生、教学内容、教学媒体等诸多要素构成。教育系统论运用系统分析的方法处理教育系统各要素之间、各要素与整体之间以及整体与环境之间的相互依存、相互制约的关系，以求得对问题最优化的处理。

3) 控制论

控制论的创始人是美国的数学家维纳(Wiener)，他于 1948 年出版了《控制论》一书，从此奠定了控制论的基础。控制论是研究系统控制和调节规律的科学。控制的核心是反馈，无反馈不能实现控制。用控制论的原理来研究教育问题就形成了教育控制论。教育控制论通过教育反馈信息控制和调节教师、学生和媒体的行为，从而保证教学目标的实现。

2. "三论"对现代教育技术的意义

信息论研究信息问题必然涉及系统和控制问题，系统论研究系统离不开信息的交换与控制，控制论研究控制就是研究系统中信息的测量与控制问题，因此，"三论"之间有密切的联系。"三论"应用到教育教学中有重要的指导意义。信息论为分析与处理教育教学系统中信息传播特点与规律等问题提供了思路与方法；系统论促使我们用整体的观点、综合的观点来分析和研究教育教学问题；控制论可以有效地调节和控制教育过程中的各个要素，实现教育过程的优化。

📖 知识扩展

系统论、控制论和信息论是 20 世纪 40 年代先后创立并获得迅猛发展的三门系统理论的分支学科。虽然它们创立仅有半个多世纪，但在系统科学领域中已是资深望重的元老，合称"老三论"。人们摘取了这三论的英文名字的第一个字母，把它们称之为 SCI 论。

耗散结构论、协同论、突变论是 20 世纪 70 年代以来陆续确立并获得极快发展的三门系统理论的分支学科。它们虽然出现的时间不长，却已是系统科学领域中年少有为的成员，故合称"新三论"，也称为 DSC 论。

1.3 现代教育技术的作用

信息技术给教育带来了深刻而重大的变革，使教育观念和教育活动出现了前所未有的变化。那么，以现代信息技术为基础的现代教育技术到底对教育改革起到了哪些作用呢？对于这个问题，我们应当把现代教育技术

1.3_现代教育技术的作用与发展.mp4

放在整个教育科学群中去考察，放在广阔的社会环境中去考察，只有这样，才能对现代教育技术的功能与使命认识得更加全面、深刻，才能更加有利于我们清楚地认识现代教育技术这门学科的定位、研究对象、学科属性等基本理论问题，为今后从事教育技术学科理论

研究和教育技术实践研究奠定基础，使我们的工作有较强的针对性和现实意义。

1.3.1　有效地促进学生信息素养的提高

随着信息时代的到来，在人才培养的问题上出现了一个新术语：信息素养(Information Literacy)。该词的出现引起了世界各国的普遍重视，成为现代社会评价人才综合素质的一项重要指标。

1.　信息素养概述

"信息素养"一词由来已久，最早是在 1974 年由美国信息产业协会主席保罗·车可斯基(Paul Zurkowski)提出来的，他把信息素养定义为"人们在解决问题时利用信息的技术和技能"。随着人们对信息、信息技术、信息素养研究的深入，20 世纪 90 年代初，对信息素养的内涵有了更加明确的认识。在当前，人们一般把信息素养界定为个体能够主动地选择、运用信息和信息设备并积极地创新信息的综合能力。

关于信息素养的构成要素，不同的学者有不同的见解。但是从现有的众多文献中大致可以归纳为三个要素：信息意识、信息能力、信息伦理。①信息意识是指个人对信息价值有敏感性，有寻求信息的兴趣，有需求信息的意念，有利用信息为个人和社会发展服务的愿望。②信息能力是指能够有效地获取、加工和利用信息的能力，包括操纵信息工具的能力、检索获取信息的能力、加工提炼信息的能力、整合创建信息的能力、交流传播信息的能力等。③信息伦理是指个人在信息活动中的道德情操，能够合情、合理、合法地利用信息解决个人和社会所关心的问题，使信息产生合理的价值。三者的关系是：信息意识是先导，信息能力是核心，信息伦理是准则①。

2.　现代教育技术能有效地提高信息素养

信息素养包含有技术和人文两个层面的意义：从技术层面上看，信息素养反映的是人们搜索、鉴别、筛选、利用信息的能力，以及有效地在教学过程中使用信息技术的技能；从人文层面上看，信息素养则反映了人们对于信息的情感、态度和价值观，它建立在技术层面的基础之上，涉及独立学习、协同工作、个人和社会责任等各个方面的内容。现代教育技术是为了促进教学优化，教师借以帮助学生实现有效学习的工具与方法，是教师将教育理论与实践相联系的桥梁。现代教育技术可以说包含了信息素养的成分，信息素养是现代教育技术的基础。在教育领域中，无论是对教师还是对学生来说，要在信息社会中立足，具备竞争力，都必须具备良好的信息素养，而良好的信息素养有赖于现代教育技术的开展和学习。因此，开展现代教育技术能有效地提高信息素养。

1.3.2　有效地促进学生科学思维能力的培育

1.　科学思维概述

所谓科学思维，就是具有意识的人脑对科学事物(包括科学对象、科学过程、科学现象、

---

① 李立新．中小学教师信息素养量化评价研究[J]．电化教育研究，2003(9)：77-80.

科学事实等)的本质属性、内在规律及事物间的联系和相互关系的间接的和概括的反映[①]。根据思维材料的不同，可将科学思维分为科学抽象思维、科学形象思维和科学直觉思维。而科学创造性思维是在科学思维的基础上发展起来的一种高层次的综合思维能力，是科学创造力的核心。

创造性思维结构应当由发散思维、形象思维、直觉思维、逻辑思维、辩证思维和横纵思维等六个要素组成。这六个要素按照一定的分工，彼此互相配合，形成了一个有机的整体。发散思维用于解决思维过程的方向性；形象思维、直觉思维、逻辑思维用于构成创造性思维过程的主体；辩证思维、横纵思维用于提供解决高难度复杂问题的指导思想与策略。创造性思维就其过程而言，实际上是综合运用多种思维过程，其中发散思维、直觉思维和形象思维是重要的组成部分，是培养创造性思维的重要途径[②]。

现代教育技术的应用，特别是教学设计技术的应用，可以使教师科学地设计每一堂课，教师将有更多的机会将大量的各种思维训练整合到课堂教学的内容中去，从而使学生形成良好的思维习惯，超越一般思维定式、习惯性的认知方式和传统观念的束缚，形成创造性思维。所以，现代教育技术的应用可以有效地促进科学思维的培育。

2．现代教育技术是促进科学思维能力培育的重要手段

1) 利用现代教育技术营造和谐的氛围，为思维训练提供良好的环境

建构主义理论强调，学生学习活动是在一定的情境下进行的，而且学习环境中的情境必须有利于学生对所学内容的意义建构。因此，教师要努力创设合理的情境，特别是尝试用多媒体网络创设情境，让学生融入情境中，使其在宽松和谐的氛围中自由地主动进行思考、探索，激活学生的思维。

2) 利用现代教育技术培养学生的发散性思维

发散思维(也称求异思维)是指思考问题时信息朝各种可能的方向扩散，并引出更多新信息，使思考者的思路由一条扩展到多条，由一个方向转移到多个方向，尽可能地做出合乎条件的多种答案的思维形式。传统的教育是以传授知识、发展技能为主要目标，尤其是在教学方式上的单一运用，抑制了学生学习潜力的开发，抑制了学生主动思考、主动探索和创新思维能力的培养，学生习惯于一种单一的思维方式。

现代教育技术在教学领域的应用，使教学信息的组织实现了非线性化，使教学信息的呈现方式日益多元化，学习者可以自由地选择不同的学习途径，获得不同的学习效果，这对于发散思维能力的提高大有裨益。现代教育技术还可以将文字、图形、图像、声音、动画有机地结合起来，全方位、多视角地呈现在学生面前，这种图文并茂的问题教学法不断地刺激学生的感官，使学生通过大脑各区交替处于兴奋状态，思维充分地活跃起来，激发了学生的学习兴趣，丰富了学生的想象力，拓展了思维空间。此外，在教学中充分发挥计算机作为认知工具的功能，促进学生认识事物本质，可以使其发散性思维得到训练。

3) 现代教育技术有利于培养学生的形象思维

形象思维就是以表象为思维材料而进行的思维。在培养形象思维方面，多媒体 CAI 课

---

① 胡卫平. 科学思维培育学[M]. 北京：科学出版社，2004：22.

② 赵琦. 现代教育技术与创造性思维的培养[J]. 求实，2004(5).

件有着得天独厚的优势。CAI 课件中广泛地采用动画、影像、图片等多媒体形式，它直观形象，为发展学生的观察、联想、想象能力提供了素材和着眼点。在现代教育技术环境中，虚拟现实技术能够构造出最佳的课堂教学环境，能够提供和展示各种趋于现实的学习情境，把抽象的学习与现实融合起来，引导学生即席思考，激发学生的联想能力。

4) 现代教育技术有利于培养学生的直觉思维

直觉思维就是以科学概念和科学表象结合而成的、具有整体功能的知识组块为思维材料而进行的思维，是指人脑不借助于逻辑推理而综合运用已有知识、表象和经验知觉，以高度省略、简化、浓缩的方式洞察事物的实质，并迅速做出猜测、设想或突然领悟的思维[①]。这是一种瞬间做出快速判断却并非凭空而来的毫无根据的主观臆断，是建立在丰富的实践和宽厚的知识积累基础上所做出的直观判断。直觉思维最重要、最本质的特征是：要善于把握事物之间的关系，而不考虑事物的具体属性。现代教育技术的最大特点是能方便地用动态方式表现对象之间的空间结构关系，即将难以直观表达的语言文字、抽象的道理、复杂的现象，通过动画的形式，形象具体地表现出来，从而大大减轻了学生的认知难度，是训练学生直觉思维的理想手段。

5) 现代教育技术有利于培养学生的逻辑思维

逻辑思维是以概念、判断、推理的形式来反映客观事物的运动规律，是对事物的本质特征和内部联系的认识过程。计算机网络环境下的"自主学习"，是学生利用计算机生成的学习软件和信息资源库，通过人机交互把学习者和认知材料有机地联系在一起。同时学生通过多媒体信息的演示、讲解、练习、检测和反馈评价的过程，主动地获取了知识。学生在学习中通过"学习—总结—叙述—输入"这一过程，在分析推理过程中认识事物的本质，使学生的逻辑思维得到训练[②]。

此外，教师的指导作用有利于逻辑思维的培养。不论技术革新、社会发展到何种程度，教师在教育、教学过程中的指导作用都是不言而喻的。在教师指导下以学生为中心的教学正是当代建构主义教育理论的核心要旨。教师要抓好教学设计这一中心环节，精心设计课堂教学，促进逻辑思维能力的提高。

总之，教师要积极发挥主导作用，运用教学设计理论，挖掘教材内在因素，进行科学的思维培育。

1.3.3　有效地促进教师专业的发展

1. 教师专业化概述

当前，教师专业化已经成为世界教师教育的发展目标和行动总则。很长时间以来，人们对教师这个职业能否专业化的问题进行过激烈的争论，提出了各自不同的见解。然而，不论是在国内还是国外，随着社会对教育要求的不断提高，人们对教师职业也有了更高的要求，因而就有了各国试图提高教师专业水平的教师专业化运动的兴起，而且很快如雨后春笋般地蓬勃发展起来。早在 1966 年，国际劳工组织和联合国教科文组织就颁布了《关于

---

① 胡卫平. 科学思维培育学[M]. 北京：科学出版社，2004：22.

② 引自"四结合"实验和创造思维的培养，参见网址：http://www.sznx.com.cn/nt/lunwen/5/b12.htm.

教师地位的建议》，它对教师专业化作出了明确的界定：应把教师工作视为专门的职业，这种职业要求教师经过严格、持续的学习，获得并保持专业的知识和特别的技术。美国也在 1986 年先后发表《国家为培养 21 世纪的教师做准备》和《明天的教师》两份报告，重点也是关于教师专业化的问题[①]。

而我国"普九"任务已基本完成，高等教育正在加快发展，教师在教育质量和数量上都有了较大的发展。过去仅仅为了满足基础教育对教师在数量上的要求，而现在开始有条件满足基础教育和职业技术教育对高素质教师的需要，教师专业化的时代已经来临[②]。

现代教育技术在为教育提供了新的现代化手段的同时，也对教育产生了巨大的影响，加快了教师专业化的进程，对教师素质提出了新的挑战。努力提高教师专业化水平已成为教师教育的必然选择。

2．现代教育技术能有效地促进教师专业发展

为了提高我国中小学教师教育技术能力水平，促进教师专业能力的发展，2004 年 12 月 25 日，国家教育部正式颁布了《中小学教师教育技术能力标准(试行)》。这是我国中小学教师的第一个专业能力标准，它的颁布与实施是我国教师教育领域一件里程碑性的大事，这标志着我国的教师教育信息化将走向一个新的阶段，将对我国教师教育的改革与发展产生深远的影响。现代教育技术如何促进教师专业发展已成为当前摆在我们面前的一个重要课题。

现代教育技术是促进教师发展专业技能和自我完善的重要途径。在信息化社会中，教师理所当然地应该成为"数字化生存"的带头人——应该能够应用信息技术开展有效的教学活动，应该能够应用信息技术进行研究，寻求解决教育教学过程中所遇问题的方法，应该能够利用信息技术进行合作，塑造出开放、融洽、互动的协作风格，应该能够利用信息技术进行学习，成为信息化条件下的终身学习者，实现知识、技能、伦理的自我完善。这是信息化社会中教师专业发展的内在要求。这些问题的有效解决有赖于现代教育技术，要通过现代教育技术来促进教师专业的发展[③]。

1.3.4 有效地促进基础教育的改革

传统的教学系统是由教师、学生和教材这三个要素构成的，在现代化教学环境下，还要增加一个要素——教学媒体。根据系统论的观点，这几个要素不是简单、孤立地拼凑在一起，而是彼此相互联系、相互作用而形成的有机整体。所谓教学模式，正是这四个要素相互联系、相互作用而形成的教学活动进程的稳定结构形式，是四个要素相互联系、相互作用的具体体现。

目前以教师为中心的教学模式，其特点是由教师通过讲授、板书及教学媒体的辅助，把教学内容传递给学生或者灌输给学生。教师是整个教学过程的主宰者，学生则处于被动接受教师灌输知识的地位。其优点是有利于教师主导作用的发挥，有利于教师对课堂教学

① 陈晓力．教师专业化：提升教师职业品位的分水岭[J]．教育理论与实践，2003(2)．

② 黄崴．教师教育专业化与教师教育课程改革[J]．课程·教材·教法，2002(1)．

③ 刘向永．教育技术：塑造教师专业发展[J]．中小学信息技术教育，2003(8)．

的组织、管理与控制；但是它存在一个很大的缺陷，就是忽视学生的主动性、创造性，不能把学生的认知主体作用很好地体现出来。

因此，为了推进我国教育的深化改革，以利于具有创新能力人才的成长，必须明确认清教学过程的本质，在先进的教育科学理论的指导下，改变传统的以教师为中心的教学模式，建构既能发挥教师主导作用，又能充分体现学生认知主体作用的新型教学模式，以此作为深化教学改革的主要目标。

要实现上述教改目标，就必然离不开现代教育技术的支持，原因有以下两个方面。

1. 以计算机为基础的现代教学媒体可为新型教学模式的建构提供理想的教学环境

以计算机为基础的现代教学媒体主要是指多媒体计算机、网络教室、校园网和因特网(Internet)。作为新型的教学媒体，它们具有以下五个特性。

第一，多媒体计算机的交互性，有利于激发学生的学习兴趣和认知主体作用的发挥。

第二，多媒体计算机可以提供外部刺激的多样性，有利于知识的获取与保持。

第三，多媒体系统的超文本特性，可实现对教学信息最有效的组织与管理。

第四，计算机的网络特性，有利于培养合作精神并促进高级认知能力发展的协作式学习。

第五，超文本特性与网络特性的结合，有利于培养创新精神和促进信息能力发展的发现式学习。

可以看到，以计算机为基础的现代教学媒体确实具有优化教育、教学过程的多种特性，这些特性的集中体现就是能充分发挥学生的主动性与创造性，从而为学生创新能力和信息能力的培养营造最理想的教学环境，而这样的环境正是建构新型教学模式必不可少的。

2. 现代教育技术的教学设计理论可为新型教学模式的建构提供坚实的理论基础

现代教育技术中的教学设计理论是连接学习理论、教学理论与教学实践的桥梁，是一门用来实际指导教学过程，为"如何教"及"如何学"提供具体处方的规范性理论。这门学科目前已发展出两种不同类型的教学设计理论：一种是以"教"为中心的教学设计，另一种是以"学"为中心的教学设计。经过教育理论专家多年的努力，以"教"为中心的教学设计已形成一套系统、完整且具有可操作性的理论与方法，并在教学实践中产生了较大的影响，受到广大教师的欢迎。其优点是有利于教师对课堂教学进程的组织、管理与控制，有利于教师主导作用的发挥；缺点是这种教学设计忽视了学生的主动性，在整个教学过程中把学生置于受灌输的被动地位。显然这种教学设计理论是直接为传统的教学模式服务的。

随着多媒体技术和因特网应用的迅速普及，一种新的以"学"为中心的教学设计正在兴起并快速发展。这种新的教学设计理论与传统的以"教"为中心的教学设计完全不同：它的全部理论、方法都是围绕如何帮助学生的"学"，即如何促进学生主动建构知识的意义而展开。这种理论强调在教学过程中学生处于中心的位置，教师应围着学生转。以"学"为中心的教学设计包括两部分内容：一部分是关于学习环境的设计；另一部分是关于自主学习策略的设计。

以"教"为中心的教学设计和以"学"为中心的教学设计各有其优缺点，而它们的优势则正好互补，因此，若将这两种教学设计理论恰当地结合起来，就可以为我们将要建构的既发挥教师主导作用，又充分体现学生认知主体作用的新型教学模式("双主模式")，提供比较全面而坚实的理论基础。

双主模式介于以教师为中心的教学模式和以学生为中心的教学模式之间，它不是以教师为中心，也不完全是以学生为中心，而是既发挥教师的主导作用，又要充分体现学生的认知主体作用，即要把"教师为中心"和"学生为中心"两者的长处吸收过来，而把两者的短处尽力避免。这就要求在基本保留"传递—接受"式教学活动进程的条件下，对这种"进程"加以认真改造，即在此进程中积极利用现代教育技术，并在建构主义理论指导下，通过人机交互，让学生更多地去主动思考、主动探索、主动发现，从而形成一种新的教学活动进程的稳定结构形式。

1.4　现代教育技术的发展与趋势

1.4.1　国外现代教育技术的发展

从"教育技术是教育中所应用的手段和方法的总和"一般含义上来理解，教育技术与教育同时出现。但是，以美国为代表的教育技术界人士大都认为，现代教育技术出现在第二次产业革命时期，是科学技术发展对教育影响的结果。他们把 20 世纪初期美国教育领域兴起的"视觉教育"运动当作现代教育技术的开端，认为现代教育技术的发展主要是沿着"视觉教育→视听教育→视听传播→教育技术"这一轨迹发展起来的。在这个过程中，媒体教学技术、个别化教学和教学系统方法逐步融合，直到 20 世纪 70 年代，人们才正式把现代教育技术理解为包括媒体教学技术、个别化教学和教学系统方法这三个方面的整体教育技术。其演化过程如图 1-6 所示。

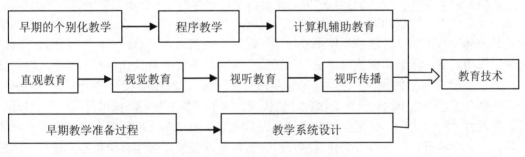

图 1-6　美国教育技术的历史演化过程

1．媒体教学技术的发展

1）视觉教育

19 世纪末到 20 世纪初，科学技术的迅速发展，促使照相、幻灯、无声电影等新技术日渐成熟，并逐渐在教育领域中得到应用。从 1920 年开始，在美国就有一些电影公司向高校提供教学用的电影片，有些院校也开始自制教育影片和幻灯片、照片等。

随着视觉教育的逐步深入，视觉教育引起了越来越多教育工作者的重视和研究，一些学术团体相继出现。1923 年，美国成立了"美国全国教育协会视觉教学部"，开始发展自己的学说，明尼苏达大学等一些学校开设了与视觉教育相关的课程，关于视觉教育方面的学术论著也相继出现。

2）视听教育

20 世纪 20 年代，无线电广播技术开始在教育中推广应用。英国是开展广播教学较早的国家，1920 年，英国的马可尼公司剑佛电台开办了定期的教育广播节目，1923 年成立了"教育播音咨询委员会"，1929 年成立了"学校播音中央评议会"。美国也在 1920 年建起了第一家无线广播电台，即 KDKA 电台，开始利用广播进行大面积教育。

20 世纪三四十年代，无线电广播技术进一步完善，广播教学的规模迅速扩大。1935 年波士顿成立了"世界广播大学"，播送多种学科课程。但在这一时期，最为普及的要数有声电影的应用，具有视听双重功能的有声电影在提高教育效果方面显示出了巨大的作用。在 20 世纪 40 年代后期，磁性录音、黑白电视技术、语言实验室相继出现在教学活动中。1946 年，美国教育学家艾德加·戴尔提出了视听教育的重要理论，即"经验之塔"理论。1947 年，美国教育协会视觉教学部正式更名为"视听教学部"。

20 世纪五六十年代，是媒体技术迅速发展的时期。在此期间，不仅已有的媒体技术进一步发展，电视这一新的媒体技术也走向普及，电视教学成为一种新型的教学方式。同时语言实验室、程序教学等也运用于教学，并开始了对各种媒体技术综合使用的研究。在 20 世纪 60 年代初期，美国教育界提出了"教育技术"这一名词。20 世纪 70 年代以后，卫星电视成为各国普及国民教育最有效的手段，计算机辅助教学也被迅速推广应用。

2．程序教学运动与个别化教学的发展

20 世纪初，虽然美国出现了各种各样的个别化教学形式，但真正在教育领域中有着广泛影响的个别化教学活动，当属 20 世纪 50 年代兴起的程序教学运动。

1954 年，美国著名心理学家、哈佛大学教授斯金纳发表了《学习的科学与教学的艺术》一文，在文章中，斯金纳阐述了操作性条件反射和积极强化的学习理论。他认为人类的学习都是一种操作过程，在这种操作条件作用下，反应经刺激诱发后，立即予以强化，形成刺激反应的联结。教学和训练的成功，关键是分析强化的效果及设计精密的操作过程的技术，也就是建立特定的强化。为了某一特定的学习目的，而精心设计一个刺激和反应过程，使学习者在强化中达到目标。因此，他认为，为了使学生对刺激做出符合要求的反应，必须将教材"程序化"，即把教材尽量细分为多个"小步子"，以便能在各个小步子中诱发学习者正确的行为，并即时强化这些反应。所以，斯金纳主张用教学机器来控制学生的行为。

20 世纪 50 年代末到 60 年代初是程序教学运动迅速发展的时期。一方面各种教学机器纷纷问世，另一方面程序设计广泛开展，程序教学在广泛的领域内获得了成功。但是，到了 20 世纪 60 年代末，由于技术上的局限，教学机器的设计到了穷尽的状态，而且对于相对复杂的教学内容无法处理，于是，程序教学一度停顿了下来。进入 20 世纪 70 年代以后，随着计算机技术的迅速发展，人们对教学机器的兴趣转向了对计算机辅助教学的研究，将程序教学思想广泛地运用到计算机辅助教学中，计算机成了实现程序教学思想的高级程序教学机。

3．系统科学的引入与教学系统方法的发展

系统科学主张把事物、对象看作一个系统进行整体研究，探讨事物的各个组成部分、结构和功能的相互联系，通过信息的传递和反馈来实现有目的地控制系统的发展，以获得最优化的效果。

系统科学的思想、观点和方法论是教育技术学重要的理论基础，尤其是在 20 世纪 60 年代以后，系统科学的思想渗入现代教育技术领域的各个方面，并促进现代教育技术的各个分支融合在一起，从而出现了教育技术学。

在系统科学的影响下，人们开始考虑各种媒体的综合作用，提倡各种媒体的恰当组合，取长补短，以取得优化的效果。系统科学运用到程序教学中来，程序设计就越来越重视从教学的整体进行系统、综合考虑，包括目标的确定、方法的设计、媒体的选择以及通过有效的评价来实现教学的反馈控制。系统科学的引入深化了程序教学的思想、方法，它的进一步发展逐渐形成了教育技术学的核心思想，即教学开发的系统设计方法。

到 20 世纪 70 年代，由于系统方法在教学媒体设计、个别化学习过程设计和教学系统设计中得到了广泛的应用，促进了媒体教学技术、个别化教学和教学系统方法这三个领域的相互交叉。1972 年，美国教育传播与技术学会在定义教育技术概念时，把视听教育、个别化教学和教学设计这三个领域综合为一个以系统方法为核心的整体教育技术领域。

1.4.2　我国现代教育技术的发展

现代教育技术在我国的发展，是以电化教育的萌芽和起步为标志的，所以研究我国现代教育技术的发展历史，离不开对电化教育的研究。纵观我国现代教育技术的发展历程，我们可以以时间为轴线，将其发展历史大致分为两个阶段，即电化教育的出现和初步发展阶段以及电化教育与现代教育技术的迅速发展阶段。

1. 电化教育的出现和初步发展

20 世纪 20 年代左右，幻灯、电影、无线电等先进媒体传入中国，在中国的一些院校，如南京的金陵大学(后并入南京大学)等，开始利用引进或自制的幻灯片、电影片进行教学，媒体教学形式在我国出现，也标志着我国电化教育的萌芽。

20 世纪 30 年代，随着幻灯、电影、无线电广播在教育教学活动中的应用，社会上出现了群众性的学术团体——中国教育电影协会。1935 年江苏镇江成立了"电化教学"放映场。1936 年南京教育部成立了电影教育委员会，1937 年成立了播音教育委员会。也是在这期间，"电化教育"的名称被确定，一些电化教育刊物相继出现。1940 年，当时的南京政府教育部将电影教育委员会和播音教育委员会合并，成立了电化教育委员会。金陵大学、江苏省立教育学院、国立社会教育学院等院校开设了电化教育课程或专业，开始培养电化教育专业人才，并选派留学生赴美学习有关课程。

从 20 世纪 20 年代到 40 年代这一阶段来看，电化教育在我国的教育中发挥了一定的作用，但受当时国家经济落后、科技不发达以及电化教育自身的理论研究缺乏指导等因素的影响，电化教育始终未能大面积推广。

1949 年 10 月中华人民共和国成立，我国政府对电化教育给予了充分的重视，于 1949 年 11 月在文化部科学普及局成立了电化教育处，负责全国电化教育的推广、发展工作。在这一时期，我国的电化教育进入了有组织、有领导的发展阶段。

20 世纪 50 年代，社会上大面积地开展外语学习、文化补习、广播函授等播音教育，北京师范大学、西北师范学院开设了电化教育系列讲座，高等院校纷纷运用现代教育媒体进行教学。从 1958 年起，各地相继成立电化教育馆，如北京电化教育馆、沈阳市电化教育馆等，主要负责电化教育在普通教育领域的组织和推广工作。从 20 世纪 60 年代起，上海、北京、沈阳、哈尔滨等地相继开办电视大学，电化教育手段被广泛地运用于教学中。

从中华人民共和国成立后的 1950—1965 年间，经过广大教育工作者的努力，我国的电化教育已走上了稳步发展的道路。从媒体的研制与应用，到人员机构的完善，都呈现出了蓬勃发展的势头，取得了很大的成绩。但总的来看，这一时期的电化教育的研究和实践领域，主要方面依然是以媒体应用为主，尽管也出现了专门的学科和研究队伍，但在理论上基本是借助视听教育的理论，所以理论研究比较匮乏。就在这一充满希望的学科正待进一步发展之时，"文化大革命"开始了，同许多事业一样，我国的电化教育事业不仅停滞下来，而且原有的成果也遭到严重的破坏。

2. 电化教育与现代教育技术的迅速发展

20 世纪 70 年代后期，尤其是党的十一届三中全会以后，我国进入改革开放的新时期，电化教育也从停滞状态中走了出来，开始了一个迅速发展的新阶段。

从 1978 年开始，建立和恢复了各级电教机构。当时的国家教育部建立了中央电教馆，并履行教育部电化教育局的职能，各地、市、县及大部分高校成立了电化教育馆或电化教育中心。进入 20 世纪 90 年代后，先后建立了各级教育电视台、教育音像出版社。

在各级、各类电化教育机构的组织和推动下，电化教育媒体的应用迅速发展。不仅幻灯机、电影放映机、录音机等设备被大量购置、生产和应用，电视、卫星电视教育也迅速占据了重要地位，语言实验室、计算机辅助教学在各大中专院校及中小学逐渐普及。电化教育教材的编制、发行呈现出强劲势头，在数量和质量上都有大幅度提高，并广泛地应用于教学中。尤其是中小学课程音像教材与文字教材配套出版、使用，更有效地提高了教学质量。20 世纪 90 年代以来，随着计算机的普及，计算机辅助教育成为我国现代教育技术重要的实践领域，制作计算机软件的机构相继诞生，适合学习的软件大量出现。

1984 年成立了全国第一个电化教育专业。目前全国已有百余所院校设置了教育技术(电化教育)专业，有些院校招收了硕士研究生、博士研究生，为我国教育技术事业向更高层次发展起到了重大的推动作用。改革开放以来，教育技术学术领域的发展也是突飞猛进，大量的学术专著、译著、教材纷纷问世，如《电化教育学》《电化教育管理》《教育技术学导论》《教学设计》等；出现了多种学术刊物，如《中国电化教育》《电化教育研究》《中小学电教》《现代教育技术》等，这些著作和刊物为教育技术领域的研究和实践总结作出了重要贡献。

随着国际学术交流的增多，国外现代教育技术的研究成果不断被引进和借鉴，我国电化教育的理论也有了深刻的变化和质的飞跃。20 世纪 80 年代，在研讨电化教育理论的热潮中，出现了电化教育更名和再定义的学术争鸣。20 世纪 90 年代，教育技术在学科建设和对外学术交流领域替代了电化教育。在学科的内涵上，不再仅仅研究教学媒体，在国外教育技术思想的影响下，开始了对多媒体教学、系统方法、教学设计等理论和实践的研究，从而使我国的教育技术在保留和发扬自身特色的同时，融入了国际教育技术发展的潮流之中。

1.4.3 现代教育技术的发展趋势

随着科学技术的飞速进步和现代教育技术相关理论的研究，以及现代教育技术实践领域的拓展，现代教育技术主要朝着以下六个方向发展。

1．现代教育技术呈现多媒体化的发展趋势

进入 21 世纪，多媒体技术逐渐发展为现代教育技术中的主要技术，全球现代教育技术正以前所未有的发展速度迅速走向多媒体化。现代教育技术的多媒体化趋势主要表现在两个方面，即多媒体技术的应用和多媒体优化组合形成的多媒体系统的应用。计算机多媒体技术由于具有多重感官刺激、传输信息量大、速度快、传输质量高、应用范围广、使用方便、便于操作、交互性强等优点，使它在教育领域中的应用势头锐不可当，从而成为现代教育技术中的主流技术。各种新兴媒体和一些旧有媒体相互交融，共同存在，并运用教学系统设计的原理进行优化组合，形成具有整体功能的多媒体教学系统，这也是现代教育技术多媒体化趋势的一个方面。

2．现代教育技术呈现网络化的发展趋势

现代教育技术网络化的主要标志是 Internet 应用的迅速发展。在信息社会中，Internet 是进行知识获取和信息交流的强有力工具，它将改变人们的学习、工作和生活方式。截至 2018 年，我国已拥有超过 8 亿的互联网用户，基于 Internet 的远程教育目前正在发挥着越来越重要的作用。

3．现代教育技术呈现智能化的发展趋势

人工智能(Artificial Intelligence)是一门研究运用计算机模拟和延伸人脑功能的综合性学科。与一般的信息处理技术相比，人工智能技术在求解策略和处理手段上都有其独特的风格。人工智能的一些成果，以及智能计算机辅助教育系统目前已在教育教学领域得到了应用，例如，智能辅助教学系统由于具有"教学决策"模块、"学生模型"模块和"自然语言接口"模块，因而具有能与人类优秀教师相媲美的功能：①了解每个学生的学习能力、认知特点和当前知识水平；②能根据学生的不同特点选择最适当的教学内容和教学方法，并可对学生进行有针对性的个别指导；③允许学生用自然语言与"计算机导师"进行人机对话。当下，我国教育信息化 2.0 正在稳步推进，人工智能是助力教育信息化迅猛发展的加速器。

4．现代教育技术作为交叉学科的特点将日益突出

现代教育技术是涉及教育、心理、信息技术等学科的一个交叉学科。现代教育技术需要技术，尤其是信息技术的支持。作为交叉学科，现代教育技术融合了多种思想和理论，它的理论基础包括教育理论、学习理论、传播学、系统论等。在现代教育技术领域内，上述理论相互融合，以促进人的发展为目标而各尽其力。现在，现代教育技术的研究不仅关注个别化学习，还对学生之间如何协同与合作进行系统的研究。此外，现代教育技术交叉学科的特性决定了其研究和实践主体的多元化，协作将成为现代教育技术发展的重要特色。包括教育、心理、教学设计、计算机技术、媒体理论等不同背景的专家和学者共同研究和

实践，开放式的讨论与合作研究已成为教育技术学科的重要特色。

5. 现代教育技术将日益重视实践性和支持性研究

现代教育技术作为理论和实践并重的交叉学科，需要理论指导实践，在实践中进行理论研究。目前，现代教育技术研究前沿的两个领域是信息技术与课程整合及网络教育，所有这些乃至终身教育体系的建立都强调对学习者的支持，即围绕如何促进学习，提高绩效开展所有工作。正因为如此，人们将会越来越重视包括教师培训、教学资源建设、学习支持等在内的现代教育技术实践性和支持性研究。

6. 现代教育技术呈现应用模式多样化的发展趋势

目前，现代教育技术在教育中的应用形式虽然是多种多样的，但大体上可分为五种：①基于视听媒体技术的多媒体教学形式；②基于卫星通信技术的远距离教学形式；③基于计算机多媒体技术的多媒体教学形式；④基于 Internet 及其他网络技术的网络教学形式；⑤基于计算机仿真技术的"虚拟现实"教学形式。现代教育技术灵活多样的应用模式为教学活动的开展提供了更多的选择。

📇 扩展阅读

1. 活动理论

活动理论是一种交叉学科的理论，是研究在特定社会文化历史背景下人的行为活动的理论。其前身是苏联著名心理学家和教育理论家维果斯基的文化—历史心理学理论，后来在 20 世纪 40 年代被列昂捷夫发展成为活动理论。活动理论将人类认识的起点和心理发展的过程放在活动上，认为人的心理发展(有意识的学习)与外部实践活动是辩证统一的。活动不能在没有意识的情况下发生，意识也不能发生在活动情境之外。具体来说，活动理论的内容主要包括以下几个方面。

1) 活动系统的构成要素

活动系统包括六个要素：主体、工具、客体、分工、共同体和规则。活动系统里的构成要素并非稳定且互相独立的，而是动态且持续不断地与其他构成要素互动。它们之间的关系如图 1-7 所示。

在活动系统中，主体、工具和客体是核心要素。也就是说，所有活动都是以客体为导向，是由人类(主体)通过工具作为媒介对客体进行改造来完成的。每种活动最终都会产生一定的结果，这种结果可以是物质的、精神的或符号的。人类的行为活动处于社会文化的情境脉络中。而在活动系统中，规则、共同体和分工是对人类个体活动发生的社会文化环境因素的描述。共同体是活动主体所在群体，对学生来说，可能是学习小组或班集体等。规则是指对活动进行约束的明确的规定、法律、政策和惯例，以及潜在的社会规范、标准和共同体成员之间的关系。分工是指共同体内合作成员横向的任务分配，也指纵向的权力和地位分配，即分工可以根据各活动的具体情况协商进行，也可以自上而下纵向组织。一个组织如何分工，在某种程度上决定了参与者的工作文化的性质和氛围。由此可见，这六个要素是互动联系的，共同制约着活动系统的活动进行。

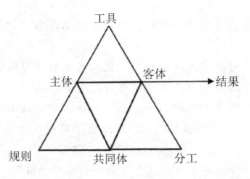

图 1-7 活动系统结构

2) 活动具有层次结构

活动理论认为，活动是由动机和目的连接起来的一种活动，是活动、行动和操作的完整体系。活动是有意识的过程，包括一连串的行动，行动又包括一连串自动化的、无意识的操作。它们之间的关系是双向动态的：活动可以分解成为行动，并最终被分解为操作；操作也有可能被打断而成为行动。它们之间的关系如图 1-8 所示。

活动 ⟷ 行动 ⟷ 操作

图 1-8 活动、行动、操作的层级性质

3) 活动以工具作为中介

活动理论认为人类活动必须以工具作为媒介。工具是人类(主体)作用于客体的手段。工具可以是像榔头、计算机等物的东西，也可以是像符号系统、程序语言、模式或启发等抽象的、精神上的东西。工具可将活动主体与客体联系起来。工具不仅在活动自身的发展中形成，而且还保留了特定的社会、文化、历史色彩。因此，对特定文化工具的使用影响着个体外部行为的属性和内部心理机能的发展。

4) 活动理论的启示

活动理论一个突出的特点就是认为个体一定是存在于某种活动中，个体不可能脱离活动而单独存在；同时，个体的活动一定是存在于社会之中，个体的活动绝不可能脱离他所处的社会环境与文化背景而单独存在。个体的活动，即使是最私密的活动，也是社会中的活动，也受到了文化与历史的制约。因此，只有在活动中来理解个体才是有意义的，同时，只有在社会中来理解个体的活动才是有意义的。个体的学习活动同样如此。个体的学习活动绝不是单纯个体的事情，而是与他所处的社会环境密切相关。因此，活动理论的学习观，强调在整个完整的活动系统中来理解与设计个体的学习活动，在这个过程中，既要考虑到主体的因素，如个性、动机等，也要考虑到客体的因素，如任务的性质、分工等，还要考虑到主体为了实现客体所需要的中介工具，如交流工具、认知工具等。同时，还需要考虑到个体所处的学习共同体，以及该共同体所制定的规则、分工等。

2. 关联主义：一种数字时代的学习理论

2004 年，加拿大学者乔治·西蒙斯(George Siemens)在国际上率先提出了"关联主义"(Connectivism)的概念。在他看来，关联主义是一种超越行为主义、认知主义和建构主义，适合解释和指导数字时代学习现象与学习需求的理论。关联主义认为，学习不再是个体的内部活动，知识也不再以线性的模式获得，学习(被定义为动态的知识)不仅发生在学习者内部，还可以存在于学习者自身之外的组织、社群或数据库中，学习是一个连接专门节点或信息源的过程。

如果说行为主义的学习隐喻是"强化"，认知主义的学习隐喻是"习得"，建构主义的学习隐喻是"建构"，那么，关联主义的学习隐喻是"连接"。作为数字时代的学习理论，在确切定义和解释人们是如何学习这方面，关联主义的核心观点认为"学习就是形成网络(network forming)"。任何理论的验证标准取决于它能把该领域的问题和矛盾解决到什么程度，当学习被看作"一种形成连接(创建网络)的过程"时，以往行为主义、认知主义和建构主义中关于学习的种种悬而未决的问题便会得到很好的解答。

1) 关联主义的基本原则

关联主义主要有八条基本原则：①学习和知识存在于多样性的观点中；②学习是一个连接专门节点或信息源的过程；③学习可存在于人工制品(Artifact)中；④可持续学习的能力比当前掌握的知识更重要；⑤促进持续学习需要培养和保持各种连接；⑥能洞察不同的领域、观点和概念之间的内在联系；⑦知识的现时性(精确的、最新的知识)是学习活动的宗旨；⑧决策本身是一种学习过程。人们可以根据不断变化的现实来选择"学什么""怎样学"和"如何理解新信息的意义"。

2) 关联主义的基本观点

我们结合关联主义的基本原则从知识观、学习观、能力观对关联主义作出如下阐释。

(1) 知识观。知识能被描述但不能被定义，它是一种组织，并非是一种结构。传统观点认为，知识的组织主要采用静态的层级和结构，今天，知识的组织主要采用动态的网络和生态。①知识的类型：西蒙斯将知识的类型分为知道是什么(Knowing about)、知道如何做(Knowing to do)、知道成为什么(Knowing to be)、知道在哪里(Knowing Where)和知道怎样转变(Knowing to Transform)，"知道成为什么"(需要什么)、"知道在哪里"找到知识以及"知道怎样转变"将成为数字时代越来越重要的知识和能力。②知识的分布：关联主义引入网络的概念，认为学习网络由节点(Nodes)和连接(Connections)组成，知识不仅存在于个体的头脑中，还存在于个体外部世界的各种人工制品(如组织、社群、数据库)中，而这些皆可被视为节点。此外，关联主义认为知识的现时性是所有关联主义学习活动的宗旨，人们只有在不断的循环流动更新中才能获得精确的、最新的知识，而知识的流动离不开各种工具的支持，因此，关联主义的基本要素包括：节点、连接、网络、知识流和工具。

(2) 学习观。关联主义诠释的是一种"关系中学"和"分布式认知"的学习观。关联主义认为，知识以碎片化的方式分布于知识网络或社会网络的各个节点上，学习就是把分散的各个节点连接关联起来的过程。面对数字时代信息或知识的过载，我们并不用也不可能学会所有的知识，因此我们要学会将认知负荷卸载到网络中，正如卡伦·斯蒂芬森所说："长期以来，经验被认为是知识最好的老师。但我们无法经历所有的事，因此他人的经历，乃至其他人，都将成为知识的代名词，'我把知识储存在朋友处'诠释的正是一种通过创建人际网络汇聚群体智慧来获取知识的公理。"

(3) 能力观。关联主义认为，今天有效的学习需要不同的方法和个人能力，面对"知识激增与速衰"提出的挑战，人们需要适应不断变化的世界，终身学习被认为是应对变化所必需的。在关联主义的视角下，我们需要具备如下终身学习的能力：智商与情商相结合的能力、应用能力或实践能力、关联能力、搜寻能力、分布式学习能力、协作学习能力、信息素养、兼容和整合能力、知识管理能力、决策与创新能力。此外，应变能力、问题求解能力、迁移能力、沟通交流能力、批判性思维、可持续发展等高阶能力也是关联主义下学习者必须具备的学习能力。

3. 多元智能理论

1) 多元智能理论的内涵

多元智能理论是自 20 世纪 80 年代中期以来风行全球的国际教育新理念。它是由美国当代著名心理学家和教育学家加德纳(H.Gardner)博士于 1983 年在其《智能的结构》一书中首先系统地提出，并在后来的研究中得到不断发展和完善的人类智能结构理论。多元智能理论对智力的定义和认识与传统的智力观是不同的。加德纳博士认为，智力是在某种社会和文化环境的价值标准下，个体用以解决自己遇到的真正难题或生产及创造出某种产品所需要的能力。智力不是一种能力而是一组能力，智力不是以整合的方式存在而是以相互独立的方式存在的。多元智能中的各种智能的内涵如下所述。

(1) 言语语言智能：指人对语言的掌握和灵活运用的能力，表现为用词语思考，用语言和词语的多种不同方式来表达复杂意义。

(2) 数理逻辑智能：指人对逻辑结果关系的理解、推理、思维表达能力，突出特征为用逻辑方法解决问题，有对数字和抽象模式的理解力以及认识、解决问题的应用推理能力。

(3) 视觉空间智能：指人对色彩、形状、空间位置的正确感受和表达能力，突出特征为对视觉世界有准确的感知，产生思维图像，有三维空间的思维能力，能辨别感知空间物体之间的联系。

(4) 音乐韵律智能：指人的感受、辨别、记忆、表达音乐的能力，突出特征为对环境中的非语言声音，包括韵律和曲调、节奏、音高、音质的敏感。

(5) 身体运动智能：指人的身体的协调、平衡能力和运动的力量、速度、灵活性等，突出特征为利用身体交流和解决问题，熟练地进行物体操作以及需要良好动作技能的活动。

(6) 人际沟通智能：指对他人的表情、说话、手势动作的敏感程度以及对此做出有效反应的能力，表现为个人能觉察、体验他人的情绪、情感并做出适当的反应。

(7) 自我认识智能：指个体认识、洞察和反省自身的能力，突出特征为对自己的感觉和情绪敏感，了解自己的优缺点，用自己的知识来引导决策，设定目标。

(8) 自然观察智能：指的是观察自然的各种形态、对物体进行辨认和分类、能够洞察自然或人造系统的能力。

加德纳认为，他所提出的八种智能的观点，在某种程度上还只是一个理论框架或构想，随着心理学、生理学等相关学科的进一步发展，多元智能的种类将可能得到发展。

2) 多元智能理论的特征

(1) 智能的多元性特征。人的智能是由多种要素构成的，这些智能要素是多维度、相对独立地表现出来的，不同的智能要素之间没有主次之分，应同等对待这些要素。

(2) 智能的文化性特征。从加德纳对智能的解释可以看出，智力与一定的社会文化环境下人们的价值标准有关，不同的社会文化环境下人们对智力的理解各不相同，对智力表现形式的要求也不尽相同。

(3) 智能的差异性特征。由于环境与教育的差异，使个体智能的发展方向、发展程度和表现形式有着明显的差异性，因而每个人的智能各具特点，每个人都有一种或数种适合自身心理特点的学习内容和方式。

(4) 智能的实践性特征。加德纳把智能看作是个体解决实践问题的能力，是在实践中发现新知识和创新新产品的能力。

(5) 智能的开发性特征。人的多元智能的发展，关键在于开发。学校教育的宗旨应是开发学生的各种智能和学生的潜能，促使学生全面发展。

【学习资源链接】

(1) 教育技术论坛

该论坛为学习者提供了一系列有关教育技术的公共课程资源及应用服务，学习者可以在平台上进行资源共享及互动交流等活动。

(2) 开放教育小站

该网站是一个关注教育信息化领域的综合资讯小站，主要关注在教育规律指导下的教育信息化新理念、新模式和新方法，同时也关注在教育规律指导下新技术、新产品的教育应用。

(3) 国家精品课程网

该网站汇聚全国各个高校的教学课件和视频，资源非常丰富。

【教与学活动建议】

(1) 教师引导学生采取小组协作的方式，访问教育部网站或通过搜索引擎搜索，查阅重要文件《中共中央国务院关于深化教育改革全面推进素质教育的决定》《面向21世纪教育振兴行动计划》及一些相关的文章等。最终使学生通过上网查阅以上相关文件或文章，并通过小组协商讨论，使其理解发展现代教育技术的重要意义。

(2) 围绕"当代大学生是如何学习的"这一主题开展如下活动。

① 先分学习活动小组，给每个小组布置不同的活动任务，然后各组内再进行分工。每个小组根据自己小组的具体情况访谈相应专业的同学，与他们探讨和交流，其中重点要了解"大学生是怎样进行学习的"这一主题。

② 各小组利用自己熟悉的搜索引擎去上网搜索有关的学习理论，深刻理解每一种学习理论的内涵和实质，然后分析自己了解的大学生的学习与所查找的学习理论上的介绍是否对应，学习理论如何指导我们当前的学习等相关问题，在小组内讨论并达成一致。

③ 各小组选派一名代表进行主题发言，汇报自己对学习理论的理解及学习理论对当前大学生学习的指导意义，以共享他们的信息资源。

④ 各小组把自己的活动结果发布在自己的个人主页或Blog上，参与日志的评论和交流。

⑤ 采用个人自评、小组互评和教师评价相结合的办法。

在这个活动过程中，教师指导主题活动，收藏相关网络资源，观察学生的表现，解答学生活动中出现的问题，指导小组学习并进行评价。

本章小结

本章首先介绍了现代教育技术的基本概念及内涵，阐述了现代教育技术的理论基础：学习理论、教学理论、媒体传播理论、系统科学理论。然后论述了现代教育技术在提高学生信息素养、促进学生科学思维能力的培育、促进教师专业发展、促进基础教育改革等方面的作用。最后，介绍了国内外现代教育技术的发展历史，以及现代教育技术的未来发展趋势。

思考与练习

1. 现代教育技术的含义是什么？
2. 四大学习理论的基本观点各自是什么？它们对学生的学习有何指导意义？
3. 为什么说学习理论、教学理论、系统科学理论、媒体传播理论是现代教育技术的理论基础？
4. 谈谈建构主义理论对现代教育技术所带来的冲击。
5. 什么是信息素养？请论述信息素养与教师专业发展之间的关系。
6. 简单说明现代教育技术与基础教育改革的关系是什么。
7. 现代教育技术的发展趋势有哪些？

生而知之者，上也；学而知之者，次也；困而学之，又其次也；困而不学，民斯为下矣。

——孔子(前551—前479)，中国著名的思想家、教育家、政治家

第2章　数字化学习资源及其应用

本章学习目标

➢　了解数字化学习资源的基本类型与特点。
➢　掌握资源检索工具的使用方法。
➢　掌握资源下载工具的使用方法。
➢　能够利用网络进行信息交流与资源共享。
➢　能够组织基于网络的资源型学习活动。

核心概念

资源(Resource)、教学资源(Instructional Resource)、学习资源(Learning Resource)、数字化(Digitization)

引导案例

　　小慧走上教师岗位的第一步就碰到了新课改，无论是学生的"学"还是老师的"教"，与她做学生时所熟悉的大不相同了。为了能上好课，她决定先从网上查找一些其他有经验的教师的做法，以便学习参考，并准备下载一些教案、课件、习题或者活动设计等能用于教学的资料。

　　该案例中小慧利用网络向有经验的教师学习，是新教师成长非常有效的途径。

　　网络上的备课资源很丰富，有教学设计、课件、典型习题，还有课外扩展活动、课堂实录、教学反思等。这些都是教师备课或者学生学习的资源。这些资源大体可分为两类：专门设计的学习资源，如教科书、语言实验室等；非专门设计的学习资源或可利用的学习资源，如戏剧、博物馆等。小慧认真浏览了网络上其他教师的教学方法和手段后，结合学生的特点和教学内容，很快就确定了自己的教学思路和方法，然后下载了相关教案，稍加修改后作为自己的教学方案，这样既节省了时间，又不至于犯新教师常犯的离题万里的毛病。

2.1 数字化学习资源概述

2.1.mp4

学习资源是教育技术的两个主要研究对象之一。学习资源是指可用于学习的一切资源，包括信息、人员、资料、设备和技术等。数字化学习资源就是将文本、图像以及视音频等类型的学习资源转变为计算机可以处理的二进制代码，并依据学习者的特征进行编辑，可以在多媒体计算机上或网络环境下运行的供学习者使用的多媒体资料。

按照不同的标准，数字化学习资源可以分为不同的类型。按信息的呈现方式，数字化学习资源可分为数字化文本、图形图像、动画、声音、数字化音频、数字化视频。按照来源划分，数字化学习资源又可分为专门设计的资源和可利用的资源。所谓专门设计的资源是指为学习的目的而专门设计开发的数字化资源，如教学软件(广义的教学软件)；所谓可利用的资源，是指本来并非为学习专门设计，但被发现可用来为学习服务的数字化学习资源，特别是网络上的多种多样的信息资源，主要包括电子图书、电子期刊、网上数据库、虚拟图书馆、百科全书、教育网站、通信新闻组、虚拟软件库等。

与此相对应的是非数字化学习资源，包括印刷材料、幻灯片、投影片、电影、电视、录像等。学习资源数字化能够激发学生通过自主、合作、创造的方式来寻找和处理信息，从而使数字化学习成为可能。

思考交流

把书上一段文字或者图片通过拍照的方式保存在电脑里或者上传到网上是不是就是数字化了？

2.1.1 数字化学习资源的特点

与传统的学习资源相比，数字化学习资源有以下几个方面的特点。

1. 处理技术数字化

处理技术数字化是指用数字化处理技术将声音、文本、图形、图像、动画、音频和视频等信号经过转换器抽样量化，使其由模拟信号转换成数字信号。数字信号的可靠性远比模拟信号高，对它进行纠错处理也容易实现。

2. 处理方式多媒体化

处理方式多媒体化是指利用多媒体计算机技术存储、传输、处理多种媒体形成的教学资源。与传统的纯文字或图片处理信息的方式相比，经多媒体计算机处理的学习资源更加丰富多彩。

3. 信息传输网络化

信息传输网络化是指数字化教学资源可以通过网络实现远程传输，学习者可以在异地任何一台能上网的计算机上获取自己需要的信息。

4. 教学资源系列化

教学资源系列化是指数字化教学资源可由资源管理人员或教学人员进行系统分类，在教学过程中向不同的学习者提供不同系列的教学信息。

5. 资源建设可操作化

资源建设可操作化是指教学资源允许学生和教师运用多种信息处理方式对其进行运用和再创造，师生还可以将自己制作的资源(如电子作业)加入数字化资源库中。

📖 知识拓展

数字化学习资源的作用机理，从建构主义学习理论的视角看：学习者所获取的知识不是由外部直接给予的，而是通过学习者自主建构形成的。学习者在解决问题的过程中会产生新的需要，要求有新的可用的资源的帮助，新的可用的资源从提供的资源中找寻，当不存在时可反馈给设计者或智能代理，从而帮助其不断修改、完善提供的数字化学习资源，并有助于提高系统的完整性。

从信息传播的视角看：①在数字化学习资源的传播过程中，设计者和智能代理作为传播者将数字化学习资源传给使用者，并且使用者可将学习结果反馈回来；②数字化学习资源以多样方式呈现，既能看得见，又能听得见，有些还能用手操作等。通过多感官的刺激使使用者获取的信息量比单一地借助书本、图片或者电视等大得多；③通过传播、反馈，可不断修改、补充、完善数字化学习资源。这些有利于知识的获取，且有利于知识的保持，并在学习过程中通过反馈使自身得到不断的完善。

(资料来源：摘自石巧珍《数字化学习资源的时空特点及作用机理》. 现代教育技术，2007(2))

🔑 思考交流

网上都有哪些学习资源？相对于传统的媒体课本，这些学习资源有哪些特点？

2.1.2 典型数字化资源的构建

1. 多种形式的学习支持工具与平台

除了多媒体课件和网络信息资源之外，数字化学习资源中还包括各种学习支持工具与平台。按照功能的不同，学习支持工具与平台可分为支持通信学习工具、支持信息共享工具、支持创作学习工具三大类，如表2-1所示。

表2-1 学习支持工具与平台的分类

工具类别	常见工具
通信学习工具	辅导答疑系统、视频会议系统(如 NetMeeting)、聊天系统(微信(WeChat)、QQ)、电子邮件(文本、语音、视频)
信息共享工具	远程屏幕共享系统、服务器文件共享(如 FTP)、检索服务系统(如 Wais、Gopher)、异步合著系统(如 Blog、Wiki)、数字化图书馆、远程登录(Telnet)、网盘和云盘等

续表

工具类别	常见工具
创作学习工具	文字处理工具(如 Word、写字板)、几何画板、作图(如 Photoshop、Visio)、作曲(如 Cakewalk)、制表工具(如 Excel)、信息集成工具(如 PowerPoint、EBook)、建立网站工具(如 Dreamweaver)、支持评测工具、网络教学平台系统(如慕课平台、学堂在线等、学银在线等)

2. 多种形式的网络学习资源

在当今世界，互联网是最大的数字化学习资源的公共网，资源类别丰富，门类众多，涉及政治、经济、科学、文化、法律、体育等各个方面。面对互联网上这么多的学习资源，我们有必要对它们进行分类，以便查找。通常可将网上教育信息资源划分为七大类，如图 2-1 所示。

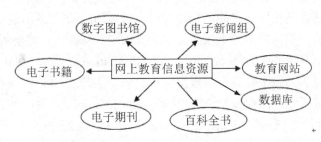

图 2-1　网上教育信息资源的分类

1) 电子书籍

网络时代迎来了电子书籍时代。如今的电子书籍五花八门、琳琅满目，但类型主要是名家的经典名著，如莎士比亚的著作等。目前许多网站都提供电子书籍下载，但其文件格式往往各不相同，当前比较流行和常见的电子读物的格式有 EXE、CHM、HLP、PDF、WDL、SWB、LIT、EBX、RB、EBK 等。其中 EXE 格式的电子读物制作简单，且无须专门的阅读器支持就可以阅读，但多数需要 IE 支持；CHM、HLP 文件格式的读物一般不需要安装专门的阅读工具，其支持文件在用户安装 Windows 操作系统时已经安装；其他文件格式的电子读物由于版权等种种原因，大多需要安装相应的阅读器才能使用，经常使用的电子读物的阅读器有超星数字图书馆阅读器、CAJViewer 等。知名的电子书籍网站主要有超星电子图书、e 书时空、中国典籍网、国家百科全书、北极星书库、世界图书展等。

2) 电子期刊

电子期刊是网上重要的信息资源，主要类型有三种，分别是电子报纸类、电子杂志和期刊类、电子新闻和信息服务类(NIS)。随着大量的期刊在网上发行，电子期刊的获取越来越容易。根据电子期刊是否发行印刷版本，可将其分为两种类型：一种是同时发行印刷版本，目前绝大部分的电子期刊属于此类；另一种是只发行电子版本，是真正意义上的电子出版物，如《教育技术通信》(http://www.etc.edu.cn)等。

目前大多数的电子期刊是免费的，但随着读者人数的增加，以后可能需要交纳一定的费用后才能获得某些信息。知名的电子期刊有中国期刊网，万方数字化期刊，国际教育技术杂志 FNO，电化教育研究等。

3) 百科全书

百科全书是以辞典形式编排的大型参考书，以其内容的高度概括性、知识的科学性、编撰出版的权威性、数据事实的准确性、编制体制的完备性等特点，被称为"工具书之王"。从上古时代算起，百科全书至今已经有 2000 多年的编撰历史了，而电子百科是近些年才发展起来的新事物，不过著名的《大英百科全书》1996 年就已经有了在线服务。知名的电子百科网有：韦式在线辞典、辞典网、我国《英汉-汉英科技大辞典》的网络版、《大不列颠百科全书》、知识在线、网络知识百科全书等。

4) 数据库

数据库是指大量信息对象的集合，允许用户根据某些属性进行检索。网上有各种各样的数据库，通常包括图书馆目录和专门用途的数据库。图书馆目录通常是免费的，可以辅助教师和学生对各种题目进行研究，也可以帮助学生收集文献资料以完成作业或学期论文；专门用途的数据库通常是按次计费的，它包含用户所需的(电子的或印刷的)期刊上的文章，可以对它们进行搜索，然后生成一个以超文本形式输出的符合用户需要的文章列表。

美国教育资源信息中心(Education Resources Information Center，ERIC)成立于 1966 年，是目前世界上规模最大的网上教育资源数据库。它包括了超过 100 万条有关教育书籍、杂志、会议论文、研究报告、课程和教学指导的记录。ERIC 网站主页上有六个主要栏目，分别是 ERIC 数据库检索(Search ERIC Database)、ERIC 资源(Resources)、ERIC 出版物(Publication)、ERIC 摘要(ERIC Digests)、ERIC 教育资源索引(Ask ERIC)、关于 ERIC(About ERIC)。知名的数据库有美国的 ERIC、世界大讲堂、全球校园等。

5) 教育网站

教育网站是专门提供教学、招生、学校宣传、教材共享的网站。各大学校和教育机构都有自己的网站。由于教育系统信息化平台的发展应用，根据教育部的"十三五"规划，众多教育网站将融入整体的教育云平台当中，以学校教育社区为现有的教育网、校园网升级，为无网站的学校提供新一代教育网、校园网和班级网，必然成为其升级和新建的最佳选择。

众多的教育机构通过互联网或局域网发布自己的数据资源，用于存放课堂教学的教案、附加材料、学习者作业甚至完整的网上课程等。知名的教育网站有美国的 K-12 教师教案资源网、英国的开放大学、新东方教育在线、中国教案网等。

随着教育技术手段在社会化媒介和移动设备中逐渐成为主流，通过新技术来提高学习效率和教学效果是目前研究的趋势。MOOC(慕课)作为其中一个新兴的形式，正在推动教育、公司、企业或者民间组织的知识学习。

⑤ 小贴士

ClassCentral 的最新年度报告显示世界范围内有超过了 1 亿名用户注册了 MOOC 模式中的各种学习。它成功吸引了如知识工作者、培训师和教师的注意力。原因是什么呢？因为 MOOC 成功地实现了一种高端的知识交换。它可适用于专家培训、各学科间的交流学习以及特别教育的学习模式——任何学习类型的信息都可以通过网络传播。详情请参考网络上的相关资源。

6) 电子新闻组

电子新闻组是世界范围内通过 ISP 的一个公共电子公告板系统，它是讨论主题的巨大集合，或者是任何人都能发布想法、观点和建议的新闻组。这些发布的信息可以被有互联网连接的大多数人阅读和回答，而且是免费的。

在教育环境中可以利用新闻组完成两类任务：一是可以帮助查找信息(如阅读张贴在新闻中的关于某一课题的文章或者通过张贴文章来寻求帮助)，二是可以支持不同文化间的交流和跨地区的学生/学校之间的合作(如比较大的项目和作业课题的完成需要共同的合作)。

知识拓展

国际新闻组在命名、分类上有其约定俗成的规则。新闻组由许多特定的集中区域构成，组与组之间成树状结构，这些集中区域就被称为类别。目前，在新闻组中主要有以下几种类别。

(1) .comp：关于计算机专业及业余爱好者的主题，包括计算机科学、软件资源、硬件资源和软件信息等。

(2) .sci：关于科学研究、应用或相关的主题，一般情况下不包括计算机。

(3) .soc：关于社会科学的主题。

(4) .talk：一些辩论或人们长期争论的主题。

(5) .news：关于新闻组本身的主题，如新闻网络、新闻组维护等。

(6) .rec：关于休闲、娱乐的主题。

(7) .alt：比较杂乱，无规定的主题，任何言论在这里都可以发表。

(8) .biz：关于商业或与之相关的主题。

(9) .misc：其余的主题。在新闻组里，所有无法明确分类的主题都被称为 misc。

新闻组在命名时以句点间隔，通过上面的主题分类，我们可以一眼看出新闻组的主要内容。

知名的新闻组网站有奔腾新闻组、微软的 msnews 等。

7) 数字图书馆

用户利用搜索引擎检索某一学科或领域的信息时，往往会得到成千上万的记录结果，其中充斥着大量非学术性的站点信息，在很大程度上加大了用户选择信息的难度，因此，面向学术研究的数字图书馆应运而生。

数字图书馆实质上是一种互联网的应用工具，针对某一学科或领域研究者的需要，将互联网上相关的各种资源的 URL 地址(包括有关的研究机构、实验室、电子书籍、学术期刊、会议论坛等的 URL 地址)，系统地组织起来存放于某一网页，供用户浏览和检索。其检索方式，可以是目录检索，也可以是关键词检索。由于有专业人员对数字图书馆中的信息进行筛选和组织，故信息质量比较高。

数字图书馆具有以下四个优点。

(1) 信息储存空间小且不易损坏。

(2) 信息查阅检索方便。

(3) 远程传递信息迅速。

(4) 同一信息可多人同时使用。

知名的数字图书馆有中国国家图书馆、清华大学数字图书馆、英国的爱丁堡工程学图书馆、美国总统图书馆以及美国国会图书馆等。其中，美国国会图书馆是世界上最大的图书馆，其网站很自然地也是最大的网站之一，它提供了丰富的信息资源。如图2-2所示为中国知网数字图书馆页面。

图 2-2　中国知网数字图书馆

2.2　数字化学习资源的检索

2.2.1　数字化学习资源的检索工具

随着互联网的飞速发展，网上资源日新月异，呈爆炸性增长。面对浩如烟海的数字化、多媒体、非规范、跨时空、跨行业、跨语种的信息资源，用户迫切需要高效的检索技术和检索工具。互联网上有许

2.2.mp4

多检索工具，为查询信息提供了诸多途径。所谓检索工具，是指在互联网上提供信息检索服务的一类网站或服务器，其检索的对象是存在于互联网信息空间中的各种类型的网络信息。搜索引擎分为全文搜索引擎、目录索引类搜索引擎及元搜索引擎。

1. 全文搜索引擎

全文搜索是指计算机索引程序通过扫描文章中的每一个词，对每一个词建立一个索引，指明该词在文章中出现的次数和位置，当用户查询时，检索程序就根据事先建立的索引进行查找，并将查找的结果反馈给用户的检索方式。这个过程类似于通过字典中的检索字表查字的过程。目前全文搜索引擎通常使用倒排索引技术。倒排索引(Inverted Index)，也常被称为反向索引、置入档案或反向档案，是一种索引方法，被用来存储在全文搜索下某个单词在一个文档或者一组文档中的存储位置的映射。它是文档检索系统中最常用的数据结构。

这种引擎的特点是搜全率比较高。最常用的全文搜索引擎有百度、谷歌(Google)等。它

们从互联网上提取各个网站的信息(以网页文字为主)，建立起数据库，并能检索与用户查询条件匹配的记录，按一定的排列顺序返回结果。2000 年 1 月创立于北京中关村的百度，是全球最大的中文搜索引擎，其检索界面如图 2-3 所示。与之相对应的是目录索引类搜索引擎。

图 2-3　全文搜索引擎——百度

2. 目录索引类搜索引擎

目录索引，顾名思义就是将网站分门别类地存放在相应的目录中，因此用户在查询信息时，可选择关键词搜索，也可按分类目录逐层查找。如以关键词搜索，返回的结果与搜索引擎一样，也是根据信息关联程度排列网站，只不过其中人为因素要多一些。如果按分层目录查找，某一目录中网站的排名则由标题字母的先后顺序决定(也有例外)。

目前，搜索引擎与目录索引有相互融合渗透的趋势。原来一些纯粹的全文搜索引擎现在也提供目录索引搜索，如 Google 就借用 Open Directory 目录提供分类查询。而像 Yahoo! 这些老牌目录索引则通过与 Google 等搜索引擎合作扩大搜索范围。在默认搜索模式下，一些目录索引类搜索引擎首先返回的是自己目录中匹配的网站，如国内搜狐、新浪、网易等；而另外一些则默认的是网页搜索，如 Yahoo!。

这种引擎的特点是查找的准确率比较高。创建于 1994 年的 Yahoo!(http://www.yahoo.com/)，是最早、最有代表性的目录型检索工具。Yahoo!主页如图 2-4 所示。

3. 元搜索引擎

元搜索引擎(META Search Engine)也称集成式搜索引擎，它接受用户查询请求后，同时在多个搜索引擎上搜索，并将结果返回给用户。著名的元搜索引擎有 InfoSpace、Dogpile、Vivisimo 等，中文元搜索引擎中具有代表性的是搜星搜索引擎。在搜索结果排列方面，有的直接按来源排列搜索结果，如 Dogpile；有的则按自定的规则将结果重新排列组合，如 Vivisimo。Dogpile 的检索界面如图 2-5 所示。

元搜索引擎的优点是可以同时检索多个搜索引擎，检索结果全面丰富，省时省力。其缺点是由于其本身需要借助多个搜索引擎来完成检索任务，不同的搜索引擎解析查询表达式的方式不同、处理大小写字母的方式不同、支持自然语言理解与否不同，故用户在使用元搜索引擎进行检索时，只能适用 AND、OR、NOT 等比较低级的通用搜索操作，这样很难充分利用到每个搜索引擎的特色功能。

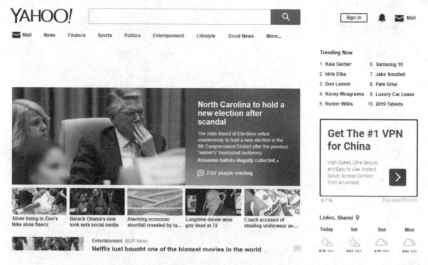

图 2-4 目录索引类搜索引擎——Yahoo!

图 2-5 元搜索引擎——Dogpile

2.2.2 数字化学习资源的检索策略

互联网中蕴含着丰富的信息资源，同时它每时每刻都在变化和更新，网络信息量飞速膨胀，使用户从海量的信息中迅速而准确地获取对自己有用的信息变得十分困难。

为了加快获取信息的速度，避免或减少信息检索过程中所走的弯路，用户应掌握一定的网上信息检索的策略和技巧。影响网络信息检索效率的因素有很多，比如网络信息源因素、网络信息检索工具的问题、用户的素质等。针对这一问题，我们通过调查研究出了一些比较有用的检索方法和技巧，以提高网络检索信息的效率。

1. 检索方法

1）目录分类检索法

用户通过逐层点击网络信息主题目录，直到找到需要的信息为止。该方法适用于分类明确的信息查找。

2) 关键词检索法

当需要查找一个特定信息时，使用关键词来查询搜索引擎的数据库，通常能得到较满意的结果。适当地掌握关键词的使用方法和技巧，就能获得更加精确的查询结果，大大提高信息的查找效率。

3) 分类目录加关键词检索法

当用户对究竟采用分类目录检索还是关键词检索犹豫不定时，使用分类目录加关键词混合检索通常是最佳选择。其具体做法是：先通过网络分类目录查找所需信息所在范围较窄的类别，再在该类别下应用关键词做进一步检索。

4) 元搜索引擎检索法

经常在网上查资料会发现，用某个搜索引擎查找时，搜索到的信息较少，为使搜索到的信息全面而丰富，往往不得不用多个搜索引擎逐个进行查找，浪费了不少时间和精力。元搜索引擎的出现大大提高了检索的成功率。当用户输入关键词后，它会将关键词同时提交给多个搜索引擎进行检索，从而快速、准确、全面地找到所需信息。

5) 专门搜索引擎站点检索法

专门搜索引擎(如人物搜索引擎、旅行路线搜索引擎、域名搜索引擎、网址搜索引擎、主机名搜索引擎、商业搜索引擎、FTP 搜索引擎等)往往具有专一的特点，用户如要查找某个方面的信息，使用专门搜索引擎可以更快速、准确地查到所需信息。专门搜索引擎在某一行业的信息较之综合性的搜索引擎更全、更新，而且因信息相对集中，检索起来也能够节省很多时间，查准率也有保证。在进行信息检索过程中，应根据课题的学科领域、专业范围、所需要的信息形式有针对性地选择搜索引擎和检索工具。

📖 **知识拓展**

使用逻辑运算符提高检索效率

(1) 逻辑"与"，一般也可以用"+""AND"或空格来表示。其含义是只有"相与"的关键词全部出现时，所搜索到的结果才算符合条件。例如：在搜索引擎的关键词输入框中输入"信息+网络"("信息 AND 网络""信息　网络")时，表示所要搜索的网址中必须同时出现"信息"和"网络"这两个关键词。

(2) 逻辑"或"，其常用的表示方法为"，""OR"。其含义是只要"相或"的关键词中有任何一个出现，所搜索到的结果就算符合条件。例如：在搜索引擎的关键词输入框中输入"硬件，软件"("硬件 OR 软件")时，表示所要搜索的网址中只要含有关键词"硬件"或"软件"即可。当然，它也包括关键词"硬件"和"软件"同时出现的情况。

(3) 逻辑"非"，其常用的表示方法为"-"或"NOT"。其含义是搜索的结果中不应含有"-"或"NOT"后面的关键词。例如：在搜索引擎的关键词输入框中输入"教育-技术"("教育 NOT 技术")时，表示所要搜索的网址中应含有关键词"教育"而不出现关键词"技术"。

(4) 通配符"*"号的使用。在大多数搜索引擎中，可以把"*"号作为通配符使用。可用它代替任意几个字符。例如：在搜索引擎的关键词输入框中输入"电脑*"，它可以代表关键词"电脑硬件""电脑软件"等。

(5) 运算符 "NEAR" 的使用。一般也可以用 "～" 来表示。它用于寻找在一定区域范围内同时出现的检索单词的文档，但这些单词可能并不相邻，间隔越小的排列位置越靠前。其彼此间距可以通过使用<NEAR>/N 来控制，N 是大于 1 的整数，表示检索单词的间距最大不超过 N 个单词。例如：在搜索引擎关键词输入框中输入 computer NEAR/100 game，表示要查找 computer 和 game 之间间隔不大于 100 个单词的文档。

(6) 括号的使用。括号的作用和数学中的作用一样，是为了多种符号组合时调整优先级。用括号括起来的部分将具有最高优先级。例如：在搜索引擎关键字输入框中输入(计算机 OR 电脑)AND(杂志 OR 游戏)，表示查询的关键字是 "计算机杂志" 或者 "计算机游戏" 或者 "电脑杂志" 或者 "电脑游戏"。

(7) 引号的使用。引号的使用目的是告诉搜索引擎将几个关键字作为一个完整的组合字符串进行搜索。例如：在搜索引擎关键字输入框中输入 "信息技术"，它表示的是将 "信息技术" 作为一个整体的检索网页。

2. 检索策略

(1) 大多数搜索引擎都将最符合检索要求的网址排列显示在所检索结果的前面，如果时间不允许，用户只需阅读检索结果前面的几条信息即可。

(2) 当检索返回的网页太多，而需要的网页又不在最前面的几页时，可通过改变搜索关键词、搜索范围，使用逻辑符 AND 及引号等方法进一步缩小查询范围。

(3) 当检索返回的网页较少或没有所匹配的信息时，可按下面的方法进一步处理：①检查关键词的拼写有无错误，关键词的组合有无自相矛盾的地方；②将某些关键词用更常见的同义词替代后重新进行搜索；③换一种搜索工具试一下，因每种搜索工具的检索方式和所拥有资料的侧重点都会有所不同。

3. 检索技巧

(1) 查找对话框法：用搜索引擎检索到所需文档并链接到相关网页后，有时会发现所查的文件并没有出现在当前屏幕中，这时最简单的方法就是在该网页中使用查找功能。具体方法是：按 Ctrl+F 组合键，出现如图 2-6 所示的 "查找" 对话框，输入所要查找的关键字，以便在当前网页中查找相应的内容。

图 2-6 "查找" 对话框

(2) 猜测法：一些网站的 URL(网址)通常是可以猜测出来的，当然首先需要了解 URL 的基本组成，在需要时就可以 "构造" 出这样一个网站的 URL 来。一般情况下，带 "～" 符号的大多是个人主页；.edu 是教育类网站；.gov 是政府网站；.com 是商业网站；.net 是未来服务公司网站；.org 是非营利性组织。例如，假设我们不知道中央电视台的 URL，但根据常识可以猜测网址可能是 http://www.cctv.com 或 http://www.cctv.com.cn。事实上，经链接证明这两个 URL 均是正确的。

(3) 右切断网址法：在信息检索中，当一个很长的网址链接不上时，可以试试此方法。具体做法是：从右至左依次删除网址中斜杠后面的内容，直至链接成功。例如，当我们查找 http://www.people-daily.com.cn/channel/welcom.htm，但链接不通时，可以试着依次截去 welcom.htm 和 channel/welcom.htm。最后，http://www.people-daily.com.cn/链接成功，然后可以从这个链接成功的网页开始，一层层往下寻找所需的网页。

(4) 关键词优先法：当所查询资料的关键词多于一个时，可以把它们按关键词的重要性从重到轻依次输入搜索引擎中。因为某些搜索引擎会以第一个关键词作为查找信息的依据，再把符合第一个关键词条件的内容作为第二个关键词的搜索范围，依次类推。所以应该把最重要的关键词最先输入。

小贴士

检索过程中可能会出现以下出错信息。

(1) File not Found！(文件未找到)。表明此网页可能已经不存在或者已经被移到另外一个网址。

(2) Server Error OR Server Busy Error(服务器错误或者服务器忙碌)。表明用户想连接的计算机可能没有上网，或者可能出了故障，或者可能太忙碌，用户可以过一会儿再试着连接。

(3) Permission Denied(请求被终止)。这可能是两种原因所致：一是通信线路太忙或暂时停止运行；二是网址超载，拒绝新的检索。在这种情况下可以多次尝试，或者也可以给网站管理员的电子信箱发个 E-mail，重申检索要求。

一般情况下，选用一个好的搜索引擎，采取一个科学的搜索策略和技巧，正确应用布尔逻辑符，并熟悉所搜索的领域知识，就能够事半功倍地获得一个比较满意的检索结果。

2.3 网上交流与资源共享

2.3.1 网上交流

1. 电子邮件 E-mail

2.3.mp4

1) E-mail 概述

电子邮件(Electronic Mail，E-mail)是互联网上非实时的通信手段，它可以快捷、方便、廉价地完成全球用户之间的通信。使用电子邮件首先要向 Internet 的服务商申请一个电子邮箱，电子邮箱实质上是在提供电子邮件服务的主机上申请的一块硬盘空间，申请者可以根据用户名和密码对这个空间进行管理。其他人可以往这个空间发送信息，发送的信息就是电子邮件。同时电子邮件可以是文字、图像、声音等多种形式。用户可以得到大量免费的新闻、专题邮件，并实现轻松的信息搜索。电子邮件的存在极大地方便了人与人之间的沟通与交流，促进了社会的发展。

每个电子邮箱都拥有一个全球唯一的地址，它由用户名和主机域名两部分组成，中间用代表 at 的@符号连接，即"用户名@提供电子邮件服务的主机域名"。

例如，一看到 support@foxmail.com.cn，就知道它是一个电子邮件地址。它表示用户 support 在域名是 foxmail.com.cn 的网站上申请的一个硬盘空间，空间的大小由提供服务的 foxmail 决定。在大多数电子邮件地址中，@符号后的所有内容就是公司、Internet 服务提供者、教育机构和其他组织的域，是 E-mail 地址中具有公共特征的部分。由于 E-mail 的实际使用范围超过了 Internet 本身涵盖的区域，许多没挂在 Internet 上的网络也可以用 E-mail 进行相互之间的通信。

目前的电子邮件系统主要能够提供以下服务。

(1) E-mail 最基本的功能是用来收发电子邮件。既可以传递文本形式的邮件，也可以以附件的形式传递文档、图形、动画、音频、视频等多媒体信息。

(2) 可以把一封电子邮件同时发送给许多接收者。

(3) 可以十分方便地存储(Save)、转发(Forward to)邮件以及进行回复(Reply to)，回复时还可以自动附上接收到的原信并自动填入收信人的电子邮件地址。

(4) 可以订阅电子刊物。目前互联网上有数千种英文电子刊物和数十种中文电子刊物，其中很大一部分可以通过电子邮件订阅，并且是免费的，只要订阅就可定期从电子信箱中收到该刊物。

(5) 网络存储的功能。网络存储可以方便用户把存储在本地硬盘上的内容转移到电子信箱所在的网络空间中去，使资料存取不再受时间和地点的限制，实现文件的备份和共享。

2) E-mail 的申请和使用

一般来说，用户需要在互联网上的一台可提供电子邮件服务的主机上注册后，才能获得相应的电子邮件地址。很多大型网站都提供免费的电子邮件服务，如新浪、搜狐、163 等。申请免费电子邮箱的方法基本相同，即登录到提供电子邮件服务的网站，然后按照网站上的提示去申请和使用就可以了。

✎ 思考交流

申请一个电子邮箱，并试着发发文字、图片和声音文件等。思考能不能给自己发一封邮件？

2. 网上论坛 BBS

1) BBS 概述

BBS 是一种在线服务，它的英文全称是 Bulletin Board System，即电子公告板系统。它是网络用户互相交流和沟通的主要方式之一，BBS 系统为用户提供了一个参与讨论、交流信息、张贴文章、发布消息的网络信息系统。使用 BBS 就像通过一块公共的电子公告板讨论问题，每个用户都可以在上面书写、发布信息或提出看法。

目前，BBS 涉及题材广泛，是张贴通知、会议消息、招聘求职、专题讨论、困难求助等内容的地方，在这里人人都可以张贴消息，都可以很方便地获取自己所需要的消息。BBS 就像是一个虚拟社区，一些志趣相投的人常常聚集在一起讨论和交流。BBS 在现代远程教育中有着特别重要的作用，是互联网上深受人们青睐的地方。

在基于互联网的现代远程教育中，利用 BBS，学生与学生、教师与学生之间的交流不再局限于书信或者电话，他们利用 BBS 发表自己的观点、看法和提出问题。事实上，在远程教育网站或者是普通的学习网站中，一般都提供 BBS 功能。

2) BBS 的使用

基于 Web 的 BBS 使用非常方便，只要在 Web 浏览器的地址栏中输入 BBS 网址，按 Enter 键即可连接到 BBS 站点。例如，要访问国内知名的 BBS 站点"水木清华"，只需启动浏览器，在地址栏中输入 http://bbs.tsinghua.edu.cn，就可以遨游水木清华 BBS 世界了。一般情况下，很多 BBS 站点都要求用户进行注册，在获得合法的用户名、密码后，才可以在 BBS 站内发表文章(也称帖子)、回复文章等。

3. 网络寻呼机 ICQ

ICQ 是互联网上最流行的即时信息传递软件，名称来自 I seek you (我找你)。它是以色列 Mirabilis 公司 1996 年开发出来的，可以即时传送文字信息、语音信息、聊天和发送文件，并让使用者侦测出其朋友的联网状态。而且它还具有很强的"一体化"功能，可以将寻呼机、手机、电子邮件等多种通信方式集于一身。

OICQ 是深圳腾讯公司模仿 ICQ 开发的即时通信软件，后来由于版权问题更名为 QQ。QQ 已成为目前流行的一种 ICQ，许多教学平台都支持即时调用 QQ 的功能。腾讯 QQ 支持在线聊天、视频通话、点对点断点续传文件、共享文件、网络硬盘、自定义面板、QQ 邮箱等多种功能，并可与多种通信终端相连。也就是说，它不仅能发布即时文字消息，还可以实现视频和声音消息的即时传递，支持多人实时交互，这些功能大多用于学生之间的交流和沟通。

4. 网络日志 Blog

关于 Blog，在 2.4 节有详细的介绍，这里只强调在教育中的应用。创建 Blog 的关键并不在于技术方面，而是需要教师有足够的时间和热情去建设和维护，持续不断地丰富 Blog 的内容，从而使它真正为教学教研服务，发挥实效。

除了上述提到的交流工具外，网络上可以用于交流和作为教育教学的手段的工具还有很多，如网络电话、新闻组软件、聊天室、维克等。这些交流工具说到底只是一项技术，它们给教育带来了多大的变革，在教育教学上如何用，用的效果如何，还取决于教师和学生。

5. 微信

微信(WeChat)是腾讯公司于 2011 年 1 月 21 日推出的一个为智能终端提供即时通信服务的免费应用程序，由张小龙所带领的腾讯广州研发中心产品团队打造。微信支持跨通信运营商、跨操作系统平台通过网络快速发送免费(需消耗少量网络流量)语音短信、视频、图片和文字，同时，也可以使用通过共享流媒体内容的资料和基于位置的插件"朋友圈""公众平台""语音记事本"等服务插件，能够支持学生之间即时的交互，其公众平台还具备资源传播的功能。

2.3.2 资源共享

资源共享是人们建立计算机网络、数字化资源的主要目的之一。计算机资源包括硬件资源、软件资源和数据资源。相应地，资源共享也可分为数据共享、软件共享和硬件共享。硬件资源的共享可以提高设备的利用率，避免设备的重复投资。如利用计算机网络建立网络打印机。软件资源和数据资源的共享可以充分利用已有的信息资源，减少软件开发过程中的劳动，避免大型数据库的重复设置。

网络最大的功能之一就是资源共享，我们可以利用多种方法将搜索到的资源下载到本地来共享。常用的共享方法有以下几种。

1．通过 Web 浏览器

可以通过 Web 浏览器来浏览、下载数字资源，也可以将自己的资源用 FrontPage、Fireworks、Dreamweaver 等工具软件做成 Web 形式的网页，供其他人浏览、下载。

2．共享硬盘

用共享硬盘的方式来实现资源共享，一般用在局域网中，它的安全性差一些。用这种方式还可以实现打印机、刻录机之类的硬件共享。具体做法是：找到想设置共享的文件，然后右击，从弹出的快捷菜单中选择"共享"命令，单击"确定"按钮。双击桌面上的"网上邻居"图标，在打开的"网上邻居"窗口中双击"工作组"中的电脑，即可在打开的资源管理器中找到该电脑共享的文件夹和资源。

3．使用网络通信工具

目前常用的网络通信工具有 QQ、Internet Phone 等，它们一般都具有呼叫功能，能进行文本、语音、视频对话，有些还具有文件传输等功能，可以通过网络实现信息的交换与获取，也能达到资源共享的目的。

4．网盘

网盘是由互联网公司推出的在线存储服务，服务器机房为用户划分一定的磁盘空间，为用户免费或收费提供文件的存储、访问、备份、共享等文件管理等功能，并且拥有高级的世界各地的容灾备份。用户可以把网盘看成一个放在网络上的硬盘或 U 盘，不管你是在家中、单位还是其他任何地方，只要你连接到因特网，你就可以管理、编辑网盘里的文件，不需要随身携带，更不怕丢失。目前常用的网盘主要有百度网盘、新浪微盘、腾讯微云和 360 云盘等。

2.4 基于网络的资源型学习

随着互联网的迅猛发展和普及，人类社会逐渐从依赖于印刷技术的工业时代转变为深受电子技术影响的信息时代，"资源型学习"以它具有的资源全球化、教学个性化、学习自主化、任务合作化、教材多样化、环境虚拟化及管理自动化等优势，成为信息化时代教育改革发展的主流。

互联网不仅为学习者提供了丰富的学习资源，也为学习者营造了一个探索发现的学习环境。基于资源的学习，强调引导学生利用资源去探究问题。近年来，大量的有关资源型学习的教学设计模型已经被开发出来，并在不同的学习者和学习情景中得到应用。例如：教育博客、Wiki、专题学习网站、BIG6 探究性学习等。

2.4.1 博客

博客现象正在成为世界瞩目的焦点。全球现有 100 多万个博客，而且每 40 秒钟就会产生一个新博客。博客是继 E-mail、BBS、ICQ 之后出现的第四种新鲜的网络交流方式。

1. 博客的概念和特点

Weblog 是网络上发布和阅读的流水记录，通常称为"网络日志"，"博客"是其中文音译。一个博客就是一个网页，它通常是由简短且经常更新的张贴(Post)所构成，这些张贴的文章按照年份和日期排列。Weblog 的内容和目的有很大的不同，从对其他网站的链接和评论，到有关公司和个人的新闻、日记、照片、诗歌、散文，甚至科幻小说等形式都可以有。许多博客是个人心中所想之事的发表，有的博客则是一群人基于某个特定主题或共同利益的集体创作。总的来说，Weblog 是一项免费或者价格相对较低，简单易行，适合于学习、交流和内容管理的个人出版工具。

博客的特点可从以下四个方面来理解。

1) 易用性

博客的申请、建立和维护都非常简单。零技术——简单易用，从注册到使用都非常简单方便，没有技术门槛；零时差——即时发布，不需要从本机到网络的上传过程；零成本——完全免费，有很多提供免费博客空间的网站。

2) 思想共享

博客的出现，标志着在以信息共享为特征的第一代门户之后，以追求思想共享为特征的第二代门户正在浮现，互联网开始真正凸显无穷的知识价值。思想共享把人们带入了一个更加宽容与开放的世界，扩展了视野，也激发了创造性。

3) 非线性与集中性

博客中超链接技术的运用使博客文本具备了非线性的特征，它使知识的组织更接近它的本真。同时博客又是一种异步的表达方式。个人的博客可把一个人在不同时期的思想汇集起来；而社区博客则是把分散在不同个人头脑中的观点汇集起来。这种汇集也决定了博客文本的非线性特征。在系统科学中非线性就意味着非加和性($1+1\neq 2$)，非线性的内容组织，往往会创造出新的观点，它在博客中的作用跟蒙太奇手法在影视中的作用是类似的。与这种非线性相对的是博客的内容又体现了一定的集中性，个人博客的内容在一定时期内跟博客本人的兴趣爱好是联系起来的，因而博客的内容一般不会相差很远；而社区博客的建立更严格，它要遵守一定的规则，因而内容更加具有集中性。同时这种集中性也使博客文化带有了一定社区文化的特征。

4) 批判性与多元碰撞

博客的内容不一定就是真理，特别是一些纯粹的个人观点。只有经过大家的讨论，它才能逐步接近真实，而这些讨论的魅力并不在于盲目地赞同，更多的是理性的批判。博客就是要吸引持不同观点的人来讨论，博客文化的精华也就在于此。博客不但要批判，而且这种批判最好来自多方面，引起思想的共鸣或碰撞。

2. 教育博客

博客与教育教学活动有着天然的联系，并以其特有的魅力吸引着广大教师和学生。教师可以将日常教学中的感悟、教学心得、教案设计、课堂实录、研究成果、课件等发表在博客上，形成属于教师个人的资源积淀，成为支持教师隐性知识显性化的重要途径，在行动研究、教学反思、思想碰撞、心得交流、教育科研、师生互动、知识管理、提升学习绩效等方面都可以发挥其重要的作用。

1) 教育博客概述

教育博客，顾名思义就是博客在教育领域中的应用。从博客的内容来看，它主要与"教育"相关，可以是教师自己的课堂教学设计和各种课件，可以是自己的教育教学随笔及论文、教育教学中的困惑等；也可以是其他优秀教师的课堂实录、有价值的教育教学研究成果的转载等；客圈或者博客群体的组成也应该主要以教育界的人士为主。从博客的撰写者和参与者来看，有一线的教师、各级教研员、教育行政部门的领导、各类教育专家，当然也可以有与教育相关或者关心教育的其他成员，如学生、学生家长，或者社区教育工作者等。教育博客是教育工作者学习和发展的网上家园，在教育中的应用一般包括个人博客、群组交流、课堂与课外教学等。教育实践是促进教师专业发展、主体意识觉醒的动力，也是学习、反思以及博客本身发展的源泉。如图 2-7 所示为郑州教育博客网主页。

图 2-7　郑州教育博客网主页

2) 教育博客的类型

按照教育博客参与者身份的不同，可将其分为三类，即以学生为主的博客、以教师为主的博客和以师生共同参与为主的博客。

(1) 以学生为主的博客。这一类博客主要的参与者是学生，博客的内容大多为学生对教学情况的反馈，对在学习生活中遇到的一些事情的感悟，学生社会实践的报告。这一类博客对教育的影响是：一方面对于教师、家长来说是一个有效跟踪与了解学生成长情况的场所；而对于学生来说，一方面可与同学交流心得体会，共同探讨学习中的问题，另一方面也可共同分享成长过程中的喜悦与收获。这一类博客如果组织得好，可以作为一个很好的协作学习或者研究性学习的平台，但是目前并不多见。

(2) 以教师为主的博客。教师博客是教育博客中的一种，是各年级各学科的教师利用互联网新兴的"零壁垒"博客技术，以文字、多媒体等方式，将自己日常的生活感悟、教学心得、教案设计、课堂实录、课件等上传发表，超越传统时空局限(如课堂范畴、讲课时间等)，促进教师个人隐性知识显性化，并让全社会可以共享知识和思想。这一类博客的主要参与者是教师，内容则涉及教学心得、教学问题的讨论、学校宏观管理等，主要与博主在教育系统中的工作有关。这种博客通过分享教学经验、反思教学过程，以及对教育宏观管理问题的思考，将对教师本身水平的提高有莫大的帮助，可以作为一个教师培训、进修的平台。

(3) 以师生共同参与为主的博客。这一类博客往往以课程的形式出现。教师在上面展示教学计划、课程内容或讲义、学习资源、习题与答案。而学生则在这里提出疑问，完成老师的习题，同时学生也可以把学习中成功的喜悦、失败的懊恼写下来供大家分享。该平台除了作为课堂管理平台外，还可以作为师生坦诚交流的地方，跨越师生之间的交流障碍，为建立新型的师生关系作出贡献。

实践

请访问一个中学信息技术课教师的博客，看看都有哪些内容，这些内容对学生学习和教师专业发展能起到什么作用？

3. 教育博客的教学应用

博客成为一种继课件、积件、资源库、教育主题网站等信息化教学模式之后的一种新的网络应用模式。上海师范大学的黎加厚教授认为，博客的教育意义在于将互联网从过去的通信功能、资料功能、交流功能等进一步强化，使其更加个性化、开放化、实时化、全球化，把信息共享发展到资源共享、思想共享、生命历程共享。北京师范大学的庄秀丽博士认为，用博客的方式学习，可以先从用博客电子化学习笔记开始，然后用博客拓展个人学习兴趣，再用博客进行学术课题研究以及毕业论文设计等。

1) 博客作为教学中的工具

博客可以作为个人电子文档系统，人们可以用它写日记、收集资料，写灵感录，写读书笔记，既可以作为学生的个人电子文件夹，又可以作为教师的电子备课本等；博客是教学反思工具；博客是教学活动中交流与协作的工具，可以作为教师和学生课后在网上交流的平台，也可以是教研室的虚拟教研平台，在网上探讨教学和研究、合作编写教材等；博客可以作为教师、学生的个人网站；博客可以作为学校的信息发布系统；博客可以作为学生进行自主学习、研究性学习和协作学习的平台；博客可以作为学生学习和教师教学评价的工具；博客可以作为课程信息的管理工具。博客是个性化的教学工具。我们不提倡所有的教师和学生都用博客进行教与学。因为博客是个性化的教学工具，如果教师和学生的使用习惯和思维习惯与博客的思维方式很相似，那么他就会乐意去用博客进行教与学；反之，则会对博客产生抵触情绪，对他们来说，博客不一定合适。

2) 研究性学习

研究性学习是指学生在教师的指导下，通过选择一定的课题，以类似科学研究的方式，进行主动探究的一种教学方式。对于学生而言，研究性学习至少在以下几个方面起作用。

➢ 保持独立的持续探究的兴趣。

> ➢ 丰富学习的体验。
> ➢ 养成合作与共享的个性品质。
> ➢ 增进独立思考的能力。
> ➢ 建立合理的知识结构。
> ➢ 养成尊重事实的科学态度。

研究性学习作为一种教学方式，在博客中开展具有先天的优势。这是因为博客这种工具在目前看来就像一个网上社区，这个社区只要引导得当，让教师、学生、家长一起参与，或者更加开放，让外面的人也来参与，就会拓宽研究视角，开发学生的思维广度与深度，培养广泛合作与共享的心性。而且博客这种独特的表达个人思维的方法，对养成学生独立思考、深入思考的习惯也不无裨益。

3) 协作学习

协作学习是学生以小组或团队的形式组织，为实现共同的学习目标，在一定的激励机制下最大化个人和他人习得成果的一种学习模式。

协作学习的主要思想就是以小组的形式去共同完成某一任务，它以建构主义学习理论和人本主义学习理论作为理论基础。在协作学习的过程中，学习者借助他人(包括教师和学习伙伴)的帮助，可实现学生之间的双向互动，并利用必要的共享学习资料，充分发挥其主动性和积极性，进行意义建构获得事物的性质、规律以及事物之间的内在联系，强化学习者的创造性、自主性和互动性。

4) 教育博客对教师的影响

教育博客可以提高教师的自我反思意识与能力。教育博客是一个书写的过程，也是一个教师群体之间互动的过程，更是一个深化思考的过程，一个逐渐养成思考与研究的习惯的过程。教师可以通过这样不断地实践、反思、再实践，来调整自己的工作方法和思路，适应外部环境，从而促进自身的专业发展。利用校园博客群来搭建一个虚拟的学校教研平台，在这个平台上，教师们可从自身的教学实际出发书写自己的教育故事、心得体会、困惑与思考，同时博客的互动性使教师之间的相互学习、切磋、研讨交流更有效、更经常，从而有效地促进校本教研的开展，使教师获得专业发展的动力。网络技术打破了人们交往的时空界限，教师可以通过博客站点与国内优秀教师、教育专家直接对话，得到专家的指导和同行的建议。通过与外界交往，教师不仅可以开阔视野，还可以在探讨和鼓励中使自身价值得到认可，从而获得成长和发展的内在动力。

博客可以在课堂教学中使用，但可能更适合课堂外的教学。在课堂中，博客可以作为学生信息收集和反馈的工具，并把这些信息展示出来大家共享。但课堂教学中的时间是有限的，因此博客更适合作为课后教师与学生交流信息的工具。

2.4.2　Wiki 在教学中的应用

Wiki(维基)是继 Blog 之后的一种新兴的网络创作工具，与 Blog 强调个人的自主性相比，Wiki 更强调知识社区内集体的协作。任何用户都可以对 Wiki 页面进行创建和修改，任何用户对 Wiki 页面所做的修改或者创建都可以即时反映出来，也就是说，Wiki 页面可即时更新。开放、合作、平等、共创、共享是 Wiki 的精髓。作为一种网络化写作工具和协作化创作方式，Wiki 以它简单易用、协作方便、创作灵活的特点正在吸引着越来越多的网络用户。如

图 2-8 所示，这是教育大发现上的 Wiki 平台。

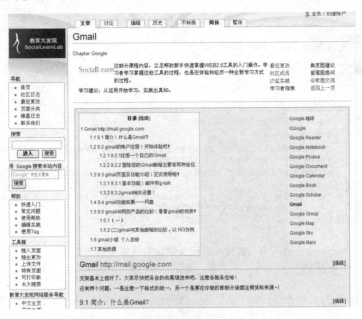

图 2-8　教育大发现上的 Wiki 平台

1. Wiki 的含义

Wiki 一词来源于夏威夷语的 wee kee wee kee，原意为"快点快点"，中文译为"维克"或"维基"等。Wiki 是一种"多人协作"模式的超文本写作系统。在这个系统中，每个人都可以发表自己的意见，或者对共同的主题进行探讨研究。用户能够在 Web 的基础上根据自己的理解或意图对 Wiki 文本进行浏览、创建、补充、修改和完善。因此，Wiki 是一种完全共享、无壁垒交互的全员参与模式。作为一种网络化写作工具和协作化创作方式，Wiki 正在吸引越来越多的网络用户。它也为教师和学生的知识共享提供了高效的平台，实现了快速广泛的信息整合。

2. Wiki 的特点

与博客、论坛等常见的系统相比，Wiki 在使用上具有以下特点。

1) 简易性

因为 Wiki 是用简单的格式标记来取代 HTML 的复杂格式标记，所以对于使用者而言可以说是所见即所得。通过简单标记，就可用关键字来建立链接，这其中包括内部页面、外部链接以及图像等。另外，作为一个初次参与的人，还可以到沙箱(Sand Box)页面进行测试和学习。沙箱页面与普通页面是一样的，只不过你可以在其中任意涂鸦和随意测试。

2) 开放性

Wiki 社群里的每一个成员都可以创建、修改、删除页面。正因为任何人都可以编辑页面，就导致了 Wiki 的相对不安全性。但同时 Wiki 又具有一套相对比较完善的保护机制，比如页面锁定和版本对比，一些主要的页面可以用锁定技术将内容锁定，外人就不可再编辑了。同时对于每个页面都有更新记录，即保留网页每一次变更改动的版本。如图 2-9 所示为教育大发现上保留的每一次版本更改的历史。即使参与者将整个页面删掉，管理者也会很方便地从记录中恢复当初的页面版本。

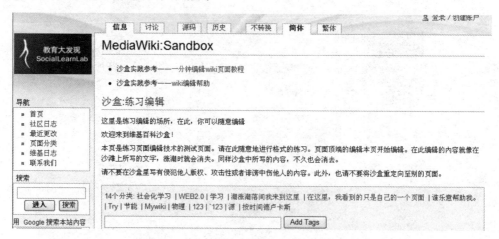

图 2-9　教育大发现上保留的版本更改历史

3）协作性

正因为 Wiki 中的每个成员都可以修改、维护页面，所以这就要求成员具有合作的精神，同时为了保证记录更新的有效性，也需要成员具有较高的道德修养，这恰恰满足了 21 世纪对新型人才的需求，即能合作共事并具有高尚的道德情操。成员之间强调协作，这样就能针对某一个主题进行扩展和共创。因此 Wiki 的知识是社群集体劳动的成果，成员们在浏览、完善页面的同时可实现知识的增长和共享。

4）组织性

与博客(Blog)相比，Wiki 更注重内容的结构化和组织性，系统内多个内容重复的页面可以实现汇聚，并改变相应的链接结构。因博客更关注个人思想的交流，所以其承载的信息相对于 Wiki 来说是非结构化的，其主旨也是很松散的。而 Wiki 具有较强的协作性，且主题鲜明，故当多人对其进行维护时就能围绕这一主题进行拓展和完善，进而构成系统的知识结构体系或者说知识库。

3. Wiki 在教育教学中的应用

Wiki 是一种简单实用的建站工具，相对于传统网站提供的 E-mail、BBS 以及聊天室等功能，Wiki 站点更强调团队的合作，这给教学提供了一个良好的协作环境。因其具有开放性、协作性、简易性的特点，因此在教育教学中有着广泛的应用，虽然目前有些还在探索之中。

1）作为教学信息源

通过将教学内容信息发布在 Wiki 站点上，可以让学习者在课堂之外继续得到老师的指导和帮助，继续咀嚼和巩固课堂上所学的知识。由于现今的多媒体课堂相对于传统的“黑板+粉笔”课堂有着信息量丰富、容量大等特点，这就导致了学生在听课和记笔记之间的矛盾，往往二者不可同时兼得。教师在 Wiki 上将讲稿或其他教学资源发布出来便可解决这一矛盾。

2）作为师生网上学习交流、协作共创和问题解决的环境

由于教师知识范围的局限，其所设计和开发的资源并不一定能满足学生的学习需要。

Wiki 站点能轻易帮助我们解决这个问题，因其开放性和协作性的特点，给学习者参与进行资源的完善和共建提供了方便。这样就可以充分发挥学生的能动性和创造性，让每个学生在学习的同时参与到资源的建设中来。这样在教师的指导下，师生共同参与建设起来的资源相对于原先单独由教师设计和创建的资源更具时效性和实用性。当然学生在教师的指导下还可完成围绕某一主题的知识共建，发挥群体的优势，解决学习活动中的问题，并在问题解决的过程中学会协作，学会学习。

🖰 实践

登录并加入一个 Wiki 网络平台，体会 Wiki 的特点，并试着组织和管理自己的资源。

【学习资源链接】

(1) 天空软件站，http://www.skycn.com/
该网站提供了大量可以免费下载的计算机系统和应用软件资源。

(2) 百度，http://www.baidu.com/
该网站是国内有名的信息检索网站，可以帮助我们检索到所需要的信息。

(3) Google，http://www.google.com/
该网站是美国 Google 公司的信息搜索引擎。

(4) 陈建铎. 计算机应用基础教程[M]. 西安：西安电子科技大学出版社，2007.
该书较为详细地介绍了关于计算机的相关基础知识。

(5) 新浪爱问共享资料， http://ishare.iask.sina.com.cn/
该网站提供了大量可以免费下载的专业资料和名著书籍。

【教与学活动建议】

(1) 让学生学会使用各种学习支持与协作工具，如远程登录系统、视频会议系统、异步合著系统如 Wiki 等，并分享他们各自的使用心得。

(2) 引导学生在本校的电子图书馆内检索下载所需的电子书以及电子期刊。

(3) 用案例引导学生利用检索策略和技巧检索相关内容。

① 在"Windows 优化大师"的"开机速度优化"中发现了名为 Wuamgdp.exe 的程序，你知道它是什么东西吗？

② 某位朋友的地址是上海市宝山区示范新村 37 号 403 室，那么这个地址怎样用英文表述呢？

(4) 引导学生用各种不同的下载方式下载所需的网络信息内容，包括流媒体资源下载、P2P 资源下载、网盘资源下载等。

(5) 试依据信息素养的要求，组织学生进行一次有意义的网上协作学习活动，以此促进学生的信息素养能力，从而增强分享意识、反思能力和创新能力。

2.4.3　网络学习平台

1. 网络学习平台的概念和特点

网络学习平台基于 Dokeos 开源系统修改设计，是一个包括网上教学和教学辅导、网上自学、网上培训学习、网上师生交流、网上作业、网上测试以及质量评估等多种服务在内的综合教学服务支持系统，它能为学生提供实时和非实时的教学辅导服务，旨在帮助教师掌控各种学习活动内容与记录学习者的学习情况及进度。凭借该系统，管理者可以安排各类学习活动与学习者的学习过程。

依据现代的教学设计理论和建构主义学习理论，一个面向学生的网络学习平台系统一般应包括管理系统模块、学习工具模块、协作交流模块、网上答疑模块、学习资源模块、智能评价模块和维护支持模块几个子系统。

网络学习平台主要有以下几个特点。

(1) 灵活的课程管理。

(2) 学习记录跟踪分析。

(3) 提供班级、小组功能。

(4) 提供课程资源管理功能。

(5) 提供测试题库功能。

(6) 提供多种在线教学模块。

(7) 支持 IMS、SCORM、QTI 等教育行业标准。

2. 网络学习平台分类

1) B2B2C 平台型

在线教育主流方式是通过和机构合作、个人老师入驻形式，向学习者提供在线和点播的网络授课资源。它主要包括：网易云课堂、腾讯课堂、51CTO、贝母公开课等各种公益公开课。

网易云课堂是 B2B2C 平台型的综合性课程学习平台，通过精选国内外优秀课程，向用户提供从"观看视频—做课程笔记—答疑解惑—题库练习"整套闭环体验，如图 2-10 所示。其特点有以下三点。

(1) 课程质量高：偏重精选课程，课程大部分来源于认知机构和专业个人，严格的审查和遴选，降低用户试错成本。

图 2-10　网易云课堂页面

(2) 遴选方式多元化：通过"技能图谱""猜你喜欢"等功能，让用户很好地定位自己的知识水平和薄弱点，作出合理课程学习选择。

(3) 良好的互动性：通过"精选笔记""答疑解惑""题库训练"等功能，形成学习闭环，增加用户黏性。

2) B2C 服务型

B2C 服务型自主制造高质量内容，希望通过高质量的内容和服务去服务用户，主要有酷学习、在线课堂。

酷学习是 B2C 服务型，通过网址自主制造一系列有趣的教学微视频(大约在 10 分钟)，服务于在校学生的教学网站，如图 2-11 所示。其亮点部分是：打造微视频概念，有趣，好玩，短小精悍；把一个科目学习内容打散切割成一块块小的部分，有助于学生快速找到薄弱点，利用零碎化时间实现趣味化学习。其不足之处则是缺乏课后讨论和互动，只是单纯的资源观看，没有形成良好的学习闭环。

图 2-11　酷学习页面

3) 辅导工具

辅导工具主要通过答题、智能出卷、闯关做题等方式辅助用户学习，多以 App 为主，如百词斩、驾校一点通、扇贝等。

猿题库就是非常典型的辅导工具，是中小学优质教育资源共享平台，主要通过答题、智能出卷、闯关做题等帮助学生进行课后试卷练习和讲解，如图 2-12 所示。其亮点是趣味化的学习方式和闯关排名统计，形成良好的学生学习刺激机制，提高了学生的学习兴趣。

4) 网校型

网校型提供真实的 1 对 1 师生视频辅导交流平台，网络家教平台如新东方在线课堂、中华网校、环球雅思网校、跨考网校等。

图 2-12　猿题库页面

本章小结

随着网络技术与计算机技术的飞速发展，以网络为媒介的学习方式日益成为许多教育工作者关注的焦点。本章介绍了数字化学习资源的特点和种类，以及如何获取数字化学习资源，怎样对其进行加工和利用；还介绍了网上交流与资源共享以及基于网络的资源型学习等内容。

本章的重点是数字化学习资源的检索和加工，难点是数字化资源的检索。

思考与练习

1. 数字化学习资源有哪些种类？它们有何特点？

2. 检索工具有哪些？它们有何特点？

3. 试分别列举目录型检索工具、独立搜索引擎、元搜索引擎以及智能型搜索引擎，并就它们进行简要说明。

4. 资源检索的方法有哪些？分别适用于何种情况？

5. 电子邮件地址由哪几部分组成？各部分的含义是什么？

6. 教育博客有何特点？教师如何利用博客促进自身专业成长？

7. 网络学习平台有哪些类型？各有什么特点？

世界上没有才能的人是没有的。问题在于教育者要去发现每一位学生的禀赋、兴趣、爱好和特长，为他们的表现和发展提供充分的条件和正确引导。

——苏霍姆林斯基(1918—1970)，苏联著名教育实践家和教育理论家

第3章 教学媒体设计与应用

 本章学习目标

➤ 了解常见的教学媒体及其特点。

➤ 了解多媒体技术的相关内容，并掌握各类媒体素材的采集和制作技术。

➤ 了解多媒体课件的制作过程和评价标准，并能结合相关章节制作简单的课件。

➤ 了解网络课件的特点、分类以及评价标准等。

➤ 了解和掌握数字化教育电视教材节目的制作过程。

 核心概念

教学媒体(Instruction media)、文本(Text)、图形/图像(Graphic/Image)、动画(Animation)、视频(Video)、课件(Courseware)、电视教材(TV Courseware)

 引导案例

MOOC

大规模在线开放课程(Massive Open Online Course，MOOC)是通过社会化网络学习环境下，参与者提供围绕某个主题的分布式开放教育资源和教学活动，允许参与者在该领域专家的指导下通过自组织学习方式与课程资源建设与分享、构建个人学习与概念网络，形成个性化观点的关联式课程，它是一种社会化开放式的教学。MOOC 成功地实现了一种高端的知识交换，它适用于专家培训、各学科间的交流学习以及特别教育的学习模式，任何学习类型的信息都可以通过网络传播。

2012 年，美国的顶尖大学陆续设立网络学习平台，在网上提供免费课程，Coursera、Udacity、edX 三大课程提供商的兴起，给更多的学生提供了系统学习的可能。这三个大平

台的课程全部针对高等教育，并且像真正的大学一样，有一套自己的学习和管理系统，它们的课程都是免费的。

（资料来源：百度百科）

3.1 教学媒体概述

媒体的概念十分丰富，由于在不同环境和场合中的使用，使得媒体带有了领域色彩。同样，媒体在教育活动中的使用，使得这类媒体带有教育的色彩和属性。教学媒体是媒体在教育领域使用而形成的，是教育者为了达到预期的教育效果和教育目的，在教育过程中的具体使用。

3.1_教学媒体概述.mp4

3.1.1 教学媒体的概念及其特点

一般而言，媒体是指信息传播的媒介或者工具，即信息存储、传播、表现的载体。若这种介质或工具被运用于教学活动中，则被相应地称为教学媒体。教学媒体直接加入教学活动，成为在教学过程中传输信息的手段。

教学媒体除了具备媒体的共性外，在具体的教学应用中也形成了自己的特点，具体表现在以下几方面。

(1) 教学媒体具有能够表现事物的空间、时间和运动特征的能力，能够将教育内容形象化地展现，形成一定的表现力。

(2) 教学媒体能够突破时空限制，使已经加工和存储的信息得到重现。

(3) 教学媒体具备较强的操作性，使教学内容和教学对象形成适时互动，教育对象有较强的参与性。

(4) 不同的教学媒体具有不同的传播范围，在广度和深度上有所区别。

🔑 思考交流

媒体和媒介有何区别？信息和资讯有哪些联系？

3.1.2 教学媒体的类型

1. 通用媒体分类

国际电话电报咨询委员会(Consultative Committee on International Telephone and Telegraph，CCITT)是国际电信联盟 ITU 的一个分会，它把媒体分成五类，具体如下。

(1) 感觉媒体：指直接作用于人的感觉器官，使人产生直接感觉的媒体。如引起听觉反应的声音、引起视觉反应的图像等。

(2) 表示媒体：指传输感觉媒体的中介媒体，即用于数据交换的编码，如图像编码(JPEG、MPEG 等)、文本编码(ASCII 码、GB2312 等)和声音编码等。

(3) 表现媒体：指进行信息输入和输出的媒体。如键盘、鼠标、扫描仪、话筒、摄像机等为输入媒体；显示器、打印机、音箱等为输出媒体。

(4) 存储媒体：指用于存储表示媒体的物理介质，如书本、录音带、录像带、VCD 光盘、硬盘、U 盘等。

(5) 传输媒体：指传输表示媒体的物理介质，如电缆、光缆等。

🔑 思考交流

教学媒体和新闻媒介有何联系？什么是信息素养和媒介素养？

2. 教学媒体的组成

一般来说，教学媒体主要由硬件和软件两部分组成。硬件主要是指用于传递教学信息的各种教学机器，如幻灯机、投影器、电影放映机、录音机、VCD 播放器、计算机以及 MP3 播放器等；软件部分主要是指与相应硬件相匹配的教学材料或者资源，如幻灯片、投影片、电影片、录音带、光盘、录像带、计算机课件、网络课件以及其他数字化学习资源等。

3. 教学媒体的分类

教学媒体的种类繁多，根据不同的标准可以划分为不同的类型。例如：印刷教学媒体与非印刷教学媒体；光学投影教学媒体、电声教学媒体、电视教学媒体、计算机教学媒体等；有限接触教学媒体和无限接触教学媒体；单向教学媒体和双向教学媒体；实物型教学媒体、模拟型教学媒体、符号型教学媒体；可控型教学媒体、基本可控型教学媒体、不可控型教学媒体等。下面着重分析印刷教学媒体与非印刷教学媒体的特点及类别。

1) 印刷教学媒体

这种教学媒体分类是按照媒体信息是否通过印刷体形式呈现而划分的。印刷教学媒体只有单向信息通道，交互性比较差，但是信息存储牢固、携带便捷，常见的印刷教学媒体有书本教材、挂图等。

2) 非印刷教学媒体

非印刷教学媒体一般具有单向、双向或者多向信息通道，交互性比较好，需要电子设备支持。常见的单向交互非印刷教学媒体有幻灯机和幻灯片、录像机和录像带等；常见的双向交互非印刷教学媒体有教学课件、学习反应发生器等；多向交互非印刷教学媒体有虚拟仿真实验室、飞行模拟器等。

按照教学媒体的基本工作原理，可以简单地把非印刷教学媒体进一步分为光学投影教学媒体、电声教学媒体、电视教学媒体和计算机教学媒体等几类。

(1) 光学投影教学媒体主要依据光学原理对教学中的图像信息呈现、传输或者存储的。这类教学媒体的软件一般是用透明材料制成的，如塑料、照相底片(反转片)或者电影胶片等。如图 3-1 所示为幻灯机和幻灯片。

图 3-1　幻灯机(硬件)和幻灯片(软件)

📖 知识扩展

幻灯片主要利用 135 照相机底片的反转片制作而成，制作工艺较复杂，但放映效果良好。

(2) 电声教学媒体是依据声电磁转换原理对教学中的声音信息呈现、传输和存储的。常见的有录音机和录音带、话筒、耳机、MP3 播放器、音箱以及激光唱片等。如图 3-2 所示为电声教学媒体 MP3 播放器和音箱。

图 3-2　MP3 播放器和音箱

👉 小贴士

电声教学媒体的质量高低主要视其通道数、频响范围、灵敏系数、功率大小、失真度、信噪比、阻抗以及音效技术等多个方面的综合指标而定。

(3) 电视教学媒体是依据光电及电子技术原理对教学中的图像和声音信息呈现、传输和存储的。常见的有电视机、放像机及录像带、VCD 播放机及 VCD 光盘、MP4 或者 MP5 等。如图 3-3 所示为 MP5 播放器和放像机。

(a) MP5 播放器　　　　　　　　　　　(b) 放像机

图 3-3　MP5 播放器和放像机

(4) 计算机教学媒体是一种数字化教学媒体，其最大的特点是信息呈现的多样化和非线性。常见的计算机教学媒体有教学课件、网络课件、流媒体课件、虚拟仿真实验室、网络数据库等。如图 3-4 所示为虚拟仿真实验室。

图 3-4　虚拟仿真实验室

扩展阅读

关于媒体的各种表现特性及应用可以参阅相关书籍和资料。

3.1.3 教学软件的类型

教学软件是借助相配套的硬件设备实施教学的一种教学材料。它可以是书本教材、模型、教学性的照片、教学性的电影、电视教材、投影教学媒体，也可以是计算机课件，种类繁多。一般来说，按照教学软件使用的媒体形式，可以把教学软件分为以下三种。

(1) 传统教学软件。这类教学软件主要是使用传统的媒介方式传输和保存，其信息的共享能力较小。这些教学软件包括书本教材、参考资料、教学模型、幻灯片、投影片等。图 3-5(a)、(b)分别是挖土机实训模型和心肺复苏模型。

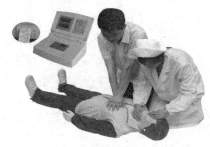

(a) 挖土机实训模型　　　　　(b) 心肺复苏模型

图 3-5　传统教学软件

(2) 电子化教学软件。这类教学软件主要是利用电磁等电子化手段传输和保存，其信息的共享能力较大，传输能力强，受众面广。这些教学软件包括电视教材、录像教材以及电影教材等。

(3) 计算机类教学软件。这类教材依托计算机和网络技术手段进行信息传递和保存，其信息的共享能力最大，可移动性和传输能力强。这些教学软件包括多媒体课件、网络课件、网络课程及积件等。

3.2　教学素材的采集与制作

3.2.1　多媒体技术的概念及其特点

3.2_文本素材.mp4

对于多媒体的理解，可分为广义和狭义两种。广义的理解是指将两种或两种以上的媒体结合起来用于传递信息。在教学中传递教学信息的多种媒体称为多媒体组合，目前通常指多媒体教室或学习资源中心的各种设备及其软件的集合。狭义的理解专指计算机多媒体技术，即指用计算机综合处理多种媒体信息(如声音、文字、图形/图像、动画和视频等)，使多种信息建立逻辑链接，集成一个系统并具有交互性。因此，多媒体技术可以定义为：把声音、文字、图形、图像等信息表现形式和计算机集成在一起，并可进行人机交互的技术。

多媒体技术主要具有如下六个特点。

(1) 多样性。多样性即信息媒体的多样化，多媒体技术中媒体的组合形式多种多样。

(2) 集成性。集成性即能够对信息进行多通道统一获取、存储、组织与合成。多媒体技术不仅能把文字、图形、图像等不同的媒体信息组合成一个完整有机的多媒体信息，而且能够把不同的输入显示媒体(如扫描仪、数码相机等)、输出显示媒体(如显示器、投影仪、打印机等)、存储媒体(如硬盘、软盘、光盘、优盘等)和传输媒体(如电缆、光缆等)集成在一起，形成一个整体。

(3) 交互性。交互性是多媒体有别于传统信息传播媒体的主要特点之一，它可以根据需要，人为地改变信息的表现结构，实现人对信息的主动选择和控制并得到及时反馈。

(4) 动态性。动态性主要是指用户可以根据信息设计的需要和知识结构的特征来任意组合、修改、删除、增加需要的媒体信息。

(5) 友好的用户界面。多媒体技术运用声音、文字、图形、图像、动画等信息集成协调统一的界面，令用户感到非常友好。

(6) 易开发、可维护性。多媒体技术不仅能够轻松地处理声音、文字、图形、图像等多媒体信息，还能够利用面向对象的程序设计语言，开发出多样化的、可轻松进行维护的多媒体产品，使多媒体的操作变得更容易。

3.2.2　文本素材的采集与制作

文本素材是多媒体课件制作中最基本的素材，它的处理离不开文字的输入和编辑。有些课件集成工具软件中自带文字编辑功能，但对于大量的文字信息一般不采取在集成时输入，而是在前期就预先准备好所需的文字素材。

3.3_图像素材.mp4

1．文本素材的常用文件格式

多媒体课件多以 Windows 为系统平台，因此准备文本素材时应尽可能采用 Windows 平台上的文字处理软件，如写字板等。Windows 系统下的文字文件种类较多，主要有 TXT 格式、WRI 格式、DOC 格式、RTF 格式、WPS 格式、PDF 格式及 HTML 格式等。

2．文本素材的采集

1) 键盘输入采集

计算机使用者最熟悉的操作莫过于用键盘输入文字，使用键盘输入文字需要事先记住一套编码规则，即输入法。输入法图标一般显示在桌面右下角的指示栏中，用户可以根据需要选择适合自己的一种输入法。

2) 手写板输入采集

对于不擅长使用输入法的用户来说，手写板输入无疑是一种很好的选择。手写板输入系统是用一支书写笔在与计算机相连的一块书写板上写字，用压敏或电磁感应等方式将笔在运动中的坐标输入计算机，再由计算机中的识别软件根据采集到的笔迹之间的位置关系和时间关系信息来识别所写的字，并把结果显示在屏幕上的一种系统。目前市场上的这类产品主要有方正如意笔、汉王笔等。识别率是手写输入系统的重要指标，字体不同和字迹潦草将影响系统的识别率。如图 3-6 所示为爱国者类型的手写笔。

图 3-6　爱国者 3625 手写板和带电池的手写笔

3) 扫描仪采集

当我们需要大量获取印刷品上的文字资料时，一般会采用文字识别技术。OCR(Optical Character Recognition)技术是当前最常见的一种光学字符识别技术，它利用光学字符识别软件控制扫描仪，对扫描到的图形内容进行分析，将图形中的文字影像识别出来并自动转换为 ASCII 字符。目前常用的文字识别软件有清华紫光的"紫光 OCR"。

4) 传图识字采集

当我们需要快速下载课本或文档的部分纯文字时，传图识字可以让这一任务变得轻松。它利用认知服务深度学习图片，提取其中的文字，支持多场景下的文字检测识别，在通用文字识别的基础上返回文字在图片中的位置信息，方便用户进行版式的二次处理。目前常用的传图识字小程序有传图识字，如图 3-7 所示。

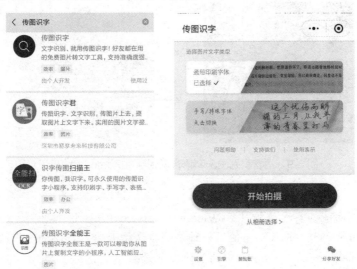

图 3-7　微信小程序中的传图识字

☞ **小贴士**

当前的扫描仪有很多种，其中包括彩色扫描仪、黑白扫描仪，另外，还有专业级别很高的扫描仪，甚至有些扫描仪具有立体扫描的功能。如图 3-8 所示为彩色扫描仪。

图 3-8　彩色扫描仪

5) 语音识别输入

语音识别输入技术包括命令控制和听写两个功能。命令控制是向计算机发出一个简单的声音指令，控制计算机操作；听写就是由人来说，计算机来写。大多数语音软件都是与说话人有关的，即它只能识别一个(或几个)特定人的声音，使用前需由特定人对系统进行训练，使系统熟悉和掌握说话人的声音特征，以建立语音档案，所以又称特定人(或限定人)识别系统。语音输入的代表技术有 IBM 公司的 Via Voice。Zumba Phone 是一款主打语音识别功能的手机，也就是说，用户在使用这款 Zumba Phone 的时候，只需要通过语音便可以操作该手机。而该手机配有独立耳麦，被镶嵌在机身的背面。如图 3-9 所示为语音识别图示和语音识别手机 Zumba Phone。

图 3-9　语音识别图示和语音识别手机 Zumba Phone

☞ **小贴士**

(1) 语音识别功能的实现必须具备 Windows Service Pack 1，需安装 Microsoft Speech Recognition Engine v5.0，并且需要使用一种能够接受语音输入信息的应用程序，这类应用程序包括记事本、Word 及 Windows 中的其他类似产品。

(2) 在语音输入时，话筒的质量会影响文字识别率。

☞ **思考交流**

①你知道蓝牙手机和耳机是如何实现语音转换和识别的吗？不妨讨论或者是上网找找答案。②你见过语音智能开关吗？语音智能识别插座，以世界顶尖语音识别技术为核心，达到通过人的语音遥控开关或电器的目的。通俗地说，就是你不需要动手按动开关，只需要发出一声语音命令就可实现灯具的开关和闭合。比如要开启卧室的灯，喊一声"卧室"，

灯具就可以自行打开。语音控制插座能够保证至少 200 万～300 万次以上的使用寿命，可以说是一款使用一辈子都不会坏的语音智能开关。语音智能开关插座已申请国家发明专利。如图 3-10 所示为语音智能开关示意图。

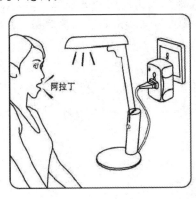

图 3-10　语音智能开关

知识扩展

使用 Adobe Acrobat 7.0 Professional 及以上版本，可以实现 PDF 和 DOC 文件的相互转换，而且可以利用其附带的 Adobe Designer 7.0 软件编辑 PDF 文件。

3.2.3　图形/图像素材的采集与制作

图形/图像作为多媒体课件中主要的多媒体信息，不仅可以反映图形界面外观，还可以表达思想，它以真实的场景、人物、很强的表现力与感染力合理地表现课件中比较抽象、学生难以理解的知识内容，增强了多媒体课件的教学效果。

1．图形/图像的要素、特点

图形、图像一般是指计算机中存储和加工的静态图形或图像。图形/图像可以形象、生动、直观地呈现大量的信息，可以帮助学生分析、理解教学内容，解释观念或现象，因此也是多媒体课件中最常见的信息表达形式之一。静态的图形/图像具有形状、大小、颜色、空间位置、方向等要素。目前几乎所有的主流图形/图像处理软件都能同时对图形/图像信息进行加工处理。图形/图像的特点分别如下。

1) 图形

图形是可修正的文件，在文件格式中必须包含结构化信息，即语义内容被包含在对图形的描述中，作为一个对象存储。图形一般是用图形编辑器产生或者由程序产生，因此也常被称作计算机图形。

2) 图像

图像是不可修正的，在文本格式中没有任何结构信息，因此没有保存任何语义内容，一般作为位图存储。图像有两种来源：扫描静态图像和合成静态图像。前者是通过扫描仪、普通相机与模/数转换装置、数字相机等从现实世界中捕捉；后者是由计算机辅助创建或生成，即通过程序、屏幕截取等生成，如画图工具、Photoshop 等。

小贴士

(1) 颜色模型就是定量颜色的方法。在不同领域应用图形与图像时，为了尽可能多地、有效地描述各种颜色，人们往往采用不同的颜色模型。如用显示器这类发光物体显示时采用 RGB 模型，用打印机这类吸光物体输出彩色图像时用 CMYK 模型，从事艺术绘画时习惯采用 HSI 模型。

(2) RGB 模型(Red、Green、Blue)。它是以 R、G、B 三色光互相叠加来实现混色的方法，适合于显示器等发光体的显示。其混色规律是：以等量的红、绿、蓝基色光混合时，红+绿=黄；红+蓝=品红；绿+蓝=青；红+绿+蓝=白；三种基色光全无=黑。

知识扩展

图像数据量大小=像素总数×图像深度÷8。例如，一幅 640×480 像素的 256 色图像大小为 640×480×8/8=307 200 字节。

思考交流

如何通过 RGB 三原色混合产生白色？

3) 图形/图像模式

图形/图像包括三种模式，分别是：黑白图像，二值图，每个像素点由 1 位二进制数据表示；灰度图像，8 位二进制表示每个像素点；彩色图像，24 位二进制表示每个像素点，RGB 色彩模式。图 3-11(a)～(c)所示分别为黑白图像、灰度图像和彩色图像。

(a) 黑白图像　　　　(b) 灰度图像　　　　(c) 彩色图像

图 3-11　图形/图像模式

2. 图形/图像的分类及常用的格式

图形/图像的格式种类很多，根据它们在计算机中表达与生成方法的不同，可分为位图和矢量图两大类。

1) 位图

位图即位映射图，它是由描述图形中各个像素点的强度与颜色的数位集合组成的，适用于具有复杂色彩、虚实丰富的图像，如照片、绘画等。位图素材一般通过扫描仪、摄像机和数码相机等输入设备来获得，比较典型的处理软件是 Adobe Photoshop、Freehand 等。位图实例如图 3-12 所示。当位图文件尺寸放大时，图像会被虚化。

2) 矢量图

矢量图是通过一组指令集来描述图形的，这些指令用来描述构成一幅图形/图像的所有直线、圆、圆弧、矩形、曲线等的位置、维数、大小和形状。矢量图的创建通常是通过矢量图绘制软件和图形处理软件(如 CorelDRAW、Illustrator 等)完成的。矢量图实例如图 3-13

所示。当矢量图文件尺寸放大时，图像不会被虚化。

矢量图和位图各有各的特点，在课件制作中经常要互相补充、交错使用。

图 3-12　位图和放大 4 倍后的位图比较

3) 常用的格式

图形图像常用的格式有 BMP 格式、GIF 格式、TGA 格式、PSD 格式、PNG 格式、JPG(JPEG) 格式、TIF(TIFF) 格式、PCD 格式、EPS 格式、WMF 格式及 CDR 格式等。

图 3-13　矢量图和放大 4 倍后的矢量图比较

🍃 **小贴士**

色彩，可分为无彩色和有彩色两大类。前者如黑、白、灰；后者如红、绿、蓝等。无彩色没有彩调，只有明暗之分，表现为黑、白、灰，也称色阶。有彩色的表现很复杂，可以用三组特征值来确定：色调、饱和度和亮度，一般称为色彩的三要素或色彩的三属性。

🔑 **思考交流**

图形中的亮度、色调、色度分别用来说明图形/图像的什么性质？

📖 **知识扩展**

(1) Bitmap，由 Microsoft 公司开发，用于 Windows 环境，彩色模式为 $2^4 \sim 2^{32}$，主要用于表现打印、显示用图像，不适合网络传送和不适于提供印刷文件。

(2) GIF 文件(Graphics Interchange Format)，由 CompuServe 公司开发，用于屏显和网络，不适合保存高质量印刷文件，其彩色模式为 2^8(256 色)，分辨率为 96 dpi。

(3) JPG 文件(Joint Photographic Experts Group)，由联合专家小组开发，采用有损压缩编码形式，数据量小。其彩色模式为 2^{32}(真彩色)，主要用于彩色图像的存储和网络传送，不适合表现有明显边界的图形和高质量印刷文件。

3．图形/图像素材的采集

1）屏幕捕获采集静态图形

（1）键盘捕获。键盘捕获图形可以通过键盘上的 PrintScreen 键(捕获全屏)或者 Alt 与 PrintScreen 的组合键(捕获特定窗口)完成。

（2）抓图软件捕获。捕获屏幕的静态图形也可以利用专门的抓图软件抓取屏幕上任意位置的图形。常用的屏幕抓图软件有 HyperSnap-DX、Capture Profession、PrintKey、SnagIt 等。下面简要介绍 HyperSnap-DX 的使用方法。

➤ 从"开始"菜单中运行 HyperSnap-DX 后，窗口如图 3-14 所示。

➤ 选择"捕捉"菜单下的相应命令(见图 3-15)即可对当前屏幕内容进行捕捉。

➤ 选择一种捕捉方式之后，捕获的图片会自动出现在该软件的工作区内，最后选择一种合适的存储格式将捕获的图像存储。

☞ **小贴士**

当执行捕捉操作时，系统默认 HyperSnap-DX 的窗口会自动缩小，名称呈现在任务栏上。也可以通过图 3-14 所示的"捕捉"菜单中的"捕捉设置"命令进一步设置捕捉时软件窗口的状态。

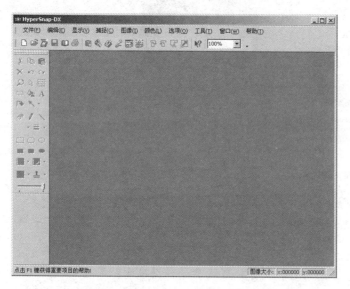

图 3-14　HyperSnap-DX 窗口　　　　　图 3-15　"捕捉"菜单命令

☞ **小贴士**

请参阅本书第 8 章的相关内容，深入学习和实践。

🔑 **思考交流**

如何制作背景透明的 GIF 动画或者图像？

（3）在视频播放软件中捕获。常用的视频播放软件(如暴风影音 11)中有一项专门的截屏功能，可以在播放视频文件时将光标放置在播放屏幕上，然后右击，弹出播放菜单，选择截屏级联菜单中的"截屏"或者"立即截屏"命令，如图 3-16 所示。截屏后的文件保存到预设或者自设的文档存储目录下，如图 3-17 所示。

图 3-16　暴风影音播放菜单　　　　图 3-17　捕获的帧图片

实践

试下载暴风影音和 HyperSnap 软件，捕获静态图像。

2) 扫描仪采集图形、图像

扫描仪是采集静止图像的主要设备，可用于扫描照片、图表等。一般的照片可以选择 300 dpi 扫描精度。课件制作一般选择中档类型：光学分辨率为 600 dpi×1200 dpi，色彩深度为 24 位，A4 幅面的平板式彩色扫描仪。

3) 数码相机采集图形、图像

数码相机直接产生数字化图像，通过接口及配套的软件即可方便地完成将图像输入计算机的工作。用于课件制作的数码相机应选择分辨率为百万像素的类型，最好选用带有 USB 接口的数码相机，并带有存储卡扩展功能，如柯达 DC240。

小贴士

常见的数码相机有两种。一种是单反式数码相机，这种相机成像速度快，存储容量大，构图准确，一般专业人士或者摄影爱好者多选择这类相机。但是这类相机相对来说价格贵一点，体积较大，不易携带。另一种是傻瓜式数码相机，这种相机成像速度慢，存储容量有限，构图时要注意相机延时，不然很容易出现虚像。但因其价格相对便宜，携带方便，因此受到大众的喜爱。

知识扩展

除此之外，可以通过购买图形光盘、从网络图片库下载、使用摄像机的帧捕捉卡等方式获得图形。

实践

利用手机照相功能或者数码相机拍摄人物、风景等图片，并利用 Photoshop 进行艺术处理。

4) 图形/图像处理软件处理

一般的图形/图像都需要通过图形图像处理软件进一步处理，以符合需求。常见的图形/图像处理软件有很多，比如画图工具、Photoshop、CorelDRAW、Freehand(见图 3-18)、Illustrator(见图 3-19)等。

图 3-18　Freehand 的启动界面

图 3-19　Illustrator 的启动界面

3.2.4　声音素材的采集与制作

1. 声音的分类、要素与常用文件格式

1) 声音的分类

声音一般分为语言、音乐和声响三种类型。语言是指口头语言，即说话声音，在多媒体课件中一般称为解说声音。音乐是指歌声、乐曲声，在多媒体课件中一般作为背景声，有时用于渲染环境气氛。声响包括自然界中存在的各种声音，如风吹、雨打、雷鸣、虎啸、虫吟、鸟鸣声，还包括人类社会中存在的吼叫声、哭声、笑声、喧闹声、机器声等，在多媒体课件中一般作为使环境更逼真的音响效果使用。

2) 声音的要素

音色、响度和音调构成了声音的三要素，它们可以在主观上用来描述具有振幅、频率和相位三个物理量的任何复杂的声音。

音色由声音波形的谐波频谱和包络决定。声音波形的基频所产生的听得最清楚的音称为基音，各次谐波的微小振动所产生的声音称为泛音。单一频率的音称为纯音，具有谐波的音称为复音。每个基音都有固有的频率和不同响度的泛音，借此可以区别其他具有相同响度和音调的声音。

响度，又称音量，它表示的是声音能量的强弱程度，主要取决于声波振幅的大小。声音的响度一般用声压来计量，声压的单位为帕(Pa)，它与基准声压比值的对数值称为声压级，单位是分贝(dB)。

音调也称音高，表示人耳对声音调子高低的主观感受。客观上音高大小主要取决于声波基频的高低，频率高则音调高；反之则低。音调的单位用赫兹(Hz)表示。人耳对响度的感觉有一个从闻阈到痛阈的范围，人耳对频率的感觉同样有一个从最低可听频率 20 Hz 到最高可听频率 20 kHz 的范围。

3) 声音的常用文件格式

常用的声音文件格式有 MID(MIDI)格式、WAV 格式、MP3 格式、RA 格式。除这些常用的文件格式外，声音文件格式还有 MP3、MOV、VOC、RMI、PCM、AIF、CDA、MOD 等。利用声音处理和编辑软件可进行声音文件各种格式的转换。

🔑 **思考交流**

MP3、WAV、RA 以及 MIDI 音乐文件各自有哪些特性？在网上常见的音乐文件有哪些？它们的文件大小一样吗？为什么？

2. 声音素材的采集

1) 影响声音素材采集的要素

声音素材的采集需要考虑采样频率、量化位数和通道数量三个要素。

(1) 采样频率是指计算机每秒对声波幅度值样本采样的次数，是描述声音文件的音质、音调，衡量声卡、声音文件的质量标准，计量单位为 Hz(赫兹)。采样通常采用三种频率：11.025 kHz(语音效果，称为电话音质)、22.05 kHz(音乐效果，称为广播音质)、44.1 kHz(高保真效果，CD 唱盘)。

(2) 采样得到的样本需要量化，所谓的量化位数也称"量化精度"，是描述每个采样点样本值的二进制位数。常用的量化位数为 8 位、12 位、16 位。量化级大小决定了声音的动态范围，即被记录和重放的声音最高与最低之间的差值。量化位数越高，音质越好，数据量也越大。

(3) 声音通道的个数称为声道数，是指一次采样所记录产生的声音波形个数。记录声音时，如果每次生成一个声波数据，称为单声道；每次生成两个声波数据，称为双声道(立体声)。

☞ **小贴士**

随着声道数的增加，音频文件所占用的存储容量也成倍增加，同时声音质量也会提高。

📄 **知识扩展**

声音文件的存储容量(字节)=采样频率×量化位数/8×声道数×时间

例如：一段持续 1 分钟的双声道声音文件，若采样频率为 22.05 kHz，量化精度为 8 位，数字化后需要的存储容量为多少？结果：$22.05 \times 10^3 \times 8/8 \times 2 \times 60 = 2.646$ MB。

2) 声音素材的采集方式

声音素材可用以下四种方式采集。

(1) 利用一些软件光盘中提供的声音文件。在一些声卡产品的配套光盘中往往也提供许多 WAV 或 MIDI 格式的声音文件。

(2) 通过计算机中的声卡，从麦克风中采集语音生成 WAV 文件。如制作课件中的解说语音就可采用这种方法。

(3) 通过计算机中声卡的 MIDI 接口，从带 MIDI 输出的乐器中采集音乐，形成 MIDI 文件；或用连接在计算机上的 MIDI 键盘创作音乐，形成 MIDI 文件。如图 3-20 所示为 MIDI 音乐文件制作硬件设备。

(4) 使用专门的软件抓取 CD 或 VCD 光盘中的音乐，生成声源素材，再利用声音编辑软件对声源素材进行剪辑、合成，最终生成所需的声音文件。

图 3-20　MIDI 音乐文件制作硬件设备

☞ **小贴士**

常见的音频制作和转换工具有 Goldwave、Audio Editor、SoundForge、CoolEdit、Cakewalk 等。如图 3-21 所示为 Audio Editor 音频编辑软件界面。

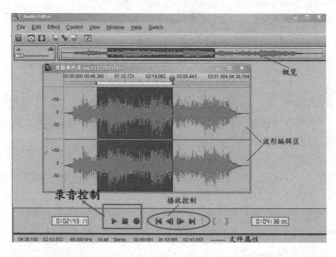

图 3-21　Audio Editor 音频编辑软件界面

3.2.5　动画素材的采集与制作

动画能够生动、形象地表现客观世界不存在的或无法人为实现的事物，也适合表现课件中比较抽象、学生难以理解的知识内容，不论是二维动画还是三维动画，所创造的结果都能更直观、更翔实地表现事物变化的过程。这种动态过程，恰好是大部分教学内容的核心和关键，是教学关注的重点和难点。因此，动画素材的采集与制作是多媒体课件制作中的一个重要内容。

1．动画的基本原理、要素与常用文件格式

1）动画的基本原理

动画是指用形象和动作连续变化的图形形成具有视觉动态感的图像。动画信息依赖于

图像对事物形象的模拟，它是由一系列具有相邻关系的静止画面按照一定的速率(通常 8 帧/秒以上)快速呈现而得到的。

计算机动画具有以下特点：①动画的前后帧之间在内容上有很强的相关性，因而其内容具有时间延续性，这更适合于表现事件的"过程"，也使得该类媒体具有更加丰富的信息内涵。②动画具有时基媒体的实时性，即画面内容是时间的函数。改变播放频率(每秒画面刷新率)就可以改变动画中事物的动态频率。③无论是实时变换生成并演播的动画，还是三维真实感动画，由于计算数据量太大，必须采用合适的压缩方法才能按正常时间播放。④对计算机的性能有更高的要求，要求信息处理速度、显示速度、数据读取速度都要达到实时性的要求。

2) 动画的基本要素

动画信息不仅能表现事物的形状、大小、色彩、空间位置等外形特征，而且能准确地表现这些特征随时间变化而变化的连续动态过程，其基本要素包括帧(一帧即一幅画面)、播放速率(一般指单位时间内播放的画面幅数，如 12 帧/秒)等。

3) 动画的常用文件格式

计算机中常用到的动画格式有 gif、swf、flc 等。其中 gif 格式是由 CompuServe 公司建立的，也是 Internet 上常见的一种动画格式，其文件扩展名为.gif；swf 格式是由 Flash 软件生成的一种交互式矢量图形动画，其文件扩展名为.swf；flc 格式是由 Autodesk 公司开发的一种动画格式，其文件扩展名为.flc。

4) 实时生成动画与帧动画

计算机动画的类型可以从多方面进行判别，从动画的生成机制看可以分为两种，一种叫作实时生成动画，另一种叫作帧动画。

(1) 实时生成动画。实时生成动画是一种矢量型的动画，它是由计算机实时生成并演播的。在制作过程中，它对画面中的每一个活动的对象(也称为角色(Actor))(包括场景)分别进行设计，赋予每个对象一些特征(如形状、大小、颜色等)，然后分别对这些对象进行时序状态设计，即这些对象的位置、形态与时间的对应关系设计，最后在演播时这些对象在设计要求下可以实时变换，并实时组成完整的画面，从而实时生成视觉动画。

例如，如图 3-22 所示，就是一个实时生成的电脑动画，其中人物的腿、胳膊和躯干以及街景都设计为独立的角色对象，然后分别对这些对象的位置、角度、形态进行时序状态设计，最后在播放时实时生成了一个人在大街上走路的动作。

图 3-22　实时生成动画

(2) 帧动画。帧动画是一幅幅连续的画面组成的图像或图形序列，接近于视频的播放机制，这是产生各种动画的基本方法。一些动画特别是三维真实感动画由于计算量太大，只能先生成连续的帧图形画面序列。这类动画有明显的生成和播放的过程，播放时仅调用该图像序列演播即可。如图 3-23 所示为帧动画序列。

图 3-23　帧动画序列

📲 知识扩展

关键帧技术来源于传统的动画制作。出现在动画片中的一段连续画面实际上是由一系列静止的画面来表现的。关键帧是指被选出来的画面，一般出现在动作变化的转折点处，对这段连续动作起着关键的控制作用。如图 3-24 所示为关键帧动画示意图，第 1 帧和第 8 帧是关键帧，其余各帧(2～7 帧)可由插值算法生成。

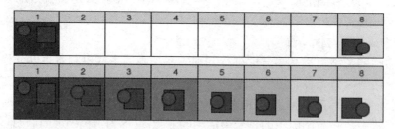

图 3-24　关键帧动画

2. 动画素材的制作

1) 专业软件制作

利用多媒体创作软件提供的动画制作功能，可以制作简单的动画(如 Authorware 能让屏幕对象以直线或曲线运动，Director 能制作文字特技动画、物体转动效果等，万彩动画下载并替换模板内容便可快速制作出酷炫的动画、Storyline 具有强大的交互功能)。

2) 使用素材光盘或从网上获得

我们既可以直接从现成的素材光盘里寻找所需的动画素材，也可以在资源丰富的互联网上去搜寻更多的动画素材。

3) 使用专业动画软件制作

在一般的动画制作中，最常用的方法是使用动画制作软件来生成动画。专业的动画软件较难掌握，但能制作出形象、生动、逼真的动画，尤其是表现复杂运动的动画效果。根据创作对象的不同，动画制作软件可分为二维动画制作软件和三维动画制作软件两类。

当前最流行的二维动画制作软件有 Adobe 公司的 Flash、万彩公司的万彩动画大师、Autodesk 公司的 Animator Studio 等。

小贴士

Flash 既是当今流行的动画制作软件，又具有多媒体集成功能，是制作网络多媒体课件的优秀工具。

三维动画属于造型动画，可以模拟真实的三维空间事物。利用动画软件可以构造三维的几何造型，赋予其表面颜色、纹理，再设置变形，设计灯光强弱、位置及移动等，最后生成一系列可供动态实时播放的连续图像。目前常用的软件有 3ds Max(见图 3-25)、AutoCAD 和 Maya(见图 3-26)等。

知识扩展

三种三维形体的造型技术：组合技术、拓展技术和放样技术。组合技术：先绘出基本的几何形体，再将它们变成需要的形状，然后通过不同的方法将它们组合在一起。拓展技术：先创建二维轮廓，再将其拓展到三维空间。放样技术：先创建一系列二维轮廓，用来定义形体的骨架，再将几何表面附于其上，从而建立立体图形。

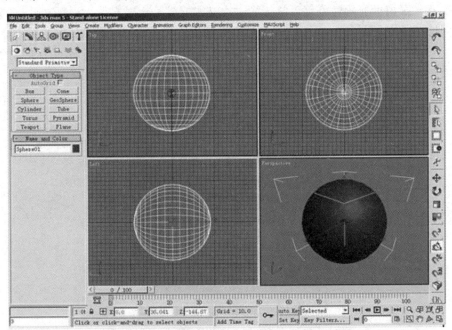

图 3-25　3ds Max 工作界面

图 3-26　Maya 三维效果

🔑 **思考交流**

三维动画和二维动画有哪些联系？它们是如何互相转换的？

3. 虚拟现实动画

虚拟现实，简称 VR(Virtual Reality)，它采用各种技术营造一个能使人置身于现实世界的环境，产生和置身于与现实世界相同的视觉、听觉等感受。目前虚拟现实技术已被应用于教学领域并受到广大师生的欢迎。当虚拟现实技术与物件完美结合时，就可以从不同的角度去观察一个物体。

虚拟现实动画可以通过虚拟现实建模语言来创建，常用的虚拟现实建模语言是 VRML(Virtual Reality Modeling Language)。VRML 是一种场景描述语言，它定义了诸如变换层级、光源、视点、几何、动画、材质属性和纹理映射等当今 3D 应用中的绝大多数常见概念，具体描述几何形体以及一个 3D 场景(或称为"世界")中对象及对象间的行为关系。利用 VRML 语言可以构造出一个非常逼真的虚拟世界，并且能够走到这个世界中去，与虚拟物体交互。虚拟世界的对象可以链接到一个文本文件、声音文件、视频文件、网页文件或一个网址，或者链接到另外一个 VRML 世界，用户只要利用键盘和鼠标，就可通过一个窗口(显示器)来观察虚拟的世界。如图 3-27 所示为一个由 VRML 所创建的"游动的鱼"虚拟动画效果。如图 3-28 所示为汽车三维模型。

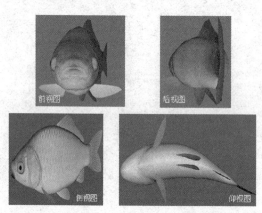

图 3-27　"游动的鱼"虚拟动画效果

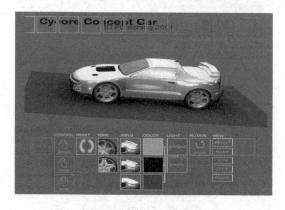

图 3-28　汽车三维模型

☞ **小贴士**

虚拟现实动画一般需要安装专门的播放器(如 Cosmo Player 等)才能正常播放。方法是: 安装好虚拟现实播放器后, 使用 IE 5.01 以上版本直接运行, 即可看到虚拟动画效果, 并能实现缩放、翻转等人机交互控制。

📖 **知识扩展**

中视典数字科技公司, 是专注于虚拟现实与三维互联网领域的软硬件研发与推广的专业机构, 是国际领先的虚拟现实技术解决方案供应商和相关服务提供商。提供的产品有虚拟现实编辑器(VRP-Builder)、数字城市仿真平台(VRP-Digicity)、物理模拟系统(VRP-Physics)、三维网络平台(VRPIE)、工业仿真平台(VRP-Indusim)、旅游网络互动教学创新平台系统(VRP-Travel)、三维仿真系统开发包(VRP-SDK)以及多通道环幕立体投影解决方案等, 能够满足不同领域不同层次的客户对虚拟现实的需求。如图 3-29 所示为该公司制作的古城复原仿真图(公司网址: http://www.vrp3d.com/)。

图 3-29 古城复原仿真图

3.2.6 视频素材的采集与制作

视频图像简称视频, 是指拍摄、记录和再现真实人物、事物和景物的电视、电影画面, 具有很强的表现力与感染力。合理地使用视频图像是增强多媒体课件教学效果的重要途径。

1. 视频的基本原理、要素与常用文件格式

1) 视频的基本原理

视频是指构成电影和电视的活动图像, 它利用人眼视觉暂留的生理现象和心理作用, 在 1 秒钟内快速播放 25～30 个静态画面, 由这些快速播放的静态画面在人的视觉神经系统形成活动的画面。

2) 视频的基本要素

视频是具有真实事物形态的活动图像, 它能具体真实地反映事物的运动状态与规律,

为人们建立起许多间接的、难以用语言符号描述的直观经验。视频画面主要由帧、播放速率、图像尺寸等基本要素构成。

3）视频的常用文件格式

视频信息的格式有很多，常用的有 QuickTime 格式、AVI 格式、MPG 格式、RM 格式、ASF 格式、FLV 格式、DAT 格式及 MOV 格式等。

📧 **知识扩展**

(1) MPG 文件格式是运动图像压缩算法的国际标准。MPEG 标准包括 MPEG 视频、MPEG 音频和 MPEG 系统（视频、音频同步）。MPEG 的平均压缩比通常可以达到 50：1，最高可达 200：1。

(2) AVI 格式是 1992 年由 Microsoft 公司推出的 AVI 技术标准，是一种音视频交叉记录的数字视频格式。

2．数字视频的压缩

数字视频的压缩包括无损压缩和有损压缩。其中无损压缩是指压缩前和解压缩后的数据完全一致。多数无损压缩采用 RLE 行程编码算法。有损压缩是指压缩前和解压缩后的数据不一致。在有损压缩过程中，要丢失一些人对其不敏感的图像或音频信息，并且丢失的信息是不可恢复的。

3．视频素材的采集

1）利用视频捕获卡采集

视频捕获卡(Video Capture)也称作视频采集卡，根据不同的适用环境和不同的技术指标，分为多种规格。其外观如图 3-30 所示。

图 3-30　视频捕获卡

在 PC 上通过视频采集卡可以接收来自视频输入端的模拟视频信号，并对该信号进行采集、量化成数字信号，然后压缩编码形成数字视频序列。

📢 **小贴士**

采集卡一般都配有采集应用程序，以控制和操作采集过程。也有一些通用的采集程序，数字视频编辑软件如 Adobe Premiere 等也带有采集功能，但这些应用软件都必须与采集卡硬件配合使用。即只有采集卡硬件正常安装以后，才能使用。

📧 **知识扩展**

彩色电视制式比较如表 3-1 所示。

表 3-1 彩色电视制式比较

名　称	帧　频	长宽比	颜色模型	扫描方式	扫描线数
NTSC	525 行/帧 30 帧/秒	电视 4∶3 电影 3∶2	YIQ	隔行扫描 2 场/帧	262.5 行/场
PAL	625 行/帧 25 帧/秒	4∶3	YUV	隔行扫描 2 场/帧	312.5 行/场
SECAM	25 帧/秒	4∶3	YUV	隔行扫描 2 场/帧	625 行/场

2) 利用超级解霸 2010 采集

超级解霸 2010 是豪杰公司新推出的版本，这个版本有许多特别的功能，如超强纠错功能、独创背景播放功能、断点续播、智能书签、多画面点播、清除毛刺、强大的字母处理功能、支持多种流格式等。

小贴士

模拟视频数字化一般采用分量数字和方式，先把复合视频信号中的亮度和色度分离，得到 YUV 或 YIQ 分量，然后用三个模/数转换器对三个分量分别进行数字化，最后再转换成 RGB 空间。数字视频的采样格式分别有 4∶1∶1、4∶2∶2 和 4∶4∶4 三种。

请参阅本章 3.4 节和本书第 8 章的相关内容，深入学习和实践。

思考交流

当前视频网站的主要视频播放文件是 FLV 文件，为什么不使用 AVI、ASF 或者其他视频文件格式呢？

3.2.7 多媒体技术的教学应用

多媒体技术是一种实用性很强的技术，其社会影响和经济影响都十分巨大，相关的研究部门和产业部门都非常重视技术的产品化工作，因此多媒体技术的发展和应用日新月异，发展迅猛，产品更新换代的周期很快。多媒体技术几乎覆盖了计算机应用的绝大多数领域，进入了社会生活的各个方面。多媒体技术的教学应用上主要包括以下几个方面。

1. 教育与培训

多媒体系统的形象化和交互性可为学习者提供全新的学习方式，使接受教育和培训的人能够主动地、创造性地学习，具有更高的效率。传统的教育和培训通常是听教师讲课或者自学，两者都有其自身的不足之处。多媒体的交互教学改变了传统的教学模式，不仅教材丰富生动，教育形式灵活，而且有真实感，更能激发人们学习的积极性。

2. 电子出版物

伴随着多媒体技术的发展，出版业突破了传统出版物的种种限制进入了新时代。多媒体技术使静止枯燥的读物变成了融合文字、声音、图像和视频的休闲和娱乐方式；同时，光盘的应用使出版物的容量增大而体积大大缩小，利用多媒体技术可以制作多媒体课件、教学光盘等多种形式的电子出版物。这样既可以丰富教学和学习形式，又能达到良好的教学效果。如图 3-31 所示为未来电子书的主要载体——PDA 平板电脑。

图 3-31　PDA 平板电脑

3．远程教育

视频会议的应用是多媒体技术最重大的贡献之一。这种应用使人的活动范围扩大而距离更近，其效果和方便程度比传统的电话会议优越得多。通过网络技术和多媒体技术，视频会议系统使两个相隔万里的与会者能够像面对面一样随意交流。在远程教育中，利用视频会议系统，完成相距遥远的师生之间、学生之间友好的交互，从而在一定程度上解决了"教与学"分离的状况。如图 3-32 所示为企业或者远程教育者利用视频会议系统进行远程协作和交流。

图 3-32　利用视频会议系统进行远程协作和交流

3.3　多媒体课件的设计与应用

3.3.1　多媒体课件的概念及特点

多媒体课件是以计算机为中心的，利用数字处理技术和视听技术，按照教师的教学设计，将文字、语音、图像等多种媒体信息集成在一起，以实现对教学材料的存储、加工、传递、转换和检索的计算机应用软件或者系统。多媒体课件具有以下四个特点。

(1) 丰富的表现力。多媒体课件具有呈现客观事物的时间顺序、空间结构和运动特征的能力。它将一些抽象的概念、复杂的变化过程和运动形式，以内容生动、图像逼真、声音动听的教学信息展现在学生面前。

(2) 交互性强。多媒体课件可以根据学生输入的信息，理解学生的意图，并运用适当的教学策略，指导学生有针对性地学习。利用及时反馈信息，调整教学的深度和广度，保证学生获得知识的可靠性与完整性；给学生以自主权，学生通过反馈信息进行自我调整。

(3) 共享性好。随着高速信息网的不断延伸，课件所包含的教学内容可以通过连接在网络上的计算机进行相互传递，网络上的信息资源可以实现共享。以网络、光盘为载体的多媒体课件，使知识的传播不再受时间、地点的限制，单位、家庭及社会都可以成为"学校"，学习的时间可以根据个人情况加以选择。

(4) 有利于知识的同化。采用多媒体进行教学，可以强化信息传播的强度，各种媒体相互补充，使知识信息的表达更加充分、更容易理解。

🔑 **思考交流**

课件和积件有何关系？请查询相关资料分析。

3.3.2　多媒体课件的类型

根据多媒体课件的内容与作用以及教学中应用方式的不同，这个时期的多媒体课件可以分为以下几种类型。

3.4_多媒体课件类型.mp4

1．课堂教学型

课堂教学型课件一般是针对学科教学开发的，主要解决学科教学中的重点、难点问题，它注重对学生的启发、提示，反映问题解决的过程，主要在课堂上进行教学演示。课堂教学型课件要求教学内容精练、屏幕主题突出、文字图形要以较大的方式显示，能按照教学过程逐步深入地展开。目前，这类多媒体课件在实际教学中应用最为广泛。其开发工具一般是 Flash、PowerPoint、几何画板等软件。如图 3-33(a)所示为利用 Flash 软件制作的多媒体课件，如图 3-33(b)所示为利用 PPT 设计和制作的课件。

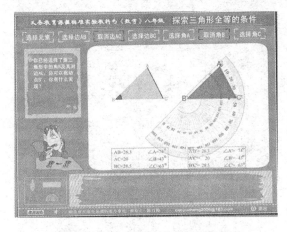

(a) 利用 Flash 软件制作的多媒体课件

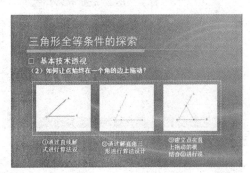

(b) 利用 PPT 设计和制作的课件

图 3-33　课堂教学型课件示例

2．个别化学习型

个别化学习型课件是针对学生利用软件进行个别化学习的情况而言的，一般具有完整的知识结构，具有一定的教学过程，能体现教师的教学思想和教学策略，让学生通过设计友好的人机界面进行交互式学习，并提供相应的形成性练习供学生在学习过程中进行自测。如图 3-34 所示为"认识几何图形"个别化学习课件图示。

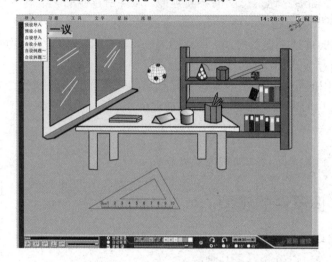

图 3-34　"认识几何图形"个别化学习课件图示

3．模拟仿真型

模拟仿真型教学软件借助计算机图形技术、模拟仿真技术，提供可更改的参数项，当学生输入不同的参数时，能随时真实模拟对象的状态和特征，供学生进行模拟实验或探究发现学习使用。如图 3-35(a)所示为"模拟钢琴键盘"课件界面，如图 3-35(b)所示为英语课件"中国新年"情景模拟图示。

(a)　"模拟钢琴键盘"课件界面　　　　(b)　英语课件"中国新年"情景模拟图示

图 3-35　模拟仿真型课件示例

4．练习型

练习型教学软件主要是通过问题的形式来训练、强化学生某方面的知识和能力。在设计时要具有一定比例的知识点覆盖率，以便全面训练和考核学生的能力水平。此外，考核目标还要分为不同的等级，逐级上升，根据每级的目标设计题目的难易程度。如图 3-36 所示为 College English Test 4 多媒体课件图示。

图 3-36　College English Test 4 多媒体课件图示

5．游戏型

游戏型教学软件是基于学科的知识内容，寓教于乐，通过游戏的形式，教会学生掌握学科知识，并引发学生对学习的兴趣。设计时要注意趣味性强、游戏规则简单。如图 3-37 所示为幼儿"圣诞节快乐"互动游戏课件界面。

图 3-37　幼儿"圣诞节快乐"互动游戏课件界面

6．资料工具型

资料工具型教学软件有工具书、电子字典及各种类型的多媒体素材库等，仅提供某种教学功能或某类教学资料，并无具体的教学内容。这类教学软件在设计时通常都要用到有关数据库的知识，要求设计者具有一定的程序设计能力。如图 3-38(a)所示为国家基础教育资源网界面，如图 3-38(b)所示为动画积件库界面。

(a) 国家基础教育资源网界面　　　　　　(b) 动画积件库界面

图 3-38　资料工具型课件

3.3.3　多媒体课件的制作技术

多媒体课件制作是一个多种媒体集合的过程，包括各种类别的技术，如图形/图像处理技术和工具、动画处理技术和工具，以及课件制作与合成工具等。具体来说，大概可分为以下几类。

3.5_多媒体课件的制作.mp4

(1) 操作系统：常用的操作系统是 Windows 2000/XP/8.0/Server 2003、Linux。

(2) 文字处理：在对多媒体课件的教科书、教案进行脚本处理或文字编辑时，需要用到的处理软件有 Microsoft Word、金山 WPS 等。

(3) 动画处理：在制作和处理动画时，二维动画处理需要的软件有 Flash、万彩动画、AutoDesk Animator Pro 等；三维动画处理需要的软件有 3D Studio MAX、Maya、MicroStation 等。

(4) 图形制作与图像处理：绘图软件有 AutoCAD、CorelDRAW 等；立体图形的绘制和处理可以采用 3ds MAX 等三维软件。对图形进行色彩、色调等处理时，常用的软件有 Photoshop、Freehand 等。

(5) 声音处理：需要有 Windows 系统下的"录音机"软件，或者 Cool Editor、SoundForge、Sound Recorder、Ulead Media Studio 及 Wave Edit 等。利用这些软件既可以进行录音，也可以对声音进行进一步的编辑处理。

(6) 视频处理：大多数计算机上都安装了一种实用性很强的软件——超级解霸，它能够将 VCD、DVD 数字电影转换为 AVI 文件或者 MPEG、TGA 序列动画，供多媒体课件制作时调用，还能对声音信号进行相关的处理。视频处理常用的编辑软件有 Adobe Premiere、Ulead Media Studio、Movie Maker、After Effect、录屏软件、微课制作软件等。

(7) 多媒体编辑：课件的最终合成可采用 PowerPoint、Authorware、Director、Tool Book、Flash、几何画板、流媒体课件制作软件及 FrontPage、Dreamweaver 等网页编辑器软件。

(8) 程序设计：当课件编辑与集成工具不能完成某些特定的功能时，课件制作会用到运行于 Windows 下的一些可视化软件，如 Visual Studio、Visual C++、ASP、PHP、JSP、Delphi 等，它们常常与课件集成工具共同完成某些特定交互或显示等功能。

3.3.4　多媒体课件的制作流程

要想制作出好的多媒体课件，必须把握好多媒体课件制作中的几个重要环节。一般情况下，多媒体课件制作的环节及过程是：选题→学习者分析→教学设计→系统结构设计→原型开发→稿本设计→素材制作→系统集成→评价和修改→发布和应用，如图 3-39 所示。

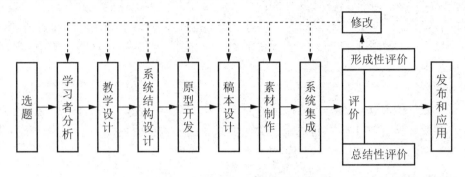

图 3-39　多媒体课件制作流程

1．选题和学习者分析

选题和学习者分析统称为需求分析。其中选题是课件制作的关键。在制作之前，教师要充分做好选题论证工作，尽量避免不必要的投入。要选择那些学生难以理解、教师不易讲解清楚的重点和难点问题，特别是那些能充分发挥图像和动画效果的、不宜用语言和板书表达的内容，对于在课堂上较容易讲解的内容就完全没必要采用多媒体课件的方式。

2．教学设计

进行教学设计是课件制作中的重要环节，是制作多媒体课件的前提。课件效果的好坏、课件是否符合教学需求，关键在于教学设计。设计者应根据教学目标和学习对象的特点，合理地选择和组织教学媒体和教学方法，形成优化的教学系统结构。运用系统论的观点和方法，依照教学目标，分析教学中的问题和需求，确定解决问题的有效步骤。选择相应的教学策略和教学资源，确定教学知识点的排列顺序，根据教学媒体设计适当的教学环境，安排教学信息与反馈呈现的内容及方式，以及人机交互的方式等。

3．系统结构设计

进行系统结构设计实际就是对多媒体课件的总体设计，其设计的要点包括页面设计、层次结构设计、媒体的应用设计、知识点的表示形式设计、练习方式设计、页面链接设计、交互设计、导航设计等。

4．原型开发

在开始制作多媒体课件之前，选择一个相对完整的教学单元，设计制作出这个教学单元的课件原型。通过原型开发设计，确定多媒体课件的总体风格、界面风格、导航风格、素材的规格以及编写稿本的要求和内容。

5．稿本设计

稿本设计是根据教学内容的特点与系统设计的要求，在一定的学习理论的指导下，对每个教学单元的内容和安排以及各单元之间的逻辑关系进行设计，设计出具体的表现形式，编写出讲解的文稿，要显示的文体，所使用的图形表格、图片、动画视频等，还要写出页与页之间相链接的交互方式等具体内容。

1) 文字稿本

文字稿本是按照教学过程的先后顺序，来描述每一环节的教学内容及其呈现方式的一种形式。文字稿本体现了多媒体课件的教学设计情况。在多媒体课件的开发中，首先要进行课件的教学设计，即进行教学目标与教学内容的确定、学习者或用户特征的分析、媒体信息的选择、知识结构的设计、诊断评价的设计等工作，这些设计思路，集中体现在课件的文字稿本中。

2) 制作稿本

多媒体课件的制作稿本能体现课件的系统结构和教学功能，是课件制作直接依据的一种形式。多媒体课件制作稿本通常应包含课件系统的结构说明、知识单元的分析、界面设计、链接关系的描述和制作稿本卡片等。

6．素材制作

媒体素材设计就是设计和构思为了表达学习内容所需要的各种素材或各种媒体，如文本、图像、声音、动画、视频和虚拟现实等。素材制作应该注意以下几个方面。

1) 对文字的设计

多媒体课件中包含了大量的文字信息，是学生获取知识的重要来源，设计时要做到以下几点。

(1) 文字内容要简洁、突出重点。文字内容应尽量简明扼要，以提纲式为主。有些实在舍不去的文字材料，如名词解释、数据资料、图表等，可采用热字、热区交互形式提供，阅读完后自行消失。

(2) 文字内容要逐步引入。对于一屏文字资料，应该随着讲课过程逐步显示，这样有利于学生抓住重点。引入时，可采用多种多样的动画效果，也可伴有清脆悦耳的音响效果，以引起学生的注意。

(3) 要采用合适的字体、字号与字形。文字内容的字号要尽量大，选择的字体要醒目，一般宜采用宋体、黑体和隶书。对于关键性的标题、结论、总结等，要用不同的字体、字号、字形和颜色加以区别。

(4) 文字和背景的颜色搭配要合理。文字和背景颜色搭配的原则：一是醒目、易读，二是长时间看了以后不累。一般文字颜色以亮色为主，背景颜色以暗色为主。表3-2是几种具有较好视觉效果的颜色搭配方案。

表 3-2　文字颜色和背景颜色搭配方案

文字颜色	白色	白色	白色	黄色	黄色	黄色
背景颜色	黑色	绿色	红色	蓝色	黑色	红色

2) 对声音的设计

多媒体课件中的声音主要包括人声、音乐和音响效果声。人声主要用于解说、范读、范唱，在多媒体课件中应用较少。而一些恰当的音乐和音响效果，可以更好地表达教学内容，同时吸引学生的注意力，提高学习兴趣。一段舒缓的背景音乐，可以调节课堂的紧张气氛，有利于学生思考问题。

🔖 **小贴士**

(1) 音乐的节奏要与教学内容相符。重点内容处要选择舒缓、节奏较慢的音乐，以增强感染力；过渡性内容应选择轻快的音乐。

(2) 音乐和音响效果不能用得过多，用得过多反而是一种干扰信息，效果适得其反。

(3) 背景音乐要舒缓，不能过分激昂，否则会喧宾夺主。

(4) 要设定背景音乐的开关按钮或菜单，便于教师控制，需要背景音乐时就打开，不需要时就关闭。

3) 对图形、图像、动画、视频的设计

多媒体课件中，图形、图像、动画、视频占较大比重，设计得好，可以起到事半功倍的教学效果；反之，则有副作用。

🔖 **小贴士**

(1) 图形、图像的内容要便于观察。图形、图像等画面设计要尽可能大，图的主要内容处在屏幕的视觉中心，便于学生观察。

(2) 复杂图像要逐步显示。对于较复杂的图，如果一下子显示全貌，会导致学生抓不住重点，也不便于教师讲解。应随着教师的讲解，逐步显示图形，直到最后显示出全图。

(3) 对于动画和视频，应具有重复演示功能。对于动画和视频图像，学生可能一次没看清，最好设置重复播放按钮，教师可以根据教学需要，重复播放。

7. 系统集成

当各类课件素材制作完成后，课件开发设计人员和美工人员就可以按照制作稿本对课件的界面风格、内容表现及链接导航等方面的要求设计和制作课件。制作课件时，要考虑课件制作的技术选择等问题。

1) 选择制作技术

课件结合网络技术或者多媒体技术将教学内容及教学活动以多姿多彩的形式呈现在教学过程中。其制作技术不必局限于某种创作工具，要根据实际需要采用最简单、最实用的一种，比如 Flash、Dreamweaver 等工具，还有 ASP、JSP 动态网页实现技术以及近年来出现的流媒体合成等技术。

2) 制作课件样例

课件开发人员依据制作稿本，首先制作一两套课件样例，然后让教师、教学顾问、教学设计等相关人员审查。如果大家一致赞同该样例方案，开发人员再按照课件样例完成整个课件的制作；否则，就要依据审查意见进行修改，直到审查通过为止。

3) 注意色彩的合理应用

色彩的应用可以增强课件的感染力，但运用要适度，以不分散学生的注意力为原则。例如，色彩搭配要合理，色彩配置要真实，动、静物体颜色要分开，前景、背景颜色要分开，每个画面的颜色不宜过多。

4）尽量加入人机交互练习

设计多媒体课件时，适当地加入人机交互方式下的练习，既可请学生上台操作并回答，也可在学生回答后由教师操作，这样做能活跃课堂气氛，引导学生积极参与到教学活动中。

5）注意字、图、声的混合

例如，对于一些动画，由于其自身不带声音，设计时，应为动画配上适当的音乐或音响效果，这样可以同时调动学生的视听觉功能，有利于学生记忆，提高教学质量。对于一些重点的字、词、句，除了采用不同的字号、字体和字形加以强调外，也可以运用动画、闪烁等技术，引起学生特别注意。

8．评价和修改

在课件制作过程中，要不断地对课件进行评价和修改，它是课件制作过程中的重要组成部分，也是课件质量的保证。其目的是对课件的性能、效果等做出定性、定量的描述，确认课件的有效性和价值，为课件提供改进意见，并总结课件制作经验。在课件制作过程中，要根据评价结果合理地进行修改，进一步提高课件的质量和效果。

9．发布和应用

课件制作完成后，用户可以用以下几种方式来发布自己的作品：磁盘、光盘和网络。多媒体课件经过多次修改完善后，就可以投入使用，除自己在教学中使用外，还可以进行交流、推广或发行。教师在实际教学中使用课件后，可能会发现这样或那样的不足，因此，课件投入使用后并不是万事大吉，还需要不断地收集课件在教学应用中的反馈信息，不断地对课件进行修改、完善与升级，使之更加符合教学的要求，达到实用、好用的目的。

3.3.5　多媒体课件的制作评价标准

当制作完成一个多媒体课件作品之后，就需要综合运用相关的理论，从课件制作的科学性、实用性、技术性、艺术性和交互性等方面去评价这项作品。多媒体课件是为教学和学习的需要而设计的，因此，选题是否准确、重难点是否突出、是否真正地激发了学生的学习兴趣、是否发挥了多媒体的特点是评价多媒体课件的重要指标。为此，多媒体课件的评价标准一般涉及以下几个方面。

1．选题准确，重点突出

要使课件实用科学，选题一定要准确，一般选择重难点突出并具有一定针对性且适合多媒体手段表现的内容。

2．创设情境，激发学生的兴趣

"兴趣是最好的老师"，因此要特别注意选题的"新""奇""趣"，以激发学生强烈的求知欲，促使他们形成直接的学习动机。要选择与学习内容有直接关系的情境，引入图、文、声、像并茂的多媒体信息，给枯燥的内容创设新颖有趣的情境，充分调动学生眼、耳、脑、口、手多种感官，达到感性认识和理性认识的有机结合。

3．制作精美画面

优美的画面可以让人赏心悦目，能激发学生的兴趣和新鲜感。一个课件中的图像如果没有经过艺术加工处理，就会显得干瘪生硬。

4. 配音效果完美

在制作多媒体课件时，配上轻松的背景音乐、优美的旋律和适当的声响，既能使学习者在轻松愉快的氛围中学习，又能让学习的内容更生动准确，学习者的听觉器官受到刺激，也更容易融入情境中去。在使用背景音乐和音响效果时，要注意分析学习者不同的学习风格，一般采用设置交互按钮的形式，给学习者控制声音的主动权。

5. 交互性强

开发多媒体课件时，一定要确保课件有灵活的交互性，对每一操作步骤都可以让用户自行按提示或解说进行操作，在用户不能正确操作时可以自动进行演示。这样的课件，可以更好地满足学习者在内容和学习风格等方面的不同需求，有利于学习者自主学习。

6. 衔接性好

衔接性的好坏往往会直接关系到该课件的成功与否。制作时，要特别注意各个内容之间的先后关系或并列关系，层次分明，思路清晰。

7. 制作过程精细

多媒体课件的设计开发是一个细致的过程，课件制作时要从设计和应用着手，根据学生的接受能力和需要，制作出使学生能在有效的时间内获得较多信息，又留有观察、思考、想象的空间及演练机会的课件。要确保课件运行时所有的链接准确无误，考虑课件在不同计算机上的适应性。

3.3.6　多媒体课件的教学应用

计算机媒体在教学中的应用归根结底是各类课件在计算机硬件中发挥作用。为此，我们在这里主要说明多媒体课件在教学中的应用。

1. 课堂集中演示教学

这种教学模式是在课堂教学中，在多媒体综合教室或多媒体 CAI 网络教室的环境下，由教师向全体学生播放多媒体课件的片段，演示教学过程，创设教学情景，或进行标准示范等。

2. 课堂学生自主(协作)学习

这种教学模式是在课堂教学中，在多媒体 CAI 网络教室的环境下，教师向学生提出学习要求，学生利用学生工作站进行个别化自主学习。对于具有协作学习功能的多媒体 CAI 网络教室，学生还可以利用网络的通信功能进行协作学习。在学生进行自主学习或协作学习的时候，教师可对学生进行监控或个别指导。目前，在学校的课堂多媒体教学中，集中演示教学模式和学生自主学习模式常常结合在一起使用。

3. 专业技能训练

这种教学模式是在课堂教学中，在学科多媒体专用教室的环境下，利用专门的教学功能进行专业技能的示范和训练，或进行特殊环境的仿真、实验数据的分析和处理等。

4．课外学生检索阅读

这种教学模式是学生在课余时间，在多媒体电子阅览室的环境下，进行资料的检索或浏览，以获取信息，扩大知识面。

3.4　网络课件的设计与应用

3.4.1　网络课件的概念及特点

网络课件是一种根据预定的教学目的，对教学内容经过教学设计，以网页形式组织多媒体信息元素来完成制作并运行在网络环境下的课件。由于其基于网络的开放性、

3.6_网络课件的特点及制作技术.mp4

交互性及可控制性特点，容易激发学生的学习兴趣和提供丰富的学习内容，使得教师通过网络多媒体手段进行授课和从事相关的教学活动更加便利。

总体来说，网络课件具有以下五个特点。①跨时空性。网络课件最大的一个特点在于其摆脱了时间和空间上的局限，使得教学活动更灵活，更能体现学习的自主性，满足个性化的要求。②共享性。通常网络课件提供大量的与教学内容相关的教学信息与教辅资料，该教学资源可在网络环境下被不同的学习者所共享，可以大大提高教学资源的利用率。③交互性。网络课件的交互性主要是指教师与学生的交流及学生之间的交流。在网络课件使用过程中，学生与学生、学生与教师可以利用网络所提供的在线讨论、网上答疑、网上考试、互发电子邮件及网上论坛等进行交流。④时效性。根据不同的需要，可随时对网上的教学内容及教学资源进行补充、修改或更新，使教育的时效性得到增强。⑤多媒体性。通过网页形式开展教学的网络课件，根据具体知识的要求采用文本、声音、图形、图像等多种表现形式，能为学习者提供界面友好、形象直观的交互式学习环境，能够提供图、文、声、像并茂的多种感官刺激，还能按超文本、超链接的方式组织、管理学科知识和各种教学信息。

📖 知识扩展

网络课件包括静态网络课件和动态网络课件。静态网络课件一般使用 HTML 语言编写，比如使用 Adobe Dreamweaver 设计和编写课件等；或者用其他软件转换成静态网络课件，如 Flash、PPT 或者 Authorware 等。动态网络课件的数据信息可以自动更新，后台有动态数据库支持，这样的网络课件一般称为网络课程。2012 年，大型开放式网络课程(MOOC)日益受到瞩目，美国的顶尖大学陆续设立网络学习平台，在网上提供免费课程，Coursera、Udacity、edX 三大课程提供商的兴起，给更多学生提供了系统学习的可能。2014 年 5 月，中国教育部爱课程网和网易合作推出了拥有中国自主知识产权的 MOOC 平台——中国大学 MOOC。如图 3-40 所示为中国大学 MOOC 平台(网址：https://www.icourse163.org/)。

图 3-40　中国大学 MOOC 平台

3.4.2　常见的网络课件模式

网络课件以什么样的结构和模式来组织教学内容，会受许多因素的影响，如学习者的特点、教学策略、学习模式、媒体素材的特点、课程性质和教学内容等。没有一种对每一个学习者都最适合的网络课件结构模式。下面介绍常见的网络课件模式。

1. 导航驱动式网络课件模式

基于导航的网络课件体现了网络自身的特点。由于网络课件具有信息量大、开放性等特点，学习者在学习过程中容易迷航，从而导致学习效率低下，因此在网络课件中设计清晰、明确、符合学生认知心理的导航系统是非常重要的。导航驱动式网络课件模式又可进一步划分为知识点、页面框架和站点地图等导航模式。

1) 知识点式导航模式

知识点式导航模式是以知识点为依据的，在每个知识点之间或者以某个知识点为中心建立的导航模式。以知识点组织的导航系统可以将分散的知识点有序排列，对于学习者理解内容、拓宽视野以及培养学习者的兴趣都非常有好处。但是，以知识点组织的导航模式不利于学习者把握整个课程的内容与关系，易出现重局部、忽视整体关系的问题。其基本网页构图如图 3-41 所示。以知识点组织的导航模式具有以下优点。

(1) 有利于学习者清楚了解学习某个内容的必备知识和后续内容。

(2) 有利于学习者理解所学习的知识内容。

(3) 有利于学习者清楚知识点之间的关系，加深对学习内容的重、难点理解，避免迷航。

(4) 避免重复性的知识学习，促进了个性化学习，提高了学习效率。

实践

在网上查阅与本专业相关的知识点式导航网络课件或者网络课程，分析其设计和组织特点。

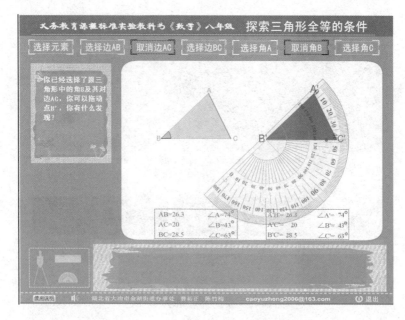

图 3-41　知识点式导航模式网络课件

2) 页面框架式导航模式

页面框架式导航模式是以一个或几个稳定的框架页面来呈现教学内容的导航模式。在网络课件设计中，页面框架使用非常普遍，如窗口左边是页面导航模式，右面呈现链接的教学内容；或标题导航，主体部分呈现链接的教学内容；或采用链接导航菜单栏的方法。其基本网页构图如图 3-42 所示。页面框架或导航的优点如下。

图 3-42　页面框架式导航模式

(1) 保持了课件的整体性和导航的灵活性，避免因页面变化大而转移学习者的注意力。

(2) 结构清晰，有利于学习者方便地学习和检索教学内容。

(3) 有利于内容组织，可以节省制作网络课件的资源，一个框架可以多次使用。

(4) 有利于讲授型教学模式和个别化学习模式。

实践

在网上查阅与本专业相关的页面框架式导航网络课件或者网络课程，分析其设计和组织特点。

3) 站点地图式导航模式

站点地图式导航模式是按照一定的规律(如章节)排列所有的页面，学习者可以从任意一个页面进入其中进行学习。其基本网页构图如图 3-43 所示。这种模式的优点如下。

(1) 容易把握课程内容各个页面之间的先行后续关系。

(2) 学习者可以进行随机进入式学习。如将网络课件的页面标题作为链接源，学生可以直接单击标题进入学习。

(3) 有利于学生自主学习和课堂教学使用。

但是站点地图式导航模式并没有考虑到知识点内部的关系，缺乏知识点间关系的导航。

图 3-43　站点地图式导航模式

实践

在网上查阅与本专业相关的站点地图式导航网络课件或者网络课程，分析其设计和组织特点。

2. 媒体同步驱动式网络课件模式

媒体同步的网络课件是指学习内容、知识点链接以及媒体之间相互同步，并具有自动翻页和调整的特性的课件。其基本网页构图如图 3-44 所示。因此，通过媒体同步方式优化媒体组合设计学习内容是非常必要的。媒体同步驱动的网络课件可以分为基于事件的媒体同步驱动方式、基于同步语言的媒体同步驱动方式。

1) 基于事件的媒体同步驱动方式

基于事件的媒体同步驱动方式是在驱动媒体中嵌入事件，通过媒体的播放，驱动事件运行，从而触发相关页面显示。教育中典型的应用是通过视频或音频的运行，将知识点内容的显示当作"事件"触发，随着学习进程，与知识点相关的内容同步显示。目前常用的两种同步方式是顺序方式和事件驱动方式。

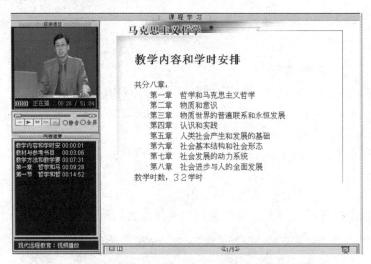

图 3-44　媒体同步驱动式网页

2) 基于同步语言的媒体同步驱动方式

基于同步语言的媒体同步驱动方式是按一定的学习顺序、以时间轴为主线来驱动其他各种媒体运行的方式。如用软件 Microsoft Producer 来制作的网络课件，可以同步集成声音、视频、网页、图像、PowerPoint、Word 等多种媒体。

知识扩展

试结合第 8 章，查阅相关内容，思考如何设计一个网络课件的基本框架。

3.4.3　网络课件结构的设计策略

网络课件结构的设计与网络课程设计的基本原则一样要注重教学目标、教学对象及教学内容分析；体现"以学为中心"的教学思想；强调利用资源来支持"学"等。此外，网络课程结构的设计还应考虑以下几个方面。

(1) 交互的灵活性。交互性有助于激发学生的学习兴趣，良好的网络课件结构既提供给学生所需的知识，又需要及时对学生的学习活动做出相应的反馈。

(2) 导航的便捷性。网络教学需要对学生在线学习进行导航，避免学生因为学习资源的太丰富而迷失方向，偏离学习目标，降低学习效率。因此，成功的网络课程应具有有效的导航结构。

(3) 内容结构清晰性。课程设计清晰、明确、简单，符合学生的认知规律，在疑难问题、关键知识点上应提供多种形式和多层次的链接方式，通过多层面、多样性内容的学习促进知识理解。

(4) 界面设计的合理性。界面布局应适应于学习者操作习惯和认知规律。

(5) 支持学习环境的创设。在组织、设计、制作教学课件结构时注重学习情境创设，强调"情境"在学习中的重要作用，注意信息资源多向支援的设计；强调利用各种信息资源来支持"学"，强调以学生为中心，注重"自主学习"和"协作学习"课件结构的设计。

(6) 能适应多种学习模式的需要。网络课件结构设计应能为自主学习与协作学习、课堂讲授等教学模式提供支持。

(7) 有利于教学内容的优化组合。综合媒体的同步显示为丰富的教学环境的创设提供了可能，它能给学习者学习内容的多感官刺激，促学习效率的提高。

3.4.4 网络课件的制作技术

网络课件主要实现资源的最大共享，因此，一般都采用与当前网页浏览器相关的技术。常用的网络课件制作技术有以下几类。

1．单机型课件制作技术

适应用户的需求，很多单机型课件制作技术都具有网络发布功能。利用这些课件制作技术先完成单机型课件的开发，然后再利用其网络发布功能，使得单机型课件也可以成为网络课件。这些单机型课件包括 Authorware、几何画板以及 Flash 等软件。如图 3-45 所示为 Flash 软件网络发布后在浏览器中显示的界面。

图 3-45　Flash 软件网络发布后在浏览器中显示的界面

2．静态网页制作工具

目前，设计与制作静态网页的工具比较多，这类工具包括 Adobe 公司系列软件、文本编辑器、FrontPage、Dreamweawer 等网页开发工具。这种网页开发工具界面友好，而且操作简单，非常适合初级网页制作者和网页页面的布局。

3．动态网页页面制作技术

动态网页制作设计是网络课件制作技术的方向。一般来说，这些技术的实现是通过一系列的软件系统联合完成数据信息的动态管理。数据库系统一般采用 Access、SQL Sever、MySQL 以及 Oracle 等数据库及管理系统，辅助开发工具包括记事本、Dreamweaver 以及

Jbuilder 等页面布局和程序编写工具。常用的动态网页页面制作技术一般有 ASP、JSP 等。

4. 流媒体网络课件的制作技术

目前的流媒体网络课件制作技术一般有三种：第一种是直接利用流媒体课件制作工具，如课件快手、MS Producer For PowerPoint 直接生成网络课件；第二种是直接利用流媒体工具，如利用 Real Plus 等流媒体制作生成流媒体文件，在教学和学习中直接使用；第三种是利用媒体同步语言 SMIL，将相关媒体信息、网页信息放置到合适的位置，然后合成，即可生成新的聚合各类资源信息的同步流媒体网络课件。第三种技术相对来说比较难以掌握，建议大家使用前面两种方式生成流媒体网络课件。如图 3-46 所示为利用 Real Plus 流媒体课件制作技术制作的课件界面。

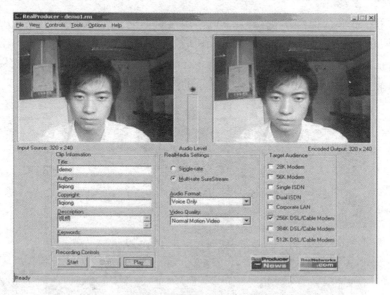

图 3-46　利用 Real Plus 流媒体课件制作技术制作的课件界面

小贴士

①登录我国精品课程网 MOOC 网站，观看流媒体课件的视频播放效果。②目前的视频网站，如优酷等，其视频文件主要是 FLV 文件。

3.4.5　网络课件的评价标准

网络课件依据其使用的媒体、教学任务或活动可划分为流媒体网络课件和网络课程型网络课件，因为它们的评价侧重点有所不同，所以其评价标准也有所不同。

1. 流媒体网络课件的评价标准

流媒体网络课件是一种包含教师视频、声音和电子教案的多媒体课件。其评价标准如表 3-3 所示。

2. 网络课程型网络课件的评价标准

这种类型的课件具有完整的知识结构，能反映一定的教学过程和教学策略，提供相应的形成性练习供学生进行学习评价，并设计许多友好的界面让学习者进行人机交互活动。利用个别化系统交互学习型多媒体课件，学生可以在个别化的教学环境下进行自主学习。其评价标准如表 3-4 所示。

表 3-3　流媒体网络课件评价标准

项　目	评价内容	分　值
教学内容	目标明确、体系完整，符合课程教学要求，与教材和教学大纲保持良好的统一性	20
	教学内容取材合适，重点突出，具有启发性和实用性，内容表现科学、规范、准确	10
	完整的体系，包括课程绪论(导学)、课程内容、总复习和习题讲评	10
技术要求	文字通畅，图表正确、清晰，图文密切配合。讲稿应提纲挈领，但页数不能过少	10
	公式、名词、术语、符号(如序码、代码、上下标符号)等符合国家电子出版物的统一规定，若沿用习惯用法须全文一致并与印刷文本的教材保持一致，计量单位、标点符号、文字等符合国家标准。层级标题和项目符号不能混用	10
	一门课程的电子教案应采用统一模板，保持整体风格的一致性。模板的选择应考虑教学目的，有较大的反差对比且美观大方为宜	10
	一门课程的电子教案的标题及子标题的字体、字号和颜色等宜全部保持一致；字体建议使用黑体和幼圆加黑；正文字号不得小于 28，如果使用深色模板，文字颜色不使用红色和绿色，标题字号不小于正文字号	10
	图片、视频、音频等素材要满足课堂教学活动的需要，应达到"视图合理，图像清晰，色彩鲜明，音色优美，动画流畅"的要求	10
	讲稿的内容出现应该与授课同步，有一定的指示标记，动画设置时一般不宜使用耗时过长的动画效果，如回旋等	10
备注	按以上标准，得分在 60 分以上的课件为合格	

表 3-4　网络课程型网络课件评价标准

项　目		评价内容	分　值
教学设计	课程定位	声明课件的使用对象以及所需的基础知识	5
	学习目标	课件中有明确的学习目标或教学基本要求陈述，以及进度安排(体现到章节)	5
	教学交互	课件中利用网络特性，设计有效的师生交互和学生之间交互的学习活动，包括专题讨论、网上协作、网上练习等	10
	练习设计	提供练习或测试(至少到章/讲)	5
	学习评价	包括作业评价、在线练习反馈等。评价应该是及时、有效和可靠的	5
教学内容	科学性	教学内容正确，无科学错误，模拟仿真准确	10
	内容规范	文字、符号、单位和公式符合国家标准、学校的相关要求	10
	知识覆盖面	知识点覆盖面达到了课程定位的要求	5

项　目		评价内容	分　值
教学内容	支持教学的资源	课件中提供与学习内容相关的丰富资源，充分体现网络资源的共享性	5
可用性	导航	导航清晰、明确	5
	链接	链接准确	5
	帮助	联机帮助及时有效、易读、易懂	2
	可控性	学习者可以控制多媒体信息的呈现	4
	安全性	学习者不能随意删除或添加数据	4
	界面设计	页面的长度适中；页面元素布局合理；按统一的风格设计页面；色彩协调；教学内容、层次表现分明；全局导航设计合理	10
文档资料	技术文档资料	软件要有完整的技术文档材料，包括技术实现方式、运行环境和具体的用户使用手册	10
备注	按以上标准，得分在60分以上的课件为合格		

3.4.6　网络课件的教学应用

　　网络课件是相对于单机型多媒体课件而言的。网络课件主要借助计算机网络实现有效的文本信息、图像、动画信息以及相关应用程序的信息资源共享，最大限度地共享网络教学资源，从而达到优化教学的目的。网络课件的教学应用非常广泛，主要表现在以下几个方面。

1. 课堂教学

　　无论是教师还是学生，都可以利用网络课件进行有计划的学习。在课堂教学中，教师可以利用网络课件实现网络教学，组织相关的网络教学活动，学生则可以利用网络课件实现自主学习、协作学习。另外，可以使用实时采集和发布设备，配合流媒体技术和利用校园网来现场直播课堂教学，学生在校园网的任何一个接入点都能实时观看。现场直播结束后，即可生成基于流媒体方式的教学节目，并且存储到校园网的服务器上，学生可随时从服务器上回放教学的整个过程。

2. 网上教学与培训

　　利用流媒体技术制作网页型的教学课件，能做到教师讲解的视频图像、音频信号和讲义内容同屏显示，而校园网的带宽可保证音、视频内容平滑流畅，学生上网即可学习课程。使用流媒体技术制作的动画或演示可以直接插入网页中，学生可以使用网页型在线帮助，获得操作演示。在技能培训方面，许多基本的培训项目，可以使用文字、图像、声音和视频来制作多媒体演示，使教学过程生动形象。

3. 远程教学

　　网络远程教学可分为同步、异步两种教学模式。异步教学模式也就是采用Web浏览技术，工作人员先将多媒体网络课件放到服务器上，用户只需将其下载到本地计算机上，需要学习或者观看视频、音频资料时再进行播放。同步教学模式则是让每个学生都能感受"面对面"教学，既可以和其他学生进行协作学习、讨论问题，又可以和授课老师实时交流。

📖 知识扩展

国家精品课程是具有一流教师队伍、一流教学内容、一流教学方法、一流教材、一流教学管理等特点的示范性课程。精品课程把学术研究成果转化为教学内容，突出教学特色，是集科学性、先进性、教育性、整体性、有效性于一身的主干课程。如图 3-47 所示为国家精品课程资源网界面。国家精品课程资源网网址：http://www.jingpinke.com/。

图 3-47　国家精品课程资源网界面

3.5　数字化教育电视教材的制作与应用

教育电视是传统教育和电视媒介互相结合的一种新型的教育模式，它是指应用广播电视设备系统，结合电视媒体的传播方式来进行教育的一种社会活动，与之相配套的教材称为电视教材。随着现代信息技术的飞速发展，广播电视制作技术进入了数字化时代，数字化教育电视教材应运产生。

3.7_电视教育.mp4

3.5.1　数字化教育电视的概念及特点

教育电视是一种用电视手段呈现信息内容的教学材料，在数字化教育电视节目制作中，对于教学材料的产生、加工和教学信息的呈现都是以数字化方式进行贯穿和运作的。比如，目前的摄录一体化摄像机可以直接产生数字信号；非线性编辑系统可以对音频和视频随时进行数字化编码、放大和处理；通过硬盘或光盘以数字化的方式对节目进行存储；在传播过程中，可以应用多媒体播放软件随意选择节目的时值。

与传统的教育电视相比，数字化教育电视有以下几个特点。

(1) 实现了数字技术控制电视制作设备。

(2) 采用数字技术对电视节目进行创作。

(3) 利用虚拟演播室制作教育电视节目。

(4) 使用非线性编辑系统进行后期合成。

(5) 利用网络技术实现资源的共享和传输。

3.5.2　数字化教育电视的设备系统

数字化教育电视的设备系统主要是指在数字化教育电视制作过程中所要使用的电视设备，主要包括数字摄像机、数字录像机、非线性编辑系统和虚拟演播室系统等。

1. 数字摄像机

1) 工作原理

摄像机是数字化教育电视制作的一个重要的视频信号源设备。它利用光学系统将被摄景物的光像分解成红、绿、蓝三基色光像，并分别成像在摄像器件的感光面上，再利用光电转化系统(摄像器件)完成光信号到电信号的转换，红、绿、蓝三基色电信号进入电路系统，进行放大处理，最后从编码器输出彩色全电视信号。摄像机是一种把景物光像转化为电信号的装置，其工作原理是一个"光"—"电"—"光"的能量转换过程。如图 3-48 所示为两款常见的数字摄像机。

图 3-48　数字摄像机

2) 基本构成

一般的摄像机由镜头、寻像器和机身三部分构成，另外，还包括一些其他辅助设备，如蓄电池、三脚架、话筒、磁带和电缆等。镜头是摄像机最主要的组成部分，摄像机之所以能摄影成像，主要是靠镜头将被摄体转换成影像投在摄像管或固体摄像器件的成像面上。它是决定电视画面质量最主要的因素。如图 3-49 所示为数字摄像机镜头。

图 3-49　数字摄像机镜头

镜头焦距是指从镜头中心到摄像管或固体摄像器件成像面的距离，根据其大小主要分为广角镜头、标准镜头和长焦镜头。镜头焦距不同，其取景范围、空间透视变化、景深均不同：广角镜头景深大、视角广，具有较强的透视感；标准镜头其视角和透视关系接近人的视觉习惯；长焦镜头景深小、视角窄，透视感较弱。摄像机镜头一般都是变焦镜头，具备了在一定范围内连续变化焦距而成像位置不变的性能。

镜头能够把空间中一定范围的景物清晰地反映在成像平面上，前后的纵深距离即为镜头的景深。景深的大小与焦距长短、光圈大小成反比，而与物距长短成正比。

3) 主要性能

数字摄像机的性能主要考虑它的信噪比、最低照度、重合精度、水平清晰度、CCD 像素等。

(1) 信噪比。信噪比是信号电压对于噪声电压的比值，通常用符号 s/n 来表示。摄像机的信噪比与画面的干扰噪点的强弱有直接关系，信噪比越高，干扰噪点就越弱。信噪比的典型值为 45～55 dB，若为 50 dB，则图像有少量噪声，但图像质量良好；若为 60 dB，则图像质量优良，不出现噪声。

(2) 最低照度。最低照度也称灵敏度，是 CCD 正常成像时需要的最暗光线，用同一照度下拍摄同一景物得出额定输出时所用的光圈的大小来衡量。其数值越小，表示所需的光量越少，则说明摄像机的灵敏度越高。

(3) 重合精度。重合精度用于衡量彩色摄像机红、绿、蓝三个光栅重合配准的程度。

(4) 水平清晰度。水平清晰度即水平分解力，也称为水平分辨率，是指图像中心部分沿水平方向能够分辨的电视线数。分辨率越高，图像的清晰度越好。如水平清晰度 700 线比600 线要好。

(5) CCD 像素。CCD 像素决定了画面的清晰程度，像素越多，分辨率越高，图像的清晰度也越高。

实践

试比较数字摄像机镜头和普通模拟型摄像机镜头的相同点与不同点。

4) 主要调节和操作

(1) 白平衡调整：由于 CCD 输出的不平衡性造成摄像机在不同光线下拍摄的时候，容易导致画面彩色还原失真，即图像偏蓝或偏红。白平衡调整一般有自动和手动两种，自动调整中有连续和按钮两种方式，在连续方式中，白平衡设置在 2800～6000 K 之间；按钮方式是指先让摄像机镜头对准一个白色的物体，让白色充满画面，然后按动白平衡按钮，此时白平衡设置在 2300～10 000 K 之间。当拍摄时的光线超出所设定的范围时，自动白平衡功能就不能正常工作，这个时候就要使用手动白平衡调整。

(2) 电子快门：相当于控制图像传感器的感光时间，当拍摄运动的物体时，使用较高的快门速度，可以在画面上形成动体停顿效应，从而避免了因为光量在 CCD 上的不足引起的摄像机灵敏度的降低。

(3) 自动增益控制：摄像机在低照度条件下运动时，适时开启自动增益控制，可自动增加摄像机的灵敏度，保证摄像机在大范围的光照条件下拍摄出清晰的画面。

(4) 背景光补偿：当前景和背景形成明显的明暗反差(前景太暗而背景太亮)时，自动增益控制的工作点对于前景是不合适的，此时应开启背景光补偿。

2. 数字录像机

以前的磁带录像机是以磁带为存储媒体对视频信号进行记录、存储和重放的设备，数字录像机则指的是记录在磁带上的视频、音频都为数字信号的录像机，它是教育电视节目制作和播出的重要设备。常见的数字录像机如图 3-50 所示。

图 3-50　数字录像机

1) 工作原理

数字录像机记录时，可以接收模拟和数字两种输入信号，当输入的是模拟信号时，通过 A/D 转换器将其先变为数字信号，经过录像机的记录系统形成适合记录的信号形式，最后送往安装在磁鼓上的磁头，将信号记录在视频磁迹上；重放时，磁头沿磁迹拾取信号，将信号送往重放系统，通过 D/A 转换器将数字信号再次转换为模拟信号，如图 3-51 所示。

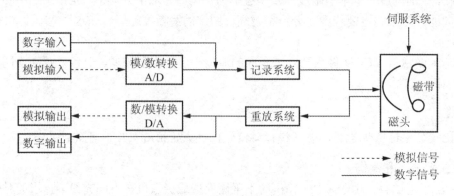

图 3-51　数字录像机原理

2) 数字录像机分类

数字录像机主要有复合数字录像机和分量数字录像机两大类型。复合数字录像机在其工作过程中，是把全彩色电视信号中的亮度信号和色度信号作为一个整体记录在同一条磁带上，如 D-2 格式；分量录像机则是把全彩色电视信号中的亮度信号和色度信号分离开来，然后记录在各自的磁带上，如 D-1 格式。

3) 数字录像机的记录格式

全数字记录和码率压缩记录是目前数字录像机的两种记录格式。全数字记录是一种非压缩记录，对输入的信号进行直接的记录，诸如 D1、D2、D3 和 D5 系列的录像机；码率压缩记录是一种采用压缩技术来降低码率的记录，诸如 SONY 的 Digital Betacam、Betacam SX、DVCAM、MPEG IMX，松下的 DVCPRO、DVCPRO 50，JVC 的 Digital-S(D9)等。全数字记录录像机由于是无损记录，保持了信号的原有水平，图像质量最高，但价格昂贵，目前未能得到普及。码率压缩记录录像机在保证图像质量的情况下对信号进行压缩，减少了数据量，降低了成本。

📖 知识扩展

①你知道数字录像带有哪几种类型吗？②如果你手头有一盘录像带，可否用数字录放机播放呢？为什么？

3. 非线性编辑系统

随着计算机技术和多媒体技术在广播电视领域的应用和普及，非线性编辑系统正在以其强大的功能逐渐取代以磁带为存储介质的传统的电子编辑。

1) 非线性编辑的概念

传统的线性编辑系统只能按照时间顺序进行编辑，过程是线性的。非线性编辑是一种硬盘编辑方式，操作过程是由计算机编程来完成的，在编辑过程中，打破了传统编辑中时间顺序的限制，可以任意对素材的长短和顺序进行处理，其编辑过程是"非线性"的。如图 3-52 所示为非线性编辑系统示意图。

图 3-52 非线性编辑系统

📖 知识扩展

非线性编辑软件有哪些？Adobe Premiere 和 Movie Maker 软件可以编辑数字视频吗？

2) 非线性编辑系统的组成

非线性编辑系统集传统编辑中的录像机、字幕机、视频切换台、编辑控制器和调音台等的功能于一身，是一个扩展的计算机系统，其基本构成有硬件和软件两个部分。

硬件系统主要包括计算机平台、非编卡和 SCSL 硬盘阵列三部分。该系统主要完成数据的输入/输出、压缩/解压缩、存储任务。

(1) 计算机平台：通常采用工作站、Mac 和 PC 为平台建立非编系统。PC 平台是当今的主导型系统，对于计算机配置有一定的要求(推荐)，如图 3-53 所示。

CPU	------------→	P4、P4 3.06 GHz
内存	------------→	512 MB DDR400
主板	------------→	华硕i865或者i875芯片主板
硬盘	------------→	120 GB、7200转(两个：一个用于系统,另一个用于视频素材)
显示器	------------→	17英寸(两个)
服务器电源	------------→	400 W

图 3-53　PC 的非线性编辑系统配置基本要求

(2) 非编卡：非编卡主要具有 A/D 及 D/A 之间的转换、压缩及解压缩、编码及解码和硬件特技等功能，按照其用途可以分为广播级、专业级和普通级。常用的非编卡有电视卡、IEEE 1394 卡、DV 编辑卡。

(3) SCSL 硬盘阵列：它是一种外挂的视频文件存储器，同时加配硬盘加速卡，能够在很大程度上提高非线性编辑系统的性能。

软件系统主要由非线性编辑软件以及二维动画软件、三维动画软件、平面图形图像处理软件和音频处理软件构成，如表 3-5 所示。如图 3-54 所示为 Adobe Premiere 的操作界面，如图 3-55 所示为 Adobe After Effects 的操作界面，如图 3-56 所示为北京中科大洋非线性编辑系统的操作界面。

表 3-5　非线性编辑软件系统构成

软件类型	常见软件	主要性能和特点
非线性编辑软件	Adobe Premiere、Adobe After Effects	Adobe Premiere 使用多轨的影像与声音来生成 AVI、MOV 等动态影像格式；Adobe After Effects 能完成多层视频画面效果处理，是一种多层视频特技制作软件
二维动画软件	Flash MAX	Flash MAX 是一种二维的绘画及卡通动画软件
三维动画软件	3D MAX、Softimage	3D MAX 三维动画软件图形输出质量高，运算速度快，具备直观的建模和高速的图像生成能力
平面图形图像处理软件	Adobe Photoshop、Freehands	Photoshop 是真彩色和灰度图像编辑处理软件，对于 TIF、TGA、PCX、GIF、EPS、BMP、PSD、JPEG 等图像文件格式都能支持
音频处理软件	Cool Edit Pro、Cake Walk	Cool Edit Pro 是一款具有强大功能和多样效果的多轨录音和音频处理软件；Cake Walk 是专门进行 MIDI 制作的音序器软件

图 3-54　Adobe Premiere 的操作界面

图 3-55　Adobe After Effects 的操作界面

图 3-56　北京中科大洋非线性编辑系统的操作界面

3) 非线性编辑系统的工作流程

非线性编辑系统的工作流程可概括为：首先采集来自信号源的视频和音频，对于模拟信号经过非编卡进行 A/D 转换，然后经过数字压缩后形成数据流存储到硬盘中，再通过非编软件对原始素材进行相应的编辑、添加字幕、添加特技等处理，把信号再经过编辑卡进行 D/A 转换、解压，最后分别以模拟信号和数字信号两种形式进行录制或者直接进行节目的播出，如图 3-57 所示。

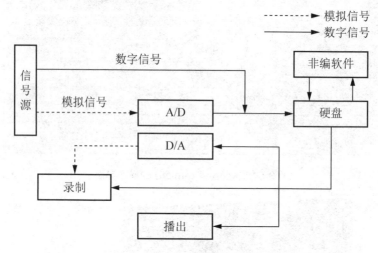

图 3-57　非线性编辑工作流程

📘 **小贴士**

北京中科大洋科技发展股份有限公司成立于 1989 年，作为中国广电行业最知名的专业解决方案提供商和服务商，它主要从事广电专业设备及相关产品的研制开发、生产和集成，为客户提供专业的解决方案和运维服务。它涵盖了广播电视行业采、编、制、播、存、管的全流程，产品包括"非线性编辑系统""图文制作播出系统""视频服务器系统""多画面监视控制器系统""广告串编系统""新闻网络系统""节目制作网络系统""媒体资产管理系统""智能收录系统""数字化总控硬盘播出系统""数字媒体内容管理平台"等。产品和服务被广泛应用于广播电视、网络通信、政府机构、企业、医疗、教育等多种行业和机构。

(资料来源: http://www.dayang.com.cn)

4．虚拟演播室系统

虚拟演播室必须具备三个系统：摄像机跟踪系统、虚拟背景生成系统和色键合成系统。摄像机跟踪系统要能及时获取摄像机运动参数；虚拟背景生成系统要能实时生成与前景图像保持正确透视关系的背景图像；色键合成系统将来自摄像机的前景和生成的背景在色键合成器中合成并输出。如图 3-58 所示为虚拟演播室示意图。

传统的色键技术是指把在演播室中蓝色幕布前的景物叠加到另一个背景上，其缺陷是当摄像机做摇移、俯仰、变焦等各种运动时，前景和背景二者的变化在透视关系表现上是不相称的，有失真的现象。虚拟演播室将传统的色键技术和计算机图形技术相结合，克服了摄像机不能与背景同步运动的现象，做到了前景和背景的有机统一。

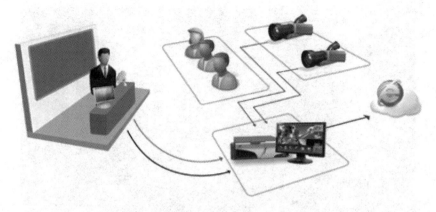

图 3-58 虚拟演播室

　　摄像机跟踪系统利用机械跟踪方式和图像分析识别方式获得摄像机运动参数，包括机头运动参数(如摇移、俯仰等)、镜头运动参数(如光圈、变焦、聚焦等)和空间位置参数(如地面位置和高度等)，然后根据这些参数控制虚拟背景生成系统，从而使虚拟背景与前景保持正确的透视关系。最后利用色键合成器将前景和虚拟背景进行合成并供节目播出。传统图像中的失真问题在虚拟演播室中得到了很好的解决，虚拟现实的制作形式降低了节目的制作成本，而且突破了时空的限制，为创作人员发挥想象力提供了自由空间，有利于创造丰富多彩的视觉世界。如图 3-59 所示为虚拟演播室系统原理简图，如图 3-60 所示为虚拟演播室实景示意图。

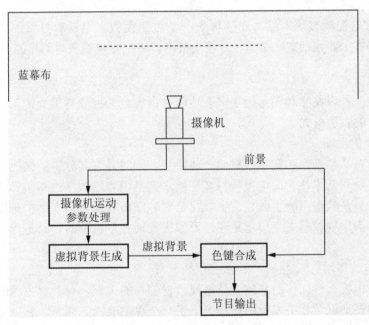

图 3-59 虚拟演播室系统原理

图 3-60　虚拟演播室实景

3.5.3　数字化教育电视教材的制作

数字化教育电视教材的最大特征是计算机参与了制作的全过程，教材的完成是人机交互的产物，其中各种功能的计算机软件发挥了重要的作用。与传统模拟教育电视教材的制作过程一样，数字化教育电视教材的制作一般要经过前期准备、现场制作和后期编辑三个阶段。

数字化教育电视教材稿本编写和教材录制是数字化教育电视教材编制的两个基本阶段。电视教材稿本主要包括文字稿本、分镜头稿本，它们是电视教材创作的基础。

1. 文字稿本

文字稿本是一种以文字和图形为主来表达教学内容，为编导提供分镜头使用的书面材料，是电视教材的表现形式。

1）文字稿本的性质

文字稿本兼有文学剧本和文字教材的一些特点，同时具有其独特的性质。文学剧本追求其内在的故事性和艺术性，而电视教材文字稿本则把内容的教学性和科学性作为主要目标，故事和艺术只是其借用的手段。文字教材是对教学内容的直接表述，是以教师和学生为传播对象的，而电视教材文字稿本是通过形象去表现教学内容的，只是作为分镜头使用的书面材料。

2）文字稿本的作用

文字稿本是电视教材创作的基础，是电视教材创作的大纲，对教材主题的确立、结构的建立、形象的塑造以及相关素材的搜集提出了一个总的要求。同时，它也是编制人员进行分镜头稿本创作的重要依据。

3）文字稿本的格式

依据教学内容采取不同的格式，对于电视教材编制具有重要意义。文字稿本常用的格式有讲稿式、图解式和声画式。

（1）讲稿式稿本。讲稿式稿本是以教师形象为电视画面主体，以教师的讲解内容为解说词，在需要用其他图像作为电视画面代替教师形象时，要求在相应的解说词上作出说明。例如，在某段讲解词需配合板书，在某段讲解词需插入某些图表、固定图像或活动图像等。这种格式主要适用于讲授型电视教材。

例如，同学们，上节课我们讲了"知识的理解"，今天讲"知识的保持"(显字幕)。知识的保持在学习过程中起着十分重要的作用，如果边学边忘，那就一无所得，一个人将永远处于他初生时的状态。所以我们要研究遗忘的规律，帮助学生与遗忘做斗争，加强知识的保持。下面首先介绍："一、关于保持问题的初始研究与测量方法(板书)"……

(2) 图解式稿本。图解式稿本是在电视画面简图旁边加对应的解说词。这种格式主要适用于图解型电视教材。图解式稿本示例如表 3-6 所示。

表 3-6　图解式稿本示例

画　面	解 说 词
标有温度和常压的氧气瓶放出氧气(有声)，依次在图像上显示"无味、无色、气体"三组字	氧在常温和常压下，是无色、无味的气体

(3) 声画式稿本。声画式稿本是画面与解说词分开左右两边写，相应一组画面有对应的解说词。声画式稿本示例如表 3-7 所示。

表 3-7　声画式稿本示例

画　面	解 说 词
大雪覆盖的田野村庄。 积雪的树枝。 红铃虫身上许多金小蜂幼虫在冬眠	冬天来了，许多昆虫都要冬眠，金小蜂也是这样的，它大多数是以幼虫和蛹的形态过冬

4) 文字稿本的创作过程

文字稿本的完成，大致需要以下几个阶段：搜集相关信息和资料；确立选题、选型与选材；确定结构，拟定编写提纲；文字稿本的书写；检查和修改定稿。

2. 分镜头稿本

1) 镜头、镜头组和分镜头

镜头是电视画面叙事和表意的基本单位，是指摄像机从开始拍摄到结束拍摄这段时间内所拍摄的相连的电视画面。而将两个或者两个以上的镜头组接起来，能够表达一个完整的意思的镜头集合就是镜头组。在电视教材编制中，把文字稿本内容分切成一系列可以拍摄的镜头，称为分镜头。

2) 分镜头的依据

视觉感知规律是人的一种心理现象，诸如人的视觉暂留原理、完型心理和似动现象等，它们都是进行镜头分切和组接的依据。即在进行镜头景别、角度、时间等设置和变化时，要充分考虑到接受对象的心理需求和接受过程，尽量能够让他们看得清、看得全和看得准。

蒙太奇是法语 Montage 的译音，原是法语建筑学上的一个术语，意为装配、合成之意，后来被电影引用，引申为镜头的组接的技巧。随着影视艺术的发展，蒙太奇被赋予了更广泛的含义，既是影视艺术反映现实独特的形象思维方法和作为影视作品的基本结构手段和叙述方式，也是镜头组合的全部艺术技巧。总之，蒙太奇是影视创作的基础，是影视作为一门独立艺术的重要标志。

数字教育电视节目时长是确定的，其镜头个数也是确定的。也就是说，一部电视教材是由确定的镜头的数量排列组合而成的。镜头是影视的基本元素，能够表达独立的意义，将两个或两个以上的镜头通过不同的顺序组接起来将会产生新的含义，即"1+1＞2"的原理；利用蒙太奇可以对拍摄对象和摄像机的运动进行设置和把握，形成镜头运动的形式、造型功能和持续时间，从而创造影片特有的叙事节奏；利用蒙太奇的剪辑方法可以创造影视假定性的荧幕时空，根据叙事和主题的需要，对时间和空间进行自由地压缩和扩展；利用蒙太奇将声音与画面有机结合，构成声画同步、声画分立和声画对比以及声画结合的形象。

3）分镜头稿本的概念和内容

将文字稿本所要表达的画面意义区分出一个个可供拍摄的镜头，再将分镜头的内容记录在一种专用的表格上，为节目的拍摄录制做参考和应用，这种稿本称为分镜头稿本。一般来讲，它包括四个方面的内容：一个个具体形象的可供拍摄的画面镜头，镜头之间的组接技巧以及相应的镜头组，对应镜头的解说词，对应镜头组、场面和段落的音乐与音响。

4）分镜头稿本的格式

分镜头稿本的格式如表3-8所示。

表3-8　分镜头稿本的格式

片名：＿＿＿＿＿＿＿

机号	镜号	景别	技巧	画面内容	长度/s	解说词	音乐	音响	备注

(1) 机号：在使用多机拍摄时，表明信号的来源是来自哪台摄像机。

(2) 镜号：镜头的顺序编号。

(3) 景别：特写、近景、中景、全景等。

(4) 技巧：主要包括镜头的运动形式和镜头的组接技巧，比如镜头的推、拉、摇、移、跟，以及特技的淡入、淡出、硬切、叠化等。

(5) 画面内容：以文字形式对画面的描述。

(6) 长度(s)：镜头的拍摄时间，通常以秒为单位。

(7) 解说词：以文字稿本为依据，对相应镜头及镜头组的文字阐述。

(8) 音乐：与主题相匹配的音乐的内容、风格并标明其起始位置。

(9) 音响：现场的效果声。

(10) 备注：对一些拍摄内容所做的特殊要求。

📖 案例

表3-9来自山西省学校安全教育中心教育电视节目。

表 3-9　拥挤踩踏事故预防与处理

机号	镜号	景别	技巧	画面内容	长度/s	解说词	音乐	音响	备注
	1	全景	无	主持人	8	拥挤踩踏事故已经成为影响人类安全的重要因素，那么，它到底是一种什么样的事故呢	无	无	
	2	近景	无	字幕	12	画外音(女)：拥挤踩踏事故是指一种在很短的时间内，由于某种突发的原因，在人员集中的场所内引起的情绪亢奋、行动过激、人群大量聚集的失控现象而导致的群死群伤事故	无	无	
	3	近景	无	主持人	4	拥挤踩踏事故与一般的事故相比具有以下特点	无	无	
	4	近景	无	字幕	2	画外音(女)：发生时空不定	无	无	
	5	近景和全景	画面快速	1.建筑物的出入口(近景) 2.走廊(全景) 3.楼梯或广场等(全景)	16	人群拥挤踩踏事故在各种公共场所、各个时段都有可能发生，如建筑物的出入口、走廊、楼梯或广场等。聚集人群的密度越大，此类事故发生的可能性就越大	无	现场	

以上是山西省学校安全教育中心所制作的安全类电视教学片中的主题之一《拥挤踩踏事故预防与处理》的部分分镜头稿本。整个电视教材采用男主持人串联和播报、PPT 或字幕、女画外音和实景拍摄四种呈现形式。镜号 1、2、3、4 是独立的分镜头，镜号 5 则是一个镜头组，由建筑物的出入口、走廊、楼梯或广场组成，采用实景拍摄的方式。镜头 1 由演播厅主持人以提问的方式引出"拥挤踩踏事故"主题；镜头 2 采取字幕形式给"拥挤踩踏事故"以明确的定义；镜头 3 再次回到主持人身上，利用主持人引出"拥挤踩踏事故"的特点；镜头 4 利用字幕再配以画外音具体解释"拥挤踩踏事故"的特点一；镜号 5 通过三个不同景别和画面形式的镜头组合，突出发生"拥挤踩踏事故"的地域特征和形式。

后期编辑制作是电视教材制作的重要阶段，其立足于前期的构思和总体的素材，也是二度创造的一个过程。它大致经历素材的审查、素材的编辑、节目的保存和教材审定以及编写完成稿本和教学指导书。

(1) 素材的审查。依据前期的构思和分镜头稿本，对已经完成拍摄的素材进行整理和分类。以《拥挤踩踏事故预防与处理》为例，将素材分为五类：虚拟演播室主持人的串联、已完成的字幕和 PPT、收集的图片和音像、实景拍摄的内容和画外音的播报。其实质是按照前期素材获取方式的不同进行的分类，这样更有利于在整理素材的过程中对其进行审查和查漏补缺，能够更好地提高节目编辑的效率。

(2) 素材的编辑。后期的编辑其基本的依据和参考是前期脚本的设计，这样更有利于保证节目的定位和风格。当然，采取何种编辑方式，还要参考素材数量和时间进度的要求。以山西省学校安全教育中心安全类电视教材的制作为例，因为涉及的素材量大、时间紧迫等形势，其编辑方式采取并进式样，即将主持人、画外音、字幕、图片和实景拍摄分开进行，由各人负责，最后由专人进行汇总和合成。

(3) 节目的保存。保存形式简单，但意义重大。如果在保存环节出了问题，一切工作便前功尽弃。一般有三种保存类型和过程：对前期素材的保存、对工程文件的保存、对最终节目的保存。可以选取独立硬盘保存、电脑保存和刻录光盘保存等形式，考虑节目的调整和修改，一般采取三种保存形式同时并存。

3.5.4　数字化教育电视教材的教学应用

随着数字技术和网络技术的发展，教育电视节目以多媒体课件、视频光盘、网络视频、流媒体和视频点播为载体，朝着传播形式的多样化、传播媒介交叉化、传播过程的互动性的方向迈进。将数字化教育电视节目经过一定的压缩，然后放入视频服务器中，根据具体的环境和内容要求，教学便可以采取灵活多样的应用方式，如图 3-61 所示。

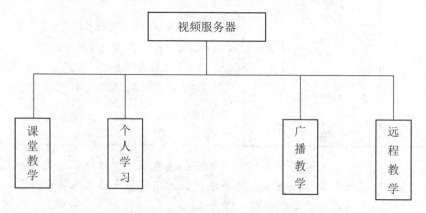

图 3-61　数字化教育节目的教学应用方式

1. 课堂教学

将数字化教育电视节目经过一定的压缩后放入视频服务器中，然后教师在多媒体教室利用互联网或校园网，通过客户端统一的点播界面，获得教学信息，进行课堂教学。

2. 个人学习

将数字化教育节目经过适当的压缩放在视频服务器上，个人通过互联网、校园网、电子图书馆等点击相应的节目，进行浏览和学习。

3. 广播教学

在多媒体教室中，利用摄录系统将教师授课实况的视频、音频经过相应的压缩直接送入视频广播服务器中，与互联网、校园网相连的用户利用视频广播系统就可以实时观看到课堂实况。

4. 远程教学

通过互联网，利用标准的网络浏览器，点播远端服务器中的教学课件或实时收看远端广播服务器传送的教学内容。也可以将在远端视频服务器上的经过适当压缩的节目通过远程接收站点下载到本地服务器上，然后利用局域网进行点播和教学。

小贴士

①有些过于抽象化、理论化的教学内容是不适合通过电视教材表现的；②编制电视教材要用较昂贵的摄录设备，不宜将所有教学内容都编成电视教材；③电视教材在课堂上播放时，难以按每个学习者的要求自如控制，因此，电视教材的编制必须考虑大多数学习者的程度，确定适当的节奏；④利用电视教材进行自学或开展远程大规模教学，学习者都难以与教师进行相互交流，要采用其他适当的方式进行补救。

扩展阅读 1

电 子 书 包

电子书包意即利用信息化设备进行教学的便携式终端，它是一个全新的产品组合概念，电子书包涵盖主产品掌上阅读工具、远程网上家教和一支精美可人的书写工具，以及其他附赠品，可以说是学生真正意义上的电子书包，主产品为掌上阅读工具和 PDA 平板电脑等产品。

电子书包是一款致力于提高中国教育信息化、提高家庭和学校配合效率的产品，产品主要针对小学教育。电子书包除了传统家校通包含的家校沟通功能外，它还提供更加丰富的教育信息化功能。其主要功能有：通知、消息管理、账号管理、考勤管理、提醒管理、资源管理、班级管理、同步课堂、在线辅导、作业管理、成绩管理、家教秘书、个性设置。

扩展阅读 2

多媒体学习原则

美国著名心理学家和教育技术学家理查德·E.迈耶归纳出了多媒体学习的七个基本原则，这些原则对于多媒体课件的设计与制作具有一定的帮助作用。

(1) 多媒体认知原则：学生学习词语和画面组成的呈现比学习只有语词的呈现效果更好。

(2) 空间接近原则：书页或屏幕上对应的词语与画面邻近呈现比隔开呈现能使学生学得更好。

(3) 时间接近原则：相对应的词语与画面同时呈现比继时呈现能使学生学得更好。

(4) 一致性原则：当无关的词语、画面和声音被排除而不是被包括时，学生学得更好。

(5) 通道原则：由动画和解说组成的呈现比由动画和屏幕和动画文本组成的呈现能使学生学得更好。

(6) 冗余原则：由动画加解说组成的呈现比由动画加解说再和屏幕文本组成的呈现能使学生学得更好。

(7) 个体差异原则：设计效应对知识水平低的学习者要强于对知识水平高的学习者，对空间学习能力高的学习者要强于对空间学习能力低的学习者。

【学习资源链接】

(1) 中国课件网站，http://www.cnkjz.com/

该网站提供了大量的各类基础教育、高等教育精品课件，还提供了课件发布和课件定制等功能。

(2) 国家基础教育资源网，http://so.eduyun.cn/national/index

该网站是目前我国基础教育最权威的网络资源集散地，该资源网不仅提供了大量的各类免费资源，而且还定期举行与资源相关的全国大型竞赛活动。

【教与学活动建议】

(1) 组织学生到学校所在地的电脑城参观和考察，并就一类电子产品撰写一份电子产品性能、价格等分析表。

(2) 围绕主题"我的大学生活：……"开展DV摄制活动。

请结合本书第8章的相关内容，在教师的指导下，利用所学知识，分小组构思并完成"我的大学生活：……"，如"我的大学生活：军训"等的DV摄制活动，并在全班分组展示和交流DV作品。

本章小结

教学媒体的有效应用是现代教育技术的特色，现代教学媒体是硬件、软件和潜件的结合体。其中硬件是实施现代教育技术的基础和通路，软件是教学信息的承载体，而潜件则是规整、检验硬件和软件结合性的手段。我们不难看出，教学素材和教学软件是教学媒体实施有效教学的核心要件。

本章主要介绍了教学媒体，多媒体技术，文本、图像、动画等多媒体教学素材的采集与制作，多媒体课件、网络课件、流媒体课件以及数字化教育电视教材的设计与制作等内容。

思考与练习

1. 一般来说，教学媒体可以分成哪几类？各有哪些特点？

2. 为什么声音文件、动画文件、图形图像文件有多种格式？

3. 多媒体课件的基本模式有哪些？

4. 多媒体课件的评价标准是什么？

5. 设计与制作网络课件的评价标准是什么？

6. 试结合本章内容和第8章相关内容，设计与制作一个专业课程课件。

7. 制作数字化教育电视教材需要哪些硬件设备？

8. 如何编制一个数字化教育电视的文字稿本？

在科学上，每一条道路都应该走一走。发现一条走不通的道路，就是对科学的一大贡献。

——阿尔伯特·爱因斯坦(1879—1955)，德国犹太裔理论物理学家、思想家及哲学家

第4章　现代教育技术应用环境

本章学习目标

➤ 了解多媒体综合教室的基本构成和功能，能熟练操作多媒体综合教室进行教学。
➤ 了解多媒体网络教室的基本构成和功能，能熟练操作多媒体网络教室进行教学。
➤ 能说出微格教室的主要特征、基本构成及如何进行微格教学。
➤ 了解数字校园网的基本结构和功能，并会利用数字校园网获取和发布相关的信息。
➤ 了解并利用各种虚拟学习环境进行有效的学习。

核心概念

多媒体综合教室(Multimedia Integrated Classroom)、多媒体网络教室(Multimedia Network Classroom)、微格教室(Micro Classroom)、数字校园(Digital Campus)、虚拟学习环境(Virtual Learning Environment)

引导案例

为了推进教育信息化，适应教育系统电子政务的发展，中山市教育局在 2009 年上半年的中考和高考中首次使用 V2 Conference 视频会议系统召开了考务视频指挥会议，对考试相关事宜进行了网上视频统一调度和指挥，第一次让互联网在高考中发挥了强大的沟通、交流作用。在这次考试中，各考场可以通过中山教育城域网进行接入，以中山市教育局视频会议系统为基础，与广东省考试中心的视频会议相连接，形成一个统一的网络平台。监考员与各级巡考领导使用 V2 Conference 视频会议这一多媒体的方式，就能足不出户地完成对考场的巡视、监控、指挥和调度，高效地为广大学生营造了公平、公正、宽松、和谐的考试环境，最终收到了考务零差错、零违纪的好效果。中山市教育局有关领导表示，V2 Conference 视频会议在高考考场上的成功应用只是教育信息化的很小一部分，实际上，V2 Conference 视频会议也为他们的其他工作带来了很多便利和效益。

为全面提升农民素质，道真注重发挥远程教育的网络优势，依托农村党员干部现代远程教育终端接收站点，开设"专家课堂"，把培育有文化、懂技术、会经营、先致富的新型农民作为新农村建设的一项"核心工程"来抓，在组织好集中学习的同时，集中选配部分学习实践活动的典型专题片供广大党员群众学习收看。全县农村党支部还依靠远程教育中的"专家课堂"，自我教育，自我"充电"，农民点播自己想学习的节目，村党支部统一汇总，根据实际情况编排收看课程。通过远程教育解决不了的问题，该县还不定期联系县农业系统有关技术人才，围绕本地主导产业为农民面对面讲解。据了解，2009年以来，该县已开办远程教育"专家讲座"200多次，"专家课堂"已成为培育新型农民的主阵地。

(资料来源：手机比特网，http://telecom.chinabyte.com/269/11030269.shtml)

4.1 多媒体教室

4.1.1 多媒体教室概述

多媒体综合教室是根据现代教育教学的需求，将多媒体计算机、投影、录音录像等现代教学媒体结合在一起而建立起来的综合教学系统。它能方便、灵活地应用多种媒体及各种教学软件实施多媒体

4.1_多媒体教室.mp4

组合教学，使教学过程更科学有效、更符合人们对事物的认识规律、更有助于人们对知识的理解和记忆。一般来说，多种媒体应包括传统媒体，如黑板(白板)、书本、挂图、模型、标本等，还应包括各种电教媒体，如幻灯、投影、扩音、录音、电视、路线、计算机等。

4.1.2 多媒体教室的基本构成

多媒体教室依据其规格大小，设置、配置、教学功能的不同，可分为简易型多媒体教室、普通型多媒体教室和网络型多媒体教室。

1. 简易型多媒体教室

简易型多媒体教室是在普通教室的基础上，配有幻灯机、投影器、展示台、录音机、电视机、VGA转换器、投影机和电子计算机等。利用简易型多媒体教室可以进行录音、投影教学和计算机辅助教学。这些电教媒体可在讲台附近单独放置或组合在讲台内，利于教师操作与控制。该类型的多媒体综合教室基本能满足开展多媒体组合教学的条件。但由于采用普通电视机，计算机输出的信号需经转换才能在电视屏幕上呈现(见图4-1)，因此，影响图像清晰度。另外，普通电视机屏幕小，尽管用上29英寸电视机，对于计算机整屏显示的文字与图像来说，在教学上也难满足要求，因此，往往要采用48～61英寸的背投式电视。

2. 普通型多媒体教室

1) 普通型多媒体教室设备配置与教学功能

普通型多媒体教室是将多媒体计算机与常规的电教设备相结合，一般要求具备以下功能。

(1) 能播放文本、动画、视频、音频等多种媒体信息。

(2) 通过视频展示台可将图片经大屏幕显示出来。

(3) 配置音响系统和控制银幕、窗帘、照明等相关辅助设备。

(4) 可与校园网、Internet、卫星电视网等相连。

普通型多媒体教室基本配置有：中央集中控制器、多媒体计算机、视频展示台、投影机、录像机、影碟机、功放、音箱、有线话筒(或无线话筒)、VGA 分配器、激光教鞭、激光笔等。

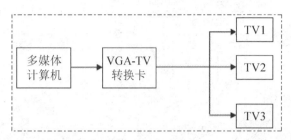

图 4-1 多媒体计算机与电视机连接框图

2) 普通型多媒体教室各种设备及作用

(1) 录像机播放教学用的录像资料，影碟机播放教学光盘资料，功放机及音箱用来放大和播放录像机、影碟机、计算机等设备的音频信号。

(2) 视频展示台，又称实物展示台，目前它已取代了传统的胶片投影仪和幻灯机的大部分功能。视频展示台是一种图像采集设备，能将胶片上的内容和各种实物投到屏幕上。

视频展示台采用体积小、高清晰度的摄像头将摄取台面上的图片、实物拍摄下来，由电视机或者液晶投影机映现。其色彩还原性高，又由于摄像头的自动变焦功能，被摄物没有严格的尺寸要求，容易表现局部特写。教师还可以在视频展示台上放一张纸，直接书写板书内容和示范书法、绘画，有的摄像头还可以把显微镜中的微生物细胞摄取通过投影机放映在屏幕上，方便学生观察。视频展示台如图 4-2 所示。

图 4-2 视频展示台

⌒ 小贴士

视频展示台的主要技术指标是 CCD(电荷耦合器件)分辨率，目前主流视频展示台的 CCD 分辨率为 40 多万像素，450 线左右，像素越高，清晰度越高。

(3) 计算机配有声卡、显卡、光盘驱动器以及应用软件，形成多媒体软件运行环境，计算机输出的画面由投影机放大投射到银幕上。

(4) 中央控制系统。为了方便对综合电教室内多种电教媒体和设施(如银幕、灯光、窗帘等)的操作与控制，把操作与控制的功能键集中放置在讲台的一块面板上，这就需要通过集成控制系统去实现。中央控制系统是结合计算机技术、网络技术最新成果，将所有设备的操作集中在一个界面上来完成的集成控制系统，它一般由音频 VGA 切换模板、设备控制模块、电源控制模块、控制面板等组成。

如图 4-3 所示是多媒体教室中央控制系统连接示意图。从图中可以看出，中控器连接所有的多媒体设备，因此，只需在控制面板上进行简单的按键操作，就能方便地选择多媒体计算机、视频展示台、VCD 机和录像机的动态信息输出到多媒体投影机并显示在屏幕上，同时可通过话筒、功放、音箱对多媒体设备输出的各种音频信号进行混合广播并便捷地控制。

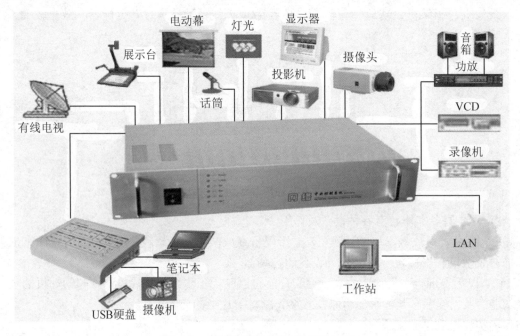

图 4-3　多媒体教室中央控制系统连接

小贴士

常用的中央控制系统有以下两种控制方式。

① 按键开关式：它用线路连接各种电教设备的控制信号，用手动按键开关操作。其特点是简单、可靠、价格低等。

② 电脑触摸屏式：它是通过电脑触摸屏去控制电脑主控机的输出，从而实现对各种电教设备与设施的操作与控制。这一方式的特点是技术先进，使用方便，但价格太高，不宜在中小学推广使用。

思考交流

在选择控制系统时，应注意哪些问题？

(5) 音频系统。音频系统的主要作用是让教室里的每位学生都能听清楚教师的讲课声音。音频系统包括功放、音箱、有线话筒、无线话筒、调音台和反馈抑制器等。

功放和音箱的选择要根据教室的大小而定。音箱的安装位置要尽可能地使整个教室的声压均匀，避免个别地方声音太大导致刺耳，另一些地方声音太小而听不清。

无线话筒是在教师活动范围较大时，为了满足边板书边讲课的需要而配备的，要求具有高灵敏度、高隔离度、强干扰能力、高信噪比(s/n)的指标，避免相邻多媒体教室互相干扰，减少外界干扰。

调音台和反馈抑制器是适用于多个音源的调整和减少音频反馈产生自激啸叫而设置的。

(6) 激光笔和激光教鞭。在使用多媒体教室进行教学的过程中，教师往往需要一边操作计算机一边讲解，行动上受到限制，很不方便。激光教鞭的出现，将教师从教学演示中彻底解放出来，解决了以往在课堂上使用鼠标不方便的难题，实现了"走到哪里，讲到哪里，讲到哪里，指到哪里"。因此，激光笔或激光教鞭也就成了多媒体教室必不可少的教具。如图4-4所示为激光笔示意图。

(7) 投影仪。投影仪是多媒体教室中计算机、视频展示台、VCD、录像机的视频再现设备，是目前多媒体教室中价格最贵的设备。投影仪从技术的角度上分为阴极射线管投影仪(CRT)、液晶显示投影仪(LCD)和数字光路投影仪(DLP)。如图4-5所示为投影仪示意图。

图4-4　激光笔　　　　　　　　图4-5　投影仪

3. 网络型多媒体教室

网络型多媒体教室是由计算机网络设备、操作系统以及交互式教学软件平台形成的一个由数据网络和视频网络等组成的综合多媒体教室。网络系统主要用于实现虚拟仿真教学系统、网络考试系统、课件制作系统、课件点播系统等教学功能。

4.1.3　多媒体教室的教学应用

1. 以教师为中心的多媒体教室的功能

(1) 便于教师利用多种媒体辅助教学活动。
(2) 能利用多种媒体组合，优化教学过程，突破教学重点、难点，提高教学质量与效率。
(3) 便于观摩示范教学，扩大教学规模。
(4) 能用于开展新型教学模式的教学实验与研究，还能用于专题讲座、学术报告等活动。

2. 以学生为中心的多媒体教室的功能

(1) 为学生营造一个优良的自主学习环境，为学生进行个别化学习和小组学习提供多种媒体的良好学习条件。
(2) 便于开展学生个别化自主学习的教学实验与研究。
(3) 有利于学生参与和学习积极性与主动性的发挥。多媒体综合教室是电化教育深入发展的产物，也是今后的发展方向，它的建设为创建新型教学模式、促进教育改革和教育现代化起到了一定作用。

4.2 多媒体网络教室

4.2_多媒体网络教室.mp4

4.2.1 多媒体网络教室概述

多媒体网络教室是指在普通计算机机房的基础上，通过相应的信息传输媒体将各计算机连接起来，实现教学及辅助管理功能的教学系统。多媒体网络教室是计算机网络技术在教学领域应用的具体体现。在功能设计上应特别注重教学性，切实解决传统教学媒体或教学系统中难以解决的教学或管理中的问题。

🔑 **思考交流**

在设计多媒体网络教室的时候，应该综合考虑哪些因素？

4.2.2 多媒体网络教室的基本构成

1．系统结构

多媒体网络教室一般由硬件系统和软件系统两部分组成。硬件系统一般以多媒体计算机系统为核心，并可配有视频展示台、大屏幕投影、录音机、功放等多种教学设备。多媒体网络教室的结构如图4-6所示。

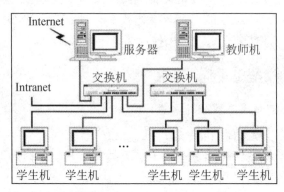

图4-6　多媒体网络教室系统结构

2．设备选择与安装

根据多媒体网络教室的构成及其特点，选择设备时应考虑各媒体设备的配套性及兼容性、媒体设备在系统中所起的作用以及设备本身的质量和性价比等多种因素。

(1) 多媒体计算机。这是多媒体教室的核心，在系统中既是计算机教学媒体，又是网络连接设备，可能还是中央控制系统的操作平台。由于它多数时间处于多任务工作状态，所以尽量选配运行速度快，内存大，配有声卡、网卡，光驱纠错能力强，且工作稳定可靠(品牌机)的多媒体计算机。因多媒体教室的计算机要适合不同课程的教学，软件的配置要兼顾不同课程的需要。对于没有安装还原保护卡的计算机，应安装系统保护还原软件，以防由于误操作等引起的故障。

(2) 视频展示台。详见图4-2。

(3) 投影仪。详见图 4-5。

(4) 音响设备。多媒体教室中的音响应选择频响宽、保真度高的系统，以适合多媒体教学，并具有话筒混响功能，使教师能在播放媒体内容的同时进行评论和讲解。如图 4-7 所示为音响设备示意图。

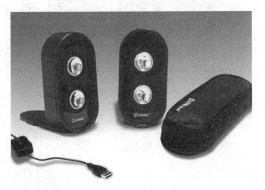

图 4-7　音响设备

(5) 功放。功放是进行多路音频信号间选择、控制的中心设备，可以随时完成音频信号间的切换，并送至音箱输出，根据实际教学需要来确定功放所支持音频信号的路数及类型。如图 4-8 所示为功能设备示意图。

(6) 视频切换器。视频切换器是进行多路视频信号间选择、控制的中心设备，可以进行计算机、视频展示台等多路信号间的切换，并将信号传送给投影仪。如图 4-9 所示为视频切换器示意图。

图 4-8　功放设备

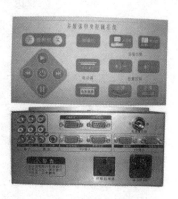

图 4-9　视频切换器

4.2.3　多媒体网络教室的教学应用

多媒体网络教室在设计上是有差异的，不同的多媒体网络教室在功能上也不尽相同。大多数多媒体网络教室通常具备以下基本功能。

1. 屏幕监视

屏幕监视功能界面如图 4-10 所示。教师可实时监视每个学生的计算机屏幕，观察学生的学习情况，这样教师不用离开座位便可观看学生对计算机的操作情况。可对单一、群组或全体学生进行多画面和单一循环监视。

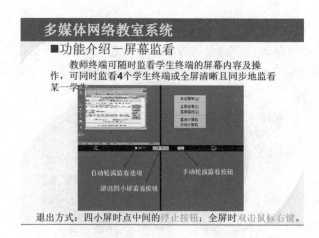

图 4-10　屏幕监视功能界面

2．遥控辅导

教师可远程接管选定的学生机，控制学生机的键盘和鼠标，对学生远程遥控，辅导学生完成学习操作，进行"手把手"式交互式辅导教学，遥控辅导功能界面如图 4-11 所示。在此过程中，教师可随时锁定或允许学生操作计算机的键盘和鼠标。教师在遥控辅导教学中可实时监视被遥控的学生的计算机屏幕，可与被遥控的学生进行双向交谈，在遥控辅导的同时可使用电子教鞭功能。

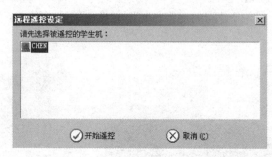

图 4-11　遥控辅导功能界面

3．教学示范

教师在进行屏幕监视和遥控辅导时可使用转播教学功能，教师可选定一个学生机作为示范，由学生代替教师进行示范教学，该学生机的屏幕及声音可转播给其他学生，增加学生对教学的参与度，提高学习的积极性。在此过程中，教师可随时使用电子教鞭功能进行教学示范。

4．师生对讲

教师可与任意指定的学生进行实时双向交谈，教师可以选择是否允许其他学生旁听。师生对讲功能界面如图 4-12 所示。

5．分组讨论

教师可对教室内的学生进行任意分组，每个小组的学生通过文字、语音、电子白板进行交流，教师可随时插入任意小组，并参与讨论，小组内允许多个学生同时交谈。分组讨论功能界面如图 4-13 所示。

图 4-12　师生对讲功能界面

图 4-13　分组讨论功能界面

6. 消息发送

模仿电子邮件功能，教师与学生可选择发送对象，相互发送信息，同时提供附件插入和粘贴复制功能。教师可以允许或禁止学生使用消息发送功能。消息发送功能界面如图 4-14 所示。

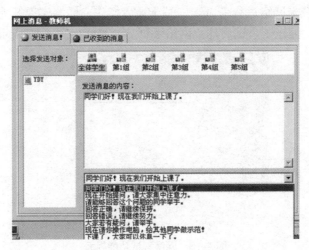

图 4-14　消息发送功能界面

7. 电子抢答

教师在电子抢答组中使用电子论坛或电子白板提出抢答题目，组织学生进行抢答，抢答过程受教师控制。

8. 文件分发

教师可以将本机的应用软件、文本文件、图片等数据传送给指定的一个、一组或全体学生。文件分发功能界面如图4-15所示。

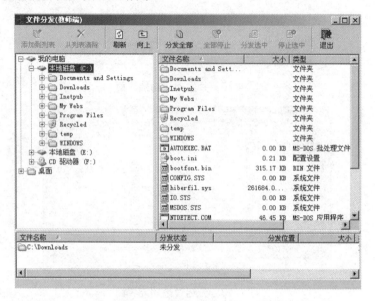

图4-15　文件分发功能界面

9. 网络考试

网络考试是传统考试的延伸，它可以利用网络的无限广阔空间，随时随地对学生进行考试，加上数据库技术的利用，大大简化了传统考试的过程。服务器端对数据库进行管理，客户端通过浏览器登录网络进行考试。它基于题库操作，能够实现智能自动组卷、自动阅卷和自动分析，大大缩短了考试周期。网络考试功能界面如图4-16所示。

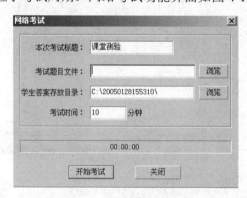

图4-16　网络考试功能界面

4.3 微格教学系统

4.3.1 微格教学系统概述

4.3_微格教学系统.mp4

微格教学(Microteaching)通常又被称为"微型教学",它是由美国斯坦福大学艾伦(D.Allen)教授等人创立的一种利用现代视听设备(如摄像机、录像机等),专门训练学生掌握某种技能、技巧的小规模教学活动。微格教室是在装有电视摄像、录像系统的特殊教室内,借助摄像机、录像机等媒体,进行技能训练和教学研究的教学环境,一般用于师范院校的学生和在职教师教学技能训练的模拟教学活动。

进行微格教学的一般方法是:由受训者(人数以 10 人为宜)用 10～15 分钟的时间,对某个教学环节,如"组织教学"或"授新课"进行试讲。试讲情况由录像机记录,指导教师和受训者一起观看,共同分析优缺点,然后再做训练,直至掌握正确的教学技能。由于这一训练活动只有很少人参加,时间很短,而且只训练掌握某一技能,所以称为微格教学,也称微型教学。

4.3.2 微格教学系统的基本构成

随着媒体技术、网络技术以及数字视音技术的发展,微格教学系统从模拟信号方式走向数字化和网络化方式。

1. 微格教室的系统结构

微格教学系统连接示意图如图 4-17 所示。微格教学系统一般由主控室、微格教室和观摩评课室构成。

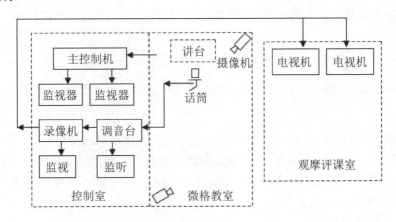

图 4-17　微格教学系统连接

1) 主控室

主控室可以控制任一微格教室中的摄像机云台和镜头,可以监视和监听任一微格教室的图像和声音;可以对微格教室播放教学录像与电视节目;可以把某个微格教室的情况转播给其他的微格教室,进行示范;可以录制某个微格教室的教学实况供课后讲评。主控室的主要设备包括计算机、主控机、摄像头、录像机、VCD、监视器、监控台等。如图 4-18 所示为微格教学主控室示意图。

2) 微格教室

微格教室中的设备主要包括分控机、摄像头及其他教学设备。在微格教室中可以呼叫主控室，并与主控室对讲。微格教室中可以控制本教室的摄像系统，录制本教室的声音和图像，以便对讲课情况进行分析和评估。分控机可以遥控并选择主控室内的某台录像机、VCD 机等其他影像输出设备，并能遥控自己所选择设备的播放、停止、暂停、快进、快退。如图 4-19 所示为微格教室示意图。

图 4-18　微格教学主控室

图 4-19　微格教室

2. 微格教室的设备构成

一般微格教学系统的构成设备包括摄像设备、录像/放像设备、传声设备、控制设备和照明设备。

1) 摄像设备

摄像设备的好坏，直接影响角色扮演情况记录的好坏，应选用质量较好、性能稳定的摄像设备。

小贴士

摄像机一般采用低照度、水平分辨率至少在 300 线以上、信噪比在 46 dB 以上的电荷耦合 CCD 摄像机。

在摆设摄像机的架设位置时也可根据实际情况来选择是双机拍摄还是单机拍摄。双机拍摄是一架摄像机在后面拍教师，另一架摄像机在前面的一侧拍摄学生(图 4-20 所示为双机架设位置图)；单机拍摄是把摄像机架在教师和学生中间的一侧，既可拍教师，也可拍学生(图 4-21 所示为单机架设位置图)。

2) 录像、放像设备

(1) 录像设备。一般采用普通的 VHS 录像机，录像带价格便宜，适合大量使用。

(2) 放像机。放像设备要具有有利于教学分析的慢速播放、逐帧播放和完全静止等功能。

(3) 由于 VHS 录像机磁头容易磨损、机械故障频繁，现在逐渐淡出市场。现有一种用计算机取代录像机的发展趋势，用计算机记录视频、音频信号，只需要在计算机的内部加装一块视频采集卡就可完成。用硬盘作为记录载体可以方便视频、音频信息的存储，如果配合学校的校园网进行传送，可以拓宽微格教学中反馈评价的途径，加快微格教学的普及使用。

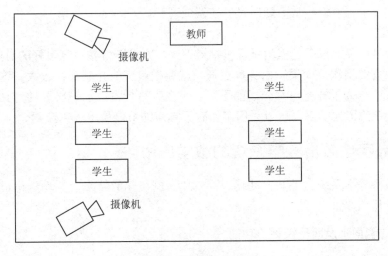

图 4-20　双机架设位置

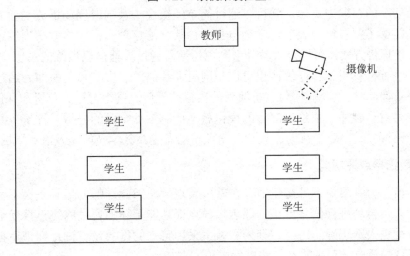

图 4-21　单机架设位置

3) 传声设备

微格教室对传声器的要求是失真小、灵敏度高、指向性强，一般采用高级拾音器，但采用这种拾音器要有专用电源。现在普遍采用在一间微格教室中，师生共用一个固定在天花板或黑板上方墙壁上的拾音器的传声方法，效果较好。

4) 控制设备

一般的控制设备是机械式面板控制。它有如下缺点：一是操作不便，二是一个面板控制器只能控制有限的几个摄像头。

目前，已开发研制出新一代控制设备，即键盘控制系统。它操作简便，只用一个控制键盘就可控制多个摄像头。另外，还出现了更先进的多媒体控制设备。

控制设备的辅助系统有以下两种。

(1) 信息沟通系统。微格教室和主控室的信息沟通变得更方便，主控室和微格教室之间距离比较大时，也能迅速沟通，不受任何干扰。

(2) 录、放像远距离遥控系统。微格教室的角色扮演者可以利用它很方便地实现对自己的教学情况进行录、放像，从而随时进行实践或观察。

5) 照明设备

角色扮演时，要把整个过程用摄像机拍摄下来，要求微格教室有较好的自然照明条件，以保证画面应有的层次。如果室内亮度过低，就要把镜头的光圈开得较大，这是以牺牲画面景深为代价的。为了补充自然光线的不足，可在微格教室中加装必要的灯具。微格教室要避免日光灯镇流器的噪声，可以采用工作时无噪声的节能型电子镇流器。

4.3.3 数字化微格教学系统的教学应用

数字化微格教学系统由于其自动化、经济化、网络化的特点，其功能也日益完善，主要体现在以下几个方面。

1．客观、全面地及时反馈评价功能

微格教室的主要优势就在于它的及时反馈评价功能。这个过程应该通过在本教室内部对受训人员活动的存取来实现。它可以通过简单的摄像头录制或现场播放受训人员自身的表现，使其能够了解自己的表现，学会自我"诊断、治疗"。在微格教学训练过程中，具有多种形成性评价方式：可以是"教师"角色扮演者通过重播自己训练的录像，肯定成绩，分析问题，进行自我纠正和评价；也可以是同组训练的"学生"角色扮演者通过听课、一起观看重播录像，对"教师"角色扮演者的模拟教学情况进行讨论、分析和评价。此外，指导老师也要对"教师"角色扮演者的模拟教学情况进行全面的分析、评价，并提出改进意见。这些评价方式，对于帮助"教师"角色扮演者提高教学技能是及时有效的。

2．课后指导点评功能

因为学员能力有限，不可避免地存在着"盲点"。因此导师的指导是必不可少的，它可以使受训人员自动进行偏移更正。课后指导点评功能是导师通过网络点播受训人员的课堂实录，将受训人不正确的语言、行为和教案采用特殊的再录设备进行标识后再返还受训者，使受训者知道自己存在的不足并事后更正。

3．双向交流功能

导师与受训人之间的交流或受训人与受训人之间的交流，能够使受训人看到自己的长处与不足，也能看到别人的长处和不足。同时，在交流的过程中，指导教师也可以更多、更深刻地了解受训人员，为更深入、正确的指导打下基础，只有这样，才能使受训人员得到更好的了解和学习。双向交流可以是一个教室里面对面的交流，也可以在各教室之间，或者各教室与控制室之间通过录播系统来进行。

4．实时远程评价功能

传统的微格教室只能实现本地的交流，在当今通信技术的支持下，运用计算机网络技术，微格教室不仅应实现本地的及时交流、反馈和指导，还能实现远程评价功能，即可以

实现远程的视频、音频传输，远程的评价人员进行异地评价。但是，受训成本、范围和效果也大大提高。

5．用人单位远程人才选择功能

毕业前学生可以通过微格教室记录下自己不同阶段的教学案例，并将之放在学校相应的网站或资料库中。用人单位可以在异地通过网络进入学校人才资料库远程了解所需人才的在校表现及综合素质，同时还可了解所需人才的成长过程等情况。

4.4　数字校园网络

4.4.1　数字校园网络的基本概念

21 世纪是人类全面进入信息化社会的时代，随着 IT 技术对社会各领域的渗透，校园数字化建设越来越受重视。在国家教育信息化和"校校通"工程的背景下，实现校园网的信息化是各级学校的重要任务，数字校园网络也成为校园信息化建设的主要方向。

4.4_数字校园网络.mp4

所谓数字校园网络，就是为了满足学校教育教学的需要，将分布在校园不同地点的独立计算机，通过通信线路和网络协议连接起来，以实现资源共享和相互通信的计算机集合。构建校园网的目的是在传统校园的基础上构建一个数字空间，以拓展校园的时间和空间维度，扩展传统校园的功能，最终实现教育过程的全面信息化，从而提高教学工作、科研工作和办公管理工作的水平和效率。

☞ 小贴士

数字校园网络的本质是计算机网络系统，主要为教育教学服务。

🔑 思考交流

(1) 数字校园网络和其他计算机网络相比有什么不同？

(2) 组建数字校园网络的目的是什么？

4.4.2　数字校园网络的网络结构

为了便于深入研究数字校园网络，通常用结构化的方法对其进行研究。按照不同的研究目的，可以将校园网划分成不同的结构。为了研究校园网的功能，将校园网分为基础设施层、支撑服务层、应用层和信息服务层，如图 4-22 所示。

(1) 基础设施层是数字校园的基础设施。它是校园数字信息传输、存储的硬件基础。它主要包括双绞线和光纤等校园网络的传输介质、各种服务器和客户机。

(2) 支撑服务层是校园数字信息流动的软件基础。它提供信息传输和处理的基础服务，支撑网络应用系统的功能实现。它主要包括电子邮件、文件传输、信息发布、域名服务、统一身份认证、工作流等基础服务。

(3) 应用层包括各种应用系统，提供了满足校内外各个不同用户的需求，为各类用户(如校园网络管理用户、师生用户等)提供数字化的信息服务。它主要包括办公自动化系统、教务管理系统、科研管理、网络教学系统、图书资源与管理系统等。如图 4-23 所示为北京大学实验室与设备管理部主页。

图 4-22　校园网功能层级

（4）信息服务层是将各个应用系统的功能和信息有效地集成在一起，并通过对数据信息的挖掘与分析，为学校决策层提供信息支持。

图 4-23　北京大学实验室与设备管理部主页

4.4.3　数字校园网络的功能

数字校园网络的功能是建立在计算机网络的两个基本功能之上的，即建立在数据通信和资源共享基础之上的，进而实现网络办公、师生信息交流、学习资源的发布和共享等。

1．学习资源的发布与共享

校园网具有开放性、传递信息及时、快捷等特点。我们可以利用校园网的这些特点将学习资源发布到校园网上，供师生使用。另外，可以在校园网上建立专门的学习平台，在这个平台上以网页、FTP、视频点播、BBS、教学资源库、电子图书、BLOG 等形式发布丰富的学习资源。还可以建立专门的学习网站，学生登录以后可以通过计算机教学软件来完成学习任务。如图 4-24 所示为山西师范大学主页。

图 4-24　山西师范大学主页

2. 提供师生信息交流平台

教学是一种师生间的交互行为。为了使师生在校园网这个平台上进行学习交流，校园网必须给师生提供各种网络交流系统。校园网上师生交流系统主要有：聊天室、BBS、BLOG、电子邮件、网络电话等。通过这些交流平台，教师可以及时发现和解决学生在学习过程中存在的问题。学生也可以及时地将学习问题反馈给教师，以便教师及时调整教学策略。如图 4-25 所示为南京大学小百合 BBS 主页。

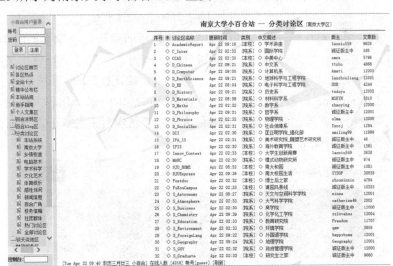

图 4-25　南京大学小百合 BBS 主页

校园网是一个可以容纳多个用户的交流平台，具有较长的时效性，师生可以在同一时间且在一个比较自由、宽松的环境下进行相互交流，有利于学生自主学习和创新能力的培养。

3. 网络办公管理

通过校园网在学校内建立一个多任务、多功能的综合性自动化办公系统，可以实现学校办公自动化、文档一体化和校务工作信息化。其主要表现为：实现了信息(文字、图片、视频)的发布和信息管理、文件传递与批阅、公文流转与分发、学生成绩管理和发布、学校人事管理、教职工工资管理等。

📖 **小贴士**

校园一卡通系统是完全架构在校园网上的，是数字校园网络的重要功能之一。该系统把手机卡、银行卡、电子钱包和身份识别等多种功能集于一体，使在校师生方便地就餐、购物、就医、图书借阅、洗浴、上机、教务管理、自助缴费，从而减轻了大量而又繁重的校园管理工作。

🔑 **思考交流**

(1) 列举你所在学校校园网络的服务功能，并说出这些服务给你的学习带来了哪些益处。

(2) 针对你所在学校的校园网络的功能，指出哪些功能需要改进。

4.5 虚拟仿真学习环境

4.5.1 网络学习平台

网络学习平台是一个包括网上教学和教学辅导、网上自学、网上师生交流、网上作业、网上测试以及质量评估等多种服务在内的综合教学服务支持系统，它能为学生提供实时和非实时的教

4.5_虚拟仿真学习环境.mp4

学辅导服务，旨在帮助系统管理者与教师掌控各种教学活动与记录学生们的学习情况及进度。一般具有灵活的课程管理、学习记录跟踪分析、班级和小组分组管理、课程资源管理、测试题库管理以及在线教学等功能模块。当前流行的网络学习平台系统主要有 Moodle、Blackboard、LearningSpace、慕课(MOOC)等。随着网页技术的普及化和大众化，许多学校、企业和培训机构纷纷建立自己的网络学习平台，比如专题学习平台、干部培训平台系统等。如图 4-26 所示为 edX 慕课主页。

图 4-26　edX 慕课主页

4.5.2　虚拟现实学习环境

虚拟现实学习环境主要以三维虚拟技术为基础，通过系统建模、场景设置、问题任务、角色扮演、沉浸体验以及虚拟漫游等方式进行一种虚拟仿真式的体验学习环境。目前常见的有虚拟博物馆、虚拟科技馆、虚拟仿真实验、虚拟教育游戏以及第二人生等网络虚拟学习平台。如图 4-27 所示为新疆数字博物馆主页，如图 4-28 所示为虚拟医疗体验。

图 4-27　新疆数字博物馆主页

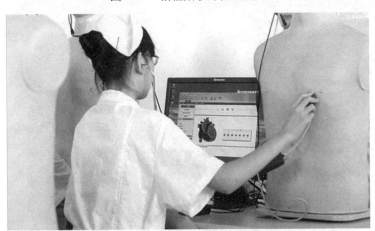

图 4-28　虚拟医疗体验(心肺听诊、腹部触诊虚拟仿真实验教学系统)

小贴士

第二人生(Second Life)是一个基于因特网的虚拟世界，通过由 Linden 实验室开发的一个可下载的客户端程序，用户(在游戏里叫作居民)可以通过可运动的虚拟化身互相交互。这套程序还在一个通常的元宇宙的基础上提供了一个高层次的社交网络服务。居民们可以四处逛逛，会碰到其他的居民，进行社交，参加个人或集体活动，制造和相互交易虚拟财产和服务。如图 4-29 所示为第二人生虚拟环境主页。

图 4-29　第二人生虚拟环境主页

4.5.3　视频会议系统

视频会议系统，又称会议电视系统，是指两个或两个以上不同地方的个人或群体，通过传输线路及多媒体设备，将声音、影像及文件资料互传，实现即时且互动的沟通，以实现会议目的的系统设备。视频会议的使用有点像电话，除了能看到与你通话的人并进行语言交流外，还能看到他们的表情和动作，使处于不同地方的人就像在同一房间内沟通一样。如图 4-30 所示为视频会议现场实景。

图 4-30　视频会议现场实景

4.5.4　移动学习平台环境

移动学习平台是运行于无线网络环境下，用于支持移动学习内容和活动的管理系统。一般的移动学习平台包括三部分：移动教育网、移动学习服务器和移动学习终端设备。移动教育网提供移动学习资源的上传和下载；移动学习服务器与互联网连接，用于存放丰富的移动学习资源和相应的服务程序；移动学习终端设备用于接收和呈现学习资源，支持学生个性化的学习。

移动学习系统的学习资源从媒体形式视角来划分，大致有以下四种类型。①文本资源主要以教学辅导要点为主，包括教学辅导、课程说明、教师介绍、设计方案、实施方案、教学大纲、课程内容知识点、作业、通知等；②视频、音频资源主要用于微课、各类案例、模拟试验、部分教学活动的录音、录像等；③多媒体课件资源通常以仿真或交互式实验、练习、测试等类型的多媒体课件为主，或者以视频为主的流媒体课件、实验演示课件(以动画为主)、练习、测试等；④交互性资源，学习者能够和参与讨论的老师、同学进行非正式的沟通，解决学习过程中遇到的各种问题。

移动设备的发展是建立在电子信息技术、无线移动网络技术等的基础上，经历了从无到有，由模拟到数字，再到智能化的发展过程，包括智能手机、iPad、便携式电脑、PDA、MP3/MP4。除了上面常见的几种移动学习设备外，还有像早期的收音机、现在的可穿戴计算机、电视手机、移动电视、移动 DVD 播放器、学生电脑、点读机、USB 移动学习笔、学习机、网络学习机、GPS 设备、TI 图形计算器、电子词典等移动学习设备。如图 4-31 所示为移动学习客户端。

图 4-31　移动学习客户端

4.5.5　数字图书馆

数字图书馆是用数字技术处理和存储各种图文并茂的文献的图书馆，实质上是一种多媒体制作的分布式信息系统。它把各种不同载体、不同地理位置的信息资源用数字技术存储，以便于跨越区域、面向对象的网络查询和传播。它涉及信息资源加工、存储、检索、传输和利用的全过程。通俗地说，数字图书馆就是虚拟的、没有围墙的图书馆，是基于网络环境下共建共享的可扩展的知识网络系统，是超大规模的、分布式的、便于使用的、没有时空限制的、可以实现跨库无缝链接与智能检索的知识中心。如图 4-32 所示为中国国家图书馆主页。

图 4-32　中国国家图书馆主页

4.5.6　数字博物馆

数字博物馆是运用虚拟现实技术、三维图形图像技术、计算机网络技术、立体显示系统、互动娱乐技术、特种视效技术，将现实存在的实体博物馆的三维立体的方式完整地呈现在网络上的博物馆。具体来说，就是采用国际互联网与机构内部信息网信息构架，将传统博物馆的业务工作与计算机网络上的活动紧密结合起来，构筑博物馆大环境所需要的信息传播交换的桥梁，把枯燥的数据变成鲜活的模型，使实体博物馆的职能得以充分实现，从而引领博物馆进入公众可参与交互式的新时代，引发观众浓厚的兴趣，达到科普的目的。如图 4-33 所示为大运河数字博物馆。

图 4-33　大运河数字博物馆

4.5.7　科技馆

科学技术馆(简称科技馆)是以展览教育为主要功能的公益性科普教育机构，主要通过常设和短期展览，以参与、体验、互动性的展品及辅助性展示手段，以激发科学兴趣、启迪科学观念为目的，对公众进行科普教育。数字科技馆是运用虚拟现实技术、三维图形图像技术、计算机网络技术、立体显示系统、互动娱乐技术、特种视效技术，将现实存在的实体科学技术馆以三维立体的方式完整呈现于网络上的科技馆。如图 4-34 所示为中国科学技术馆。

图 4-34　中国科学技术馆

4.5.8　智慧教室

　　智慧教室是指在传感技术、网络技术、富媒体技术及人工智能技术充分发展的信息时代，教室环境应是一种"能优化教学内容呈现，便于学习资源获取、促进课堂交互开展，具有情境感知和环境管理功能的新型教室"。智慧教室是数字教室和未来教室的一种形式。智慧教室是一种新型的教育形式，有别于传统的授课方式；课前学生提前预习，课中学习分组讨论，随时测试，教师能快速掌握每位学生的学习情况，并有针对性地进行指导；智慧教室运用现代化手段切入整个教学过程，让课堂变得简单、高效、智能，有助于开发学生自主思考与学习的能力。智慧教室通过合理的空间设计与规划，带动课程发展、引领教学创新、丰富学习模式、促进行政革新、拓展社区关系。如图 4-35 所示为四川大学智慧教室。

图 4-35　四川大学智慧教室

4.5.9 创客空间

"创客空间"的英文名称很多，常用的有 hackerspace、hackspace、hacklab、makerspace、makerlab、creative space 等。"创客空间"的提出及概念出自著名的《创客杂志》："它是一个真实存在的物理场所，一个具有加工车间、工作室功能的开放交流的实验室、工作室、机械加工室。"创客空间经常会嵌入到大学、社区中心、成人教育等机构中，有的干脆直接建在工厂的厂房里。创客空间里的人们有着各自不同的经验和背景，因为在科学、技术、数码或电子艺术等领域具有相同的兴趣而聚集到一起，他们在创客空间里共享资源和知识，合作进行创造，最终将自己的创意变为现实。创客空间指的是社区化运营的工作空间，在这里，有共同兴趣的人们(通常是对电脑、机械、技术、科学、数字艺术或电子技术)可以聚会、社交，展开合作。"创客"(maker)是指出于兴趣与爱好，努力把各种创意转变为现实的人。在互联网背景下，创客又有了新的定义，他们可以利用开源硬件和互联网，把更多的创意转变为产品。如图 4-36 所示为上海市"主体创新实验室"。

图 4-36 上海市"主体创新实验室"

📖 **扩展阅读**

世界知名学府——美国麻省理工学院 1800 门课程网上公布，完全免费

世界知名学府——美国麻省理工学院(MIT)全部约 1800 门课程将向全世界开放。学习者足不出户就可在互联网上学习，并且一切免费。网址: http://ocw.mit.edu/index.html。目前，旨在推广应用 MIT 开放课程的镜像网站已在我国建立，高等学校联合机构"中国开放式教育资源共享"负责该网站的维护。中国学生可以直接登录该网站，免费获取 MIT 开放课程信息。

"开放课程"能使教育发挥最大潜能

美国《基督教科学箴言报》报道说，位于马萨诸塞州的麻省理工学院 2002 年开设"开放课程计划"(OCW)网站，现已公布 1550 门课程资料，今年年底之前其余课程材料也将在网站上公布。

至今全世界已有大约 120 所院校参与到这项计划中。除麻省理工外，马里兰州约翰斯·霍普金斯大学、密歇根州大学、印第安纳州圣母大学、犹他州大学等都是计划合作院校。作为一项"智力慈善事业"，"开放课程计划"提供教学大纲、视频和音频课程、笔

记、家庭作业等。参与计划的院校并不鼓励学生注册，只是激发学生的学习热情。麻省理工学院"开放课程计划"执行主任安妮·马古利斯说："我们认为，当知识得到公开和自由分享时，教育也能得到最大限度的发展。麻省理工学院利用因特网的力量，把这里编制的所有教育材料分发出去。"

远程教育在许多国家方兴未艾。与许多院校相比，麻省理工学院与合作院校提供的材料数量惊人。麻省理工学院助理教务长玛丽·李说，计划合作院校马萨诸塞州塔夫茨大学提供了 29 门课程，其中每门课内容相当于一本教科书。除课程内容外，麻省理工学院努力展示其教学方法。许多院校通常采取传统的教学方法，即首先教授理论，然后让学生练习所学知识。麻省理工学院采取"实践、理论、实践"的教学方法，其目的是让学生投入学习，在深入钻研理论之前感受学习的乐趣。

全世界学生对此"一网情深"

麻省理工学院和合作院校网站还把教学材料翻译成英文以外的其他语言。据马古利斯介绍，每月平均约 140 万人次浏览网页，其中包括伊拉克、苏丹达尔富尔地区，甚至南极洲居民。随着浏览人数的增加，网站收到越来越多学生的积极反馈。摩洛哥物理学教授尤尼斯·阿塔乌提上网时无意中发现"开放课程计划"网站，从此"一网情深"。他说："我认为，世界上没有哪个地方的大学比这家网站更慷慨。这是全世界人们第一次接触到高质量的课程。"来自中国的学生陈志英说："因为没有钱，许多聪明勤奋的学生没有机会学习最新知识和了解宇宙。但现在，因为'开放课程计划'，知识传播到越来越多的人，并将惠及整个人类。"来自法国巴黎的学生莱利·帕斯科说："麻省理工学院的'开放课程计划'是一项慷慨而且有远见的计划，比 1000 次伊拉克战争改变世界的作用还大。"

课程仍面临资金技术等难题

"开放课程计划"发展过程中面临资金、技术等难题。在所有课件中，全视频资料最受学生欢迎。然而，在 1000 多门课程中，眼下只有 26 门课程提供视频材料，共计约 1000 小时。增加视频材料面临资金短缺的窘境。"我们希望制作更多的视频材料，因为视频材料相当受欢迎，使用者也喜欢。"麻省理工学院"开放课程计划"执行主任马古利斯说，"但视频材料相当昂贵。"马古利斯说，"开放课程计划"依靠社会团体、个人慷慨解囊和麻省理工自筹资金。技术层面上，"开放课程计划"网站需要进一步改进。"我们需要非常快的宽带网和通信工具，"计划合作院校斯坦福大学继续教育项目主管说。

（资料来源：网易新闻网，http://news.163.com/）

【学习资源链接】

(1) 中国大学 MOOC(慕课)，http://www.icourse163.org

中国大学 MOOC 是由网易与高教社携手推出的在线教育平台，承接教育部国家精品开放课程任务，向大众提供中国知名高校的 MOOC 课程。在这里，每一个有意愿提升自己的人都可以免费获得更优质的高等教育。

(2) 优达学城，https://cn.udacity.com/

优达学城是来自硅谷的前沿技术学习平台。优达学城是由 Google X 创始人、Google 无人车之父 Sebastian Thrun 创立的"云端的大学"，提供在线认证和证书课程项目的计算机应用程序(可下载软件)；提供大学水平在线课程的计算机应用程序(可下载软件)。

(3) 学堂在线慕课，http://www.xuetangx.com/

该网站是国内优秀的慕课中心，主要由清华大学在线教育中心负责运作，其中有很多国内和世界级著名大学的慕课课程。

(4) Coursera，https://www.coursera.org/

Coursera 是免费大型公开在线课程项目，由美国斯坦福大学两名计算机科学教授创办，旨在同世界顶尖大学合作，在线提供免费的网络公开课程。

【教与学活动建议】

请任课教师组织学生到所在学校的网络中心参观、调查，了解校园网的构成及其功能。

请根据自己所学专业，选择合适的教学内容，制定一套微格教学实施方案，并在微格教室中按照此方案进行微格教学。教学结束后，请老师将微格教学的影像资料拿给同学们进行讨论，并对教学方案进行修改和完善。

针对多媒体网络教室的特点，选择合适的教学内容，制定教学方案，在多媒体网络教室进行教学，教学结束后和同学们共同分析教学效果如何、原因何在。

本章小结

本章共分为五节，详细介绍了多媒体教室、多媒体网络教室、微格教学系统、数字校园网络和远程教育的相关知识。通过这些知识的学习，学生应该深刻认识到学习环境在教育教学中的重要作用。

多媒体综合教室、多媒体网络教室是目前应用较为普遍的教学环境，这些教学环境支持开展多种类型的教学活动，还可基于多媒体综合教室和多媒体网络教室基本功能，创设新的教学环境，采用新的教学方法，以改变传统教学由于技术不足而主要依靠文字、语言符号表达教学信息、组织教学的弊端，进而提高教学绩效。

微格教学系统是师范生进行教学技能训练的现代化手段。掌握现代教育理论、构建微格教学系统、熟悉微格教学的基本过程是进行微格教学的前提。同时，导入技能、语言表达技能、提问技能、讲解技能、变化技能、强化技能、演示技能、板书技能、结束技能、课堂组织技能是微格教学的主要培训项目。

数字校园网络是计算机网络技术在学校教育教学、科研和管理中应用的产物。总体来说，校园网由软件系统和硬件系统组成的。其中，硬件系统是校园网的物质基础，主要包括服务器、客户机和网络互联设备。软件系统是校园网的应用系统，主要包括基础软件服务平台和应用软件服务平台。

在虚拟学习环境一节中提供了虚拟图书馆、第二人生、虚拟学习平台、慕课、视频会议系统等多种网上虚拟学习环境。

随着信息技术的不断发展以及其在教育领域的不断渗透，技术支持构建的学习环境对教学绩效的提高显得尤为重要。多媒体教室、多媒体网络教室、微格教学系统、数字校园网络和网上虚拟学习环境构建良好学习环境的具体案例，以优化教学、提高绩效为主要目的，为我们基于数字化学习环境开展日常教学提供了范例和指导。

思考与练习

1. 校园网络的主要硬件设备有哪些？简述其作用。

2. 校园网对学生的学习、教师的教学和学校的管理会带来哪些影响？

3. 什么是微格教学？掌握使用微格教学对教师开展教学技能训练的方法和步骤。

4. 什么是数字校园网？为什么要建设数字校园网？

5. 数字校园网络的基本结构模型有哪些？需要哪些设备？

6. 数字校园网的基本功能有哪些？试举例说明。

7. 通过各种方式体验虚拟学习环境，如慕课、第二人生等。

不愤不启，不悱不发，举一隅不以三隅反，则不复也。

——孔子(前551—前479)，中国古代伟大的思想家和教育家

第5章 信息化教学设计

本章学习目标

➢ 了解什么是信息化教学设计，了解信息化教学设计的基本内容。
➢ 了解以教为主的教学过程设计的一般模式。
➢ 熟悉以学为主的信息化教学设计的一般模式。
➢ 掌握翻转课堂中的教学设计。

核心概念

教学设计(Instructional Design)、教学目标(Instructional Objectives)、学习者特征(Learner Profile)、教学策略(Instructional Strategy)、教学媒体(Instructional Media)、教学评价(Instructional Evaluation)、翻转课堂(Flipped Classroom)

引导案例

《诗经·豳风·鸱鸮》中，描写了一只失去了自己小孩的母鸟，仍然在辛勤地筑巢。其中有几句诗："迨天之未阴雨，彻彼桑土，绸缪牖户。今此下民，或敢侮予！""绸缪"是指紧密缠缚，引申为修缮。这首诗的意思是说：趁着天还没有下雨的时候，赶快用桑树的皮把鸟巢的空隙缠紧，只有巢坚固了，才不害怕人的侵害。后来，大家把这几句诗引申为"未雨绸缪"，即趁着天还没有下雨，先修缮房屋门窗，比喻做任何事情前都应该事先准备，以免到时手忙脚乱。

教学设计就是教学活动的"未雨绸缪"，它是一个系统地规划教学系统的过程。通过研究、探索教学系统中各个要素之间及其要素与整体之间的本质联系，并在设计中综合考虑和协调它们的关系，使各要素有机结合以完成教学系统的功能。在这里可简单地把教学设计看作在正式实施教学活动之前，对将要进行的教学活动的设想和计划，从而保证教学活动能够顺利地进行下去。

(资料来源：百度百科中的"未雨绸缪"词条)

5.1 信息化教学设计概述

教学设计是 20 世纪 60 年代以来逐渐形成与发展起来的一门实践性很强的新兴学科，是教学技术领域的一个重要分支。作为教育技术学科体系中的核心课程，教学设计以解决教学问题、优化学习为目的，其理论研究与实践吸收了多种学科领域的内容，如心理学、教育学和系统科学等优秀研究成果，它是一个跨学科研究的领域。那么究竟什么是教学设计？又该如何进行教学设计呢？

5.1_信息化教学设计概述.mp4

5.1.1 教学设计的含义

教学设计是指以教学理论、学习理论和传播理论为基础，运用系统方法分析和研究学习需求，设计出解决教学问题的方法和步骤，形成教学方案，并对方案实施后的效果作出价值判断的规划过程和操作程序。其目的是优化教学过程，提高教学效果。

教学设计为实施教学活动提供了最佳的方案和措施，使得教学工作更加合理化、科学化。通过教学设计，可以解决"教什么"和"学什么"的问题，解决教学资源的问题，解决教学效果的问题。教学设计是对整个教学系统的设计。

🔑 **思考交流**

试述教学设计的过程和方法。

5.1.2 教学设计的层次

教学设计是一个问题求解的过程，根据教学问题的范围和大小的不同，教学设计也相应地具有不同的层次，即教学设计的基本理论与方法可用于设计不同层次的教学。教学设计一般可分为以下三个层次。

1. 以"产品"为中心的层次——教学产品设计

教学设计的最初发展是从以"产品"为中心的层次开始的。它把教学中需要使用的媒体、材料、教学包等当作产品进行设计。教学产品的类型、内容和教学功能常常由教学设计人员、教师和学科专家等共同确定。有时还听取媒体专家以及媒体技术人员的建议，对产品进行设计开发、测试评价。

2. 以"课堂"为中心的层次——教学过程设计

以"课堂"为中心的教学设计是对一门课程或一个单元，甚至一节课的教学过程进行的设计。对一门课程或单元的教学设计称为课程教学设计，对一节课或一个知识点的教学设计称为课堂教学设计。这一层次的设计一般由专门的教研机构组织教学设计人员、学科专家、教师和学生学习小组来共同完成。

3. 以"系统"为中心的层次——教学系统设计

相对于产品和课堂来说，这里的"系统"是指较综合的教学系统。例如，一所学校或一门新专业的课程设置、某行业职业教育中的职工培训方案等。这一层次的设计通常包括系统目标的确定及实现目标方案的建立、试行、评价和修改等，涉及内容多，设计难度较大。而且系统设计一旦完成就要投入范围很大的场合去使用和推广。因此这一层次的设计需要由教学系统设计人员、学科专家、教师、行政管理人员以及学生等共同完成。

5.1.3 教学设计的基本模式

目前关于教学设计模式的种类繁多，不同的教学设计模式有各自不同的设计步骤，但基本上都能清楚地解决四个基本问题：一是学习者的特点是什么；二是教学的目标是什么；三是教学资源和教学策略是什么；四是如何进行教学评价。对这四个基本问题的处理和展开各不相同，从而形成了为数众多的教学设计模式。

1. 肯普模式

肯普认为，一个教学系统应包括四个基本要素，即学生、方法、目标和评价。肯普认为，这四个基本要素及其关系是组成教学系统设计的出发点和大致框架，并由此引申，提出了一个教学系统设计的椭圆形结构模型，如图 5-1 所示。

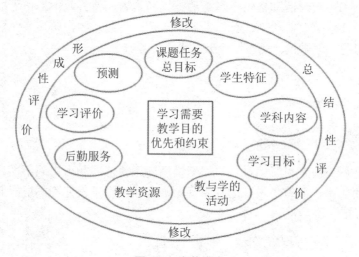

图 5-1 肯普模式

2. 迪克-凯瑞模式

迪克-凯瑞模式(见图 5-2)是典型的基于行为主义的教学系统设计模式。该模式从确定教学目标开始，到终结性评价结束，组成一个完整的教学系统开发过程。

3. 史密斯-雷根模式

史密斯-雷根把教学设计分为三个阶段：分析、策略和评价。第一阶段，分析学习环境、学习者、学习任务，制定初步的测验项目；第二阶段，确定组织策略、传递策略，设计教学活动过程；第三阶段进行评价，对设想的教学过程予以修正。

史密斯-雷根模式(见图 5-3)的特点是明确指出应设计三类教学策略。

(1) 教学组织策略：指有关教学内容应按何种方式组织、次序应如何排列以及具体教学活动应如何安排的策略。

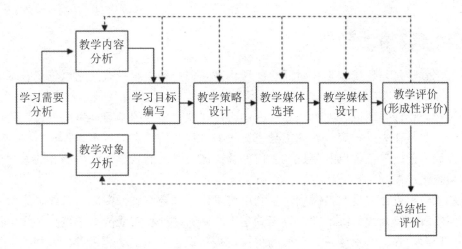

图 5-2　迪克-凯瑞模式

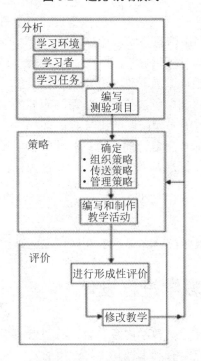

图 5-3　史密斯-雷根模式

(2) 教学内容传递策略：为实现教学内容由教师向学生的有效传递，应仔细考虑教学媒体的选用和教学的交互方式。传递策略就是有关教学媒体的选择、使用以及学生如何分组的策略。

(3) 教学资源管理策略：在前面两种策略已经确定的前提下，如何对教学资源进行计划与分配的策略。

☛ 思考交流

(1) 为什么可以把教学设计划分成第一代和第二代两种不同的模式？

(2) ID1 和 ID2 有哪些不同？

5.1.4　信息化教学设计

信息化教学是与传统教学相对而言的现代教学的一种表现形式，它以信息技术的支撑为显著特征。此外，信息化教学还涉及现代教学理念的指导和现代教学方法的应用。

传统教学设计强调以教师的"教"为中心，忽视"学"的学习环境的创设，而信息化教学设计，则是在先进教育理念的指导下，根据时代的新特点，以多媒体和网络为基本媒介，以设计"问题"情境以及促进学生问题解决能力发展的教学策略为核心的教学规划与准备的系统化过程。

信息化教学设计的目的是激励学生利用信息化环境合作进行探究、实践、思考、综合运用、问题解决等高级思维活动，以培养学生的创新精神和实践能力。这种教学设计基于建构主义理念，强调学生是认知过程的主体，是知识意义的主动建构者，有利于学生的主动探索和主动发现以及有利于创造型人才的培养是其突出的特点。

与传统的教学设计相比，信息化环境下的教学设计更加重视学习者的主体作用，通过各种新颖的学习方式，充分利用信息技术和信息资源，科学地安排教学过程中的各个要素，为学习者提供良好的信息化学习环境。

信息化教学设计不局限于课堂教学形式和学科知识系统，而是将教学目标组合成新的教学活动单元，以任务驱动"问题解决"作为学习与研究的主线，以学为中心，注重培养学生的信息能力、批判性思考能力和问题解决与创新能力。

信息化教学设计要求教师转变自己的角色。教师的教学设计和教学任务要基于学生学习的水平，对教学目标、课程标准、教学资源、活动过程、评价量规、个别指导等进行设计和组织实施。

💡 思考交流

传统教学设计与信息化教学设计有哪些不同？

5.2　以教为主的教学过程设计

5.2_以教为主的教学过程设计.mp4

以教为主的教学过程设计是把教学内容、教学活动当作设计工作的重心。它的优点是有利于教师主导作用的发挥，有利于按照教学目标的要求来组织教学，因而该类型的教学设计在各级各类学校的教学中都有很大的影响。

5.2.1　以教为主的教学过程设计的一般模式

以教为主的教学过程设计，主要是基于行为主义学习理论和认知主义学习理论。设计的焦点在"教师如何教"上，强调教师的主导作用，突出循序渐进、按部就班、精细严密地对教学进行设计。这类模式主要用于课堂教学，已有的教师、学生、课程计划、设施设备和各种资源都是设计的前提条件。设计的目的是解决教师在这些条件下如何做好教学工作，以完成预期的教学目标。这类模式设计的重点在于为了让学生达到教学目标的要求，选择什么样的教学策略和媒体材料。

下面介绍一种以教为主的教学过程设计模式，如图 5-4 所示。

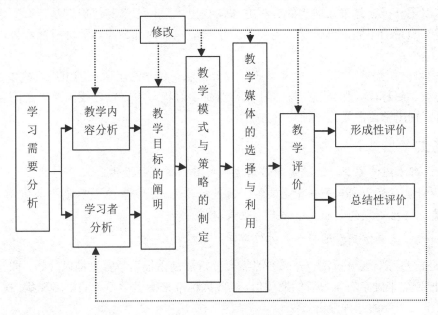

图 5-4　以教为主的教学过程设计的一般模式

5.2.2　以教为主的教学过程设计要素分析

从图 5-4 中可以看出，以教为主的教学过程设计包括学习需要分析、教学内容分析、学习者分析、教学目标的阐明、教学模式与策略的制定、教学媒体的选择与利用以及教学评价七个要素。

1. 学习需要分析

教学设计是一个问题求解的过程，只有发现了问题、认清问题的本质，才能更好地解决问题。而对问题的鉴别与分析通常也称学习需要分析。

1) 学习需要的含义

学习需要是指在某一特定的情境下，学习者学习方面目前的状况与期望达到的状态(或应该达到的状态)之间的差距。目前的状况是指学习者群体在能力素质方面已达到的水平，期望的状况(或应该达到的状况)是学习者应当具备的能力、素质。

2) 学习需要分析的内容

学习需要分析是指经过系统化的调查研究，发现教学中存在的问题，通过分析问题产生的原因，从而确定问题的性质，并论证解决该问题的必要性和可行性。即学习需要分析是寻找差距发现问题，而不是寻求解决问题的方法。

学习需要分析的内容包括以下几个方面。

(1) 通过调查研究，分析教学中是否存在需要解决的问题。

(2) 分析存在问题的性质，以判断教学设计是不是解决这个问题最合适的途径。

(3) 分析现有的资源及约束条件，以论证解决该问题的可能性。

(4) 分析问题的重要性,确定解决问题的优先次序。

3) 学习需要分析的方法

学习需要分析就是采取适当的分析方法,找出"是什么"和"应该是什么"之间的差距。根据参照系的不同,分析学习需要的方法一般包括内部参照需要分析法和外部参照需要分析法两种。

(1) 内部参照需要分析法。内部参照需要分析法是由学习者所在的组织机构内部,用已经确定的教学目标(期望的状态)与学习者的当前学习状态作比较,找出两者之间存在的差距,从而鉴别出学习需要的一种分析方法。

☞ **小贴士**

采用内部参照需要分析法确定学习需要一般有以下几种方法。

① 设计测试题、问卷等让学生回答,通过对其统计、分析来获取期望信息。

② 查阅学生近期的学业成绩和表现记录材料。

③ 对与学生有密切关系的人员进行访问、座谈。

(2) 外部参照需要分析法。外部参照需要分析法是指根据教育机构以外的,即社会的要求(或职业要求)来确定对学习者的期望值,以此为标准来衡量学习者的学习现状,找出差距,从而确定学习需要的一种分析方法。

☞ **小贴士**

采用外部参照需要分析法确定学习需要一般有以下几种方法。

① 对毕业生进行跟踪访谈、问卷调查,获取毕业生在实际工作中感受到的需求,以及他们对学校工作的意见和建议,从而获得社会需求和学习者现状的信息。

② 进行专家访谈,了解当今社会及未来发展对人才在知识、技能和素质方面的要求,以获得社会的需求信息。

③ 查阅毕业生所在单位的记录,了解用人单位对毕业生的评价,从而获取社会的需求信息。

④ 现场调研,深入工作第一线,获取对人才能力素质要求的第一手信息。

在实际分析时,可采取内外结合的方法,如图 5-5 所示。根据外部社会需求调整修改已有的教学目标,并以修改后目标所提出的期望值与学习者的现状相比较找出差距。

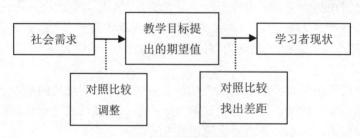

图 5-5 内外结合学习需要分析法

2. 教学内容分析

通过学习需要分析,我们已揭示出教学中存在的问题及其主要原因,紧接着需要考虑的问题是怎么填补这个差距,也就是用什么样的教学内容去促进学生能力的发展变化,这就是教学内容分析。

1) 教学内容分析

教学内容是指为实现教学目标，要求学习者系统学习的知识、技能和态度的总和。教学内容的分析是以教学目标为依据，进而规定学习内容的范围、深度和揭示学习内容各部分之间的联系。

2) 教学内容分析的方法

(1) 归类分析法。归类分析法主要是研究对有关信息进行分类的方法，旨在鉴别为实现教学目标所需要学习的知识点，它比较适合于言语信息类教学内容的分析。确定分类方法后，或用图示，或列提纲，把实现教学目标所需学习的知识归纳成若干方面，从而确定教学内容的范围。

(2) 图解分析法。图解分析法是一种用直观形式揭示教学内容要素及其相互联系的内容分析方法，常用于对认知教学内容的分析。图解分析的结果是一种简明扼要、提纲挈领地从内容和逻辑上高度概括教学内容的一套图表或符号。这种方法的优点是，使分析者容易觉察内容的残缺或多余部分以及相互联系中的割裂现象。

(3) 层级分析法。层级分析法是用来揭示为了达到总教学目标所要求掌握的从属目标(技能)的一种内容分析方法。它是一个逆向分析的过程，即从已确定的教学目标开始考虑，要求学习者为了获得教学目标规定的能力，他们必须具有哪些次一级的从属能力？而要培养这些次一级的从属能力，又需具备哪些再次一级的从属能力？依次类推。

(4) 信息加工分析法。信息加工分析法是由美国心理学家罗伯特·加涅(Robert Gagne)提出的。这是一种将教学目标要求的学习者心理操作过程揭示出来的方法。即分析要完成特定的教学目标时，学习者要经历怎样的心理活动程序或过程。这种方法揭示出了学习者在学习或解决问题时所进行的思维活动过程，这一步步的心理过程就构成了需要学习的内容。

3. 学习者分析

教学设计的目的是促进学习者学习，而学习者作为学习活动的主体，他们所具有的认知和情感等特征都将对学习产生影响。教学方案是否与学习者的特点匹配，是决定教学成功与否的关键因素。因此分析学习者的特征是教学设计工作中非常重要的环节。学习者分析包括一般特征分析、个性差异分析和初始能力分析。

1) 一般特征

学习者的一般特征是指学习者具有的在遗传因素和环境相互作用下形成的，对学生产生影响的生理、心理以及社会等方面的特点。它涉及学习者的年龄、性别、心理发展水平、学习动机、人格因素、生活经验以及社会背景等诸多方面，了解这些内容对教学设计是有帮助的。对学生一般特征的分析方法主要有观察法、调查法、查阅文献法等。

2) 个性差异

个性也称为人格，是一个人心理特征的总和。这些特征决定着人的外显行为和内隐行为，从而使其与别人的行为有稳定的区别。对学习有重大影响的个性特征有动机与兴趣、智力与认知方式、性格与气质等。

3）初始能力

学习者初始能力是学习者在学习特定的学科内容之前，已经具备的相关知识和技能，以及对相关内容的认识与态度等。学习者初始能力分析一般采用预测法，包括对预备技能的分析、对目标技能的分析和对学习态度的分析。

4．教学目标的阐明

教学目标的分析与阐明决定着教学的方向、教学内容的确定、教与学活动的设计、教学策略和模式的选择与设计、学习环境的设计、学习评价的设计等。教学目标的阐明是教学设计中的一个重要环节。

1）教学目标的分类

对教学目标进行分类可以使琐碎的目标变得有序，可以防止目标分析中的疏漏与偏颇。目前影响比较大的目标分类理论主要是布卢姆的教学目标分类理论。在这个理论体系中，布卢姆将教学活动所要实现的整体目标分为认知、情感、动作技能三大领域，并从实现各个领域的最终目标出发，确定了一系列目标序列。其中，认知领域的目标分为识记、领会、运用、分析、综合和评价六个层次；动作技能学习领域的目标分为感知、准备、有指导的反应、机械动作、复杂的外显反应、适应、创新七级；情感学习领域的目标分为接受或注意、反应、评价、组织和价值与价值体系的性格化五级。

在我国，新课程标准强调，无论哪一门学科，都要在课程的总体目标上落实"知识与技能、过程与方法、情感态度与价值观"的三维目标。三维目标是当代知识观在教育中的体现，是知识的本质和价值在课程知识观中的体现。三维目标在具体的教学活动中是不可分割的，是统一的整体，为当前教学目标的编写提供了依据。

2）教学目标的编写

教育心理学家一致认为，教学目标的重点应说明学习者行为或能力的变化，而且能反映学习者在完成教学之后具有什么新的能力。教学目标是从学习者的学习过程中提取出来的，而不是设计者或教育者施加给学习过程的。因此，教学目标必须是特定而具体的，必须反映学习者的学习行为。一般采用以下两种方法。

(1) ABCD法。一个规范的教学目标包括行为、条件、标准、教学对象四个要素。为了便于记忆，把编写教学目标的方法简称为 ABCD 法。

A——对象(Audience)，就是要指明特定的教学对象，有时候如果教学对象已经明确了，就可以从目标中省去。

B——行为(Behavior)，是教学目标中必不可少的要素，它表明学生经过学习以后能做什么和应该达到的能力水平。一般情况下，使用一个动宾结构的短语来描述行为，其中动词是一个行为动词，它表明了学习的类型，而宾语则说明了具体的教学内容。

C——条件(Condition)，说明了上述行为是在什么样的条件下产生的。所以在评价学生的学习结果时，也应以这个条件来衡量。条件一般包括下列因素：环境、设备、时间、信息以及同学或老师等有关人的因素。比如，"在 30 秒内完成 10 个仰卧起坐"就规定了完成仰卧起坐的具体时间；再如，"查字典，翻译下面的英语短文"就考虑了信息方面的因素。

D——标准(Degree)，表明了行为合格的最低要求。

☞ **小贴士**

ABCD 法示例

"初中二年级上学期的学生(教学对象),能在 5 分钟内(条件),完成 10 道因式分解题(行为),准确率达 95%(标准)。"

采用 ABCD 法,并不是四个要素必须一应俱全。其中只有行为要素不能省略,而其他三个要素都可以根据具体情况适当省略。

(2) 内外结合法。行为目标虽然避免了传统目标中陈述含糊的不足,但它本身也存在缺陷。它在很大程度上忽视了学习者内在的认知和情感的变化。这样,用内部过程和外显行为相结合的教学目标阐明方法应运而生。

用内外结合法陈述的教学目标由两部分构成:第一部分为一般教学目标,用一个动词来描述学生通过教学所产生的内部变化,如记忆、知觉、理解、创造、欣赏等;第二部分为具体的教学目标,列出具体的行为样例,即学生通过教学所产生的能反映内在心理变化的外显行为。

☞ **小贴士**

内外结合法示例

教学目标是"培养学生关心班集体的态度"。态度本身是无法观察的,但是通过列举一些学生的具体行为变化,来反映他们的态度是否已经改变,学习结果也就能够观察出来了。上面这个教学目标可以这样描述。

内部心理描述:具有关心班集体的态度。

列举行为样例:

认真做值日。

主动做对班集体有益的事情。

积极参加班集体组织的各项活动。

在年级或全校的各项比赛中,积极为自己的班级争取好成绩。

5. 教学模式与策略的制定

在构建了教学目标后,接下来就要考虑"如何教""如何学"的问题,这就要涉及制定教学模式与策略的问题。

1) 教学模式的制定

教学模式是在一定的教学理论和学习理论的指导下,为完成特定的教学目标和内容而围绕某一主题形成的比较稳定的简明教学结构理论框架及其具体可操作的教学活动方式。

在以教为主的教学模式中,比较有代表性的、对我国教育教学有较大影响的教学模式主要有先行组织者教学模式、五环节教学模式、情境-陶冶教学模式、示范-模仿教学模式等。

先行组织者教学模式是奥苏贝尔的有意义学习理论的一个重要组成部分。提供先行组织者的目的,就在于用先前学过的材料去解释、整合和联系当前学习任务中的材料。该模式的教学过程主要由三个阶段构成，具体如图 5-6 所示。

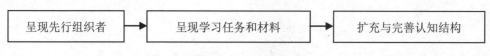

图 5-6　先行组织者教学模式

五环节教学模式源于赫尔巴特学派的"五段教学法"，后来经过苏联及国内教育学家改造成以下模式。该模式的教学过程如图 5-7 所示。

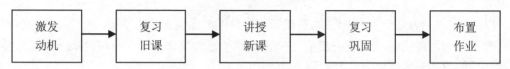

图 5-7　五环节教学模式

情境-陶冶教学模式有时也称暗示教学模式，主要通过创设某种与现实生活类似的情境，让学生在思维高度集中但精神完全放松的情境下进行学习。通过学生与他人的充分交流和合作，提高学生的合作精神和自主能力，以达到陶冶修养和培养人格的目的。这是一种主要用于实现情感领域教学目标的教学模式。该模式的教学过程如图 5-8 所示。

图 5-8　情境-陶冶教学模式

示范-模仿教学模式是一种主要用于动作技能领域的教学模式，该模式的教学过程如图 5-9 所示。

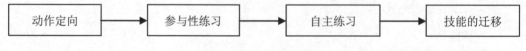

图 5-9　示范-模仿教学模式

2) 教学策略的选择

教学策略是指为了完成特定的教学目标而采用的灵活多样的教学方式，主要包括教学方法、教学组织形式的选择等一些具体的教学问题。

(1) 教学方法的选择。教学方法是教师和学生为了达到教学目标、完成教学任务，以教学原则为指导，借助一定的教学手段(工具、媒体或设备)，而进行的师生相互作用的活动。在教学过程中，教师和学生都必须采用一定的方法、运用特定的形式和利用恰当的媒体，才能顺利完成教学。

根据教学方法的外部形态以及教师在课堂教学中使用的手段来分类，教学方法主要有以下五种。

① 以语言教授为主的方法：讲授法、谈话法、讨论法等。

② 以直接感知为主的方法：演示法、参观法等。

③ 以实际训练为主的方法：练习法、实验法、实习作业法等。

④ 以欣赏活动为主的方法：欣赏法等。

⑤ 以引导探究为主的方法：发现法等。

由于教学学科、教学内容、学习目标，尤其是教学对象的不同，一般来说，教师所选用的教学方法也应该不同。通常，选择教学方法主要依据教学目标、学科的特点、教学内容、学生的实际情况以及教师本身的素养条件。从实践结果来看，讲授法、谈话法对学生记忆类的学习有帮助，而讨论法、练习法、实验法对学生在学习过程中发现概念或原理有较好的帮助。如果以学科的角度归纳，在文科类的教学中，使用讲授法、谈话法、讨论法所取得的效果较好，而在理科类的教学中，演示法、练习法、实验法所取得的效果较为理想。

(2) 教学组织形式的选择。教学组织形式是指在教学过程中，师生的共同活动在人员、程序、时空关系上的组合形式。当前教学组织形式主要有班级授课、个别化学习和小组学习三种类型。

三种教学组织形式各有其适用的方面，为了达到优化教学效果的目的，在制定教学策略的时候，必须进行综合考虑，取长补短，逐渐减少教师的集体授课时间，更多地安排个别化学习和小组学习的形式，使学生能积极、主动地参与到教学过程中来，提高他们各方面的素质能力。

📖 知识扩展

由于学生的需求不同、教学目标和教学内容不同，不存在适用于一切教学活动的教学模式与策略。教学设计者只有掌握一系列适用于不同目标、内容及对象的各种教学模式与策略，才能在教学设计中创造出最有效的教学环境，取得最佳的教学效果。

6. 教学媒体的选择和利用

1) 选择教学媒体的依据

选择教学媒体可依据教学目标、教学内容、教学对象和教学条件等因素。媒体在教学中的使用目标可以分别表述为展示事实、创设情境、提供示范、呈现过程、设疑思辨等。

2) 选择教学媒体的方法

(1) 确定教学媒体的使用目标：依据知识点的学习目标，认真分析教学内容，确定教学媒体的使用目标，即确定在完成该学习目标时媒体在教学中的作用。由于教学过程是复杂的、动态的，随着教学内容、教学对象、教学方法的不同，教学媒体所起的作用也不是固定不变的。而且，同一种媒体随着使用方式的不同，对实现教学目标的作用也是不同的。

(2) 选择教学媒体的类型：依据教学媒体的使用目标和教学对象的特点，按照教学媒体层次的划分，选择合适的媒体类型。

(3) 确定教学媒体的内容：媒体类型确定后，可查阅资料目录，确定所选媒体的具体内容。如果现有教学媒体内容合适，则可在教学中使用；否则可通过选编、修改，甚至重新制作等方法来确定内容合适的教学媒体。

此外，在选择教学媒体时也可以基于媒体选择最小代价的原则，采用流程图选择法、矩阵选择法、问卷选择法等进行选择。

7. 教学评价

教学评价是教学设计的重要因素之一，无论是对教学设计过程中涉及的多种因素的评价，还是对教学设计结果的肯定或否定、修改及完善等，评价活动始终要体现教学设计的价值，引导教学设计活动朝着实现预定目标的方向前进。

1) 教学评价的含义

教学评价是指按照一定的教学目标，运用科学可行的标准和方法，对教学活动的过程及其结果进行测量和价值判断的过程。从以上定义可以看出以下两点。

一是教学评价是按照教学目标进行的，明确教学目标是进行教学评价的前提。因此，教学目标的分类理论与方法及当代教育目标理念的发展变化主导着教学评价的进程和方法，是制定教学评价指标的依据。

二是教学评价是对教学过程、教学成果的价值判断。这说明教学评价既涉及过程又涉及结果。

2) 教学评价的类型

依据不同的分类标准，教学评价可划分为不同的类型。下面介绍按照评价的功能来划分的几种类型，以便在实践中选择使用。

(1) 诊断性评价。这种评价也称教学前评价或前置评价，一般是在某项活动开始之前，为使计划更有效地实施而进行的评价。通过诊断性评价，可以了解学习的准备情况，也可以了解学生学习困难的原因，由此决定对学生采取适当的教学策略。

(2) 形成性评价。形成性评价是在教学进行过程中，为引导教学前进或使教学更完善而进行的对学生学习结果的确定。它能及时了解阶段教学的结果和学生学习的进展情况、存在问题等，以便及时反馈以改进教学工作。如一个单元活动结束时的评估、一个章节后的小测验等。形成性评价一般又称为绝对评价，即它着重于判断前期工作达到目标的情况。

(3) 总结性评价。总结性评价又称事后评价，一般是在教学活动告一段落时为把握最终的活动成果而进行的评价。例如，总结性评价学期末或学年末各门学科的考核、考试，目的是检验学生的学习是否达到了各科教学目标的要求。总结性评价注重的是教与学的结果，借此对被评价者所取得的成绩作出全面鉴定，区分等级，对整个教学方案的有效性作出评定。对于提高教学质量来说，重视形成性评价比重视总结性评价更有实际意义。

3) 教学评价的步骤

教学评价通常包括制订评价计划、选择评价方法、试用设计成果和收集资料、归纳和分析资料以及报告评价结果等几项工作。

(1) 制订评价计划。这部分工作是一项基础性的工作，主要包括以下几个方面：确立应收集的资料，确立评价标准、评价条件和评价者。

(2) 选择评价方法。不论收集哪种类型的资料，都要借助某些方法，在教学系统设计成果的形成性评价中，主要使用测验、调查和观察三种评价方法。这三种方法在收集资料方面各有所长，如测验适宜于收集认知目标的学习成绩资料；调查适宜于收集情感目标的学习成绩资料；观察适宜于收集动作技能目标的学习成绩资料。此外，调查和观察还经常被用来收集教学过程的各种资料，前者适宜于收集学生、教师和管理人员对教学的反应资料；后者适宜于收集设计成果的使用是否按预先制订计划进行的资料。

(3) 试用设计成果和收集资料。这是两项不同性质的工作，但几乎是同时进行的，前者是手段，后者是目的。

(4) 归纳和分析资料。通过上述的观察、测验和问卷，评价者获得了一系列所需的资料，对资料做深入分析，并在此基础上酝酿设计成果的修改方案。

(5) 报告评价结果。由于修改设计成果的工作不一定马上就进行，也不一定由原设计者来做，因此需要把试行和评价的有关情况和结论形成书面报告。评价报告以简明扼要为宜，具体资料如各种数据、访谈、记录、分析说明等可以作为附件。

5.2.3　以教为主的教学过程设计案例

1. 教学设计

小学语文《蜘蛛会被自己织的网粘住吗》的设计[①]

日照市第三实验小学

1) 教材内容

选择自编课本趣味动物篇《蜘蛛会被自己织的网粘住吗》。具体内容如下：本课是一则知识性短文，写的是蜘蛛会结网捉虫，苍蝇、蚊子碰到网就被粘得牢牢的，想逃也逃不了，而蜘蛛身上有一层油，它在网上爬来爬去，自己是不会被粘住的。

2) 学习者分析

(1) 学生原有认知结构中有"油脂"的感性认识，及其并列组合概念"水"的相关知识。

(2) 学生思维活跃，能跟上教师的思路，并用完整的话回答教师的提问。

(3) 学生学习不具有自觉性，需要教师设计好教学环节，并给予充分的关注和指导。

3) 教学内容与学习水平的分析与确定

(1) 知识点的划分与学习水平的确定(参见表 5-1)。

表 5-1　知识点的划分与学习水平的确定

课目名称	知 识 点	学习水平			
		识记	理解	应用	分析综合
蜘蛛会被自己织的网粘住吗	(1)字：蜘、蛛、织、网、粘、结、苍、蝇、蚊、碰、牢、想、逃、油、脂、层	√	√		
	(2)了解蜘蛛的特点；理解蜘蛛为什么不会被自己织的网粘住		√		
	(3)能理解课文的含义，正确、流利、有感情地朗读短文		√		

(2) 学习水平的具体描述(参见表 5-2)。

表 5-2　学习水平的描述

知识点	教学目标	描述语句
(1)	识记	正确读出字音、分析字形，正确拆分，正确编码
	理解	理解字、词的意思
(2)	理解	了解蜘蛛的特点；理解蜘蛛为什么不会被自己织的网粘住
(3)	理解	理解课文的含义

(3) 分析教学的重点和难点。

重点：理解蜘蛛为什么不会被自己织的网粘住。

[①] 何克抗. 教育技术培训教程(教学人员·初级)[M]. 北京：高等教育出版社，2005.

4) 教学媒体的选择与运用(参见表 5-3)

表 5-3　教学媒体的选择与运用

知识点	学习水平	多媒体网络资源、工具的形式、来源	多媒体网络资源、工具的主要内容	使用时间	多媒体网络资源、工具及课件的作用	使用方式或教学策略
(1)	识记理解	自编计算机课件 1	生字的音、形、意、扩词	8分钟	创设情境	教师演示传递—接受
(2)	理解	自编计算机课件 2	课文录音、专家解说	8分钟	提供资源	教师演示传递—接受
(3)	理解	自编计算机课件 3	课文录音	3分钟	提供资源	示范—模拟

5) 课堂教学过程结构的设计(参见图 5-10)

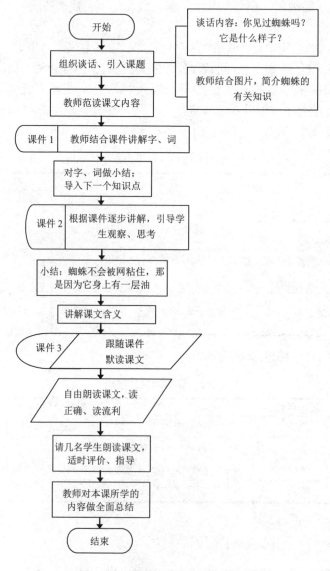

图 5-10　课堂教学过程结构的设计

6) 形成性练习题的设计(参见表 5-4)

表 5-4 形成性练习题的设计

知识点	教学目标	题目内容	引导或答案
(1)	识记	读音节输入汉字: zhī zhū　　　cāng ying　　　wén zi (　　　)　　(　　　)　　(　　　) zhī wǎng　　　yóu zhi　　　zhān zhù (　　　)　　(　　　)　　(　　　)	蜘蛛、苍蝇、蚊子、织网、油脂、粘住
(2)	理解	蜘蛛为什么不会被自己织的网粘住呢?	因为它身上有一层油

思考交流

上述案例有哪些优点?

2. 课堂点评

《蜘蛛会被自己织的网粘住吗》一课主要采用的形式是"教师演示",强调的是教师的主导地位,在教学过程中,教师扮演的是一种传授角色,学生在教师的循循善诱下,循着教师的教学环节设计,有步骤地完成学习内容,达到一定的教学效果。

5.3 以学为主的信息化教学设计

20 世纪 90 年代以后,随着多媒体和网络技术的日益普及,信息技术在教学中发挥的作用越来越明显。基于建构主义的全新教学设计理论也在逐渐形成和发展,基于"学"的教学设计——信息化教学设计应运而生。这种设

5.3_以学为主的信息化教学设计.mp4

计强调发挥学习者在学习过程中的主动性和建构性,就是运用系统方法,以学为中心,充分利用现代信息技术和信息资源,科学地安排教学过程的各个环节和要素,以实现教学过程的优化。具体来说,就是应用信息技术构建信息化环境,获取、利用信息资源,支持学生的自主探究学习,培养学生的信息素养,提高学生的学习兴趣,从而优化教学效果。信息化教学设计总的来说强调以下几点。

(1) 以"学"为中心,注重学习者学习能力的培养。教师作为学习的促进者,引导、监控和评价学生的学习进程。

(2) 充分利用各种信息资源来支持学。

(3) 以"任务驱动"和"问题解决"作为学习和研究活动的主线,在相关的有具体意义的情境中确定和教授学习策略与技能。

(4) 强调"协作学习"。这种协作学习不仅指学生之间、师生之间的协作,也包括教师之间的协作,如实施跨年级和跨学科的基于资源的学习等。

(5) 强调针对学习过程和学习资源的评价。

5.3.1 以学为主的信息化教学设计的一般模式

以学为主的信息化教学设计主要是研究如何设计教学过程来帮助"学"，即树立以"学"为中心的教学观。由于长期以来课堂教学一直由教师主导、在教师的组织下进行，因此讨论得更多的是如何"教"的问题，对于如何设计帮助学生"学"论述得较少。近年来随着信息技术的飞速发展以及建构主义理论的兴起，人们开始越来越关注课堂教学中如何更好地发挥学生的主动性。关于以学为主的信息化教学设计，目前没有更多现成的模式，但我们可以从传统教学与信息化教学二者中进一步明确信息化教学设计需要关注的主要因素，如表5-5所示。

表5-5 传统教学与信息化教学的区别

关键要素	传统教学	信息化教学
教学策略	教师导向	学生探索
讲授方式	说教性讲授	交互性指导
学习内容	定向性学科知识	带逼真任务的多学科融合
作业方式	个体作业	协同作业
教师角色	教师作为知识施与者	教师作为帮促者
分组方式	同质分组	异质分组
评估方式	针对事实性知识	基于绩效的评估

从以上传统教学与信息化教学二者的区别上大致看出，信息化教学设计的核心是强调以学习者为中心，围绕一定的学习主题开展自主与协作学习，具体体现在教师角色、学习内容、评价方式等方面发生的一系列变化上。这里我们从三部分来分析以学为主的信息化教学设计的一般模式，具体如图5-11所示。

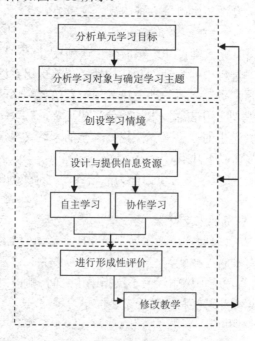

图5-11 以学为主的信息化教学设计的一般模式

以学为主的信息化教学设计的一般模式描述了教学设计的基本过程。在具体实施时，可以按照实际情况灵活把握，重点体现出以学生为中心，把"任务驱动"和"问题解决"作为贯穿学习活动的主线，利用各种信息资源来支持学习，强调自主学习与协作学习，注重对学习过程的评价等即可。

🔑 思考交流

"以教为主"与"以学为主"的教学过程设计的一般模式有何不同？

5.3.2 以学为主的信息化教学设计要素

从图 5-11 中可以看出，以学为主的信息化教学设计包括分析单元学习目标、分析学习对象与确定学习主题、创设学习情境、设计与提供信息资源、自主学习设计、协作学习设计和形成性评价设计七个要素。

1. 分析单元学习目标

以学为主的信息化教学设计是依据知识单元的学习任务而确定教学目标的。它反映了通过该单元的学习后，学习者应该掌握的基本知识、基本技能，以及情感的变化和解决问题能力的提高等。

学习目标的表述不是基于单一知识点，而是基于知识单元，因此具有整体性的特点。具体学习目标的表述仍然采用内外结合的方式，但在描述外在行为变化的同时，要更加注意内在情感的变化和能力的形成。通常采用较宽泛的行为动词(如了解、掌握、学会、树立等)来描述，具有一定的弹性。

2. 分析学习对象与确定学习主题

因为信息化教学设计要体现以学习者为中心，因此，要全面分析学习对象。除了前述提到的分析学习者的一般特征、个性差异和初始能力外，还有一个重要的因素，那就是学习者的信息素养。信息素养高的学习者在基于资源的学习过程中能够更好地学习，并能达到好的学习效果；否则，将无法适应基于资源的学习。学习者的信息素养制约着基于资源的学习过程。

💡 小贴士

信息素养包括关于信息和信息技术的基本知识和基本技能，运用信息技术进行学习、合作、交流和解决问题的能力，以及信息的意识和社会伦理道德问题。深入了解、分析学习者的信息素养状况，对采用相应的学习策略和设计学习活动过程结构具有重要意义。

学习主题的确定是信息化教学设计的核心。在认真分析单元学习目标、学习内容、学习对象的基础上，提出为达到学习目标需要解决的关键问题，这个问题的解决过程，就是完成该知识单元学习的过程。

确定学习主题要考虑两方面因素。一是要依据认知弹性理论，设计适合高级领域学习的问题。即这里所设计的问题不应是简单的、轻而易举可以找到答案的，而应该有一定的难度，涵盖了该知识单元的学习任务，并和现实情境有密切联系的、需要学习者付出努力才能找到解决方法的实际问题。二是要依据"最近发展区"理论设计学习主题，主题要恰当，适合学生探究。

3. 创设学习情境

建构主义者认为，学生的学习总是与一定的社会文化背景即"情境"相联系，创设与当前学习主题相关的、尽可能真实的情境，有利于唤醒长时记忆中有关的知识、经验或表象，从而使学习者能利用自己原有的认知结构中的有关知识与经验去同化当前学习的新知识，或者对原有认知结构进行重组与改造。

要利用多媒体技术与网络技术为核心的现代信息技术尽可能创设生动、有趣的学习情境，引导学生多角度、多方位地对情境内容进行分析、比较、综合。

4. 设计与提供信息资源

信息资源是指支持学习者进行自主学习的各种必要条件。在现代信息技术条件下，学习资源包括各种 CAI 课件、网络课程、教学平台、信息资源库等。丰富的信息资源是建构主义学习必不可少的条件。信息资源的设计，是指确定学习本主题所需信息资源的种类以及每种资源所起的作用。在信息资源设计时，必须详细考虑学生解决问题时需要查阅哪些详细的资料，需要了解哪方面的知识。

5. 自主学习设计

自主学习的核心是激发学生的积极性和主动性，充分体现学生的主体地位。自主学习策略的具体形式较多，但无论什么形式都要求学生自主探索、自主发现。常见的自主学习策略主要有支架式、抛锚式、启发式、探究式、学徒式、随机进入式等。在选择自主学习策略时，需要考虑主客观条件。主观条件是指学习者的智力因素和非智力因素；客观条件是指知识内容的特征。

6. 协作学习设计

协作学习是在个人自主学习的基础上，通过小组讨论、协商，以进一步完善和深化对主题的意义建构。整个协作学习过程均由教师组织引导，讨论的问题皆由教师提出。

7. 形成性评价设计

以学为主的信息化教学设计的评价不仅重视学习结果的评价，更重视学习过程的评价。在评价方法上多采用案例、量规和档案袋等形式。

1) 案例评价

由教师根据学习任务给出解决该类问题典型的范例。这些范例可以是教师或其他人完成的作品，也可以是以前的学生完成的作品。

学习者可以参照这些范例中解决问题的思路、方法，对照自己的学习过程和成果进行自我评价，也可以进行互评。

2) 量规评价

量规是一个为评估工作(作业或产品)和获取反馈信息而使用的评分标准。它是一种结构化的定量评价工具，可操作性强，准确性高，常用来评价、管理和改善学习行为而设计的某种标准。

量规有一套等级标准，每个被认为重要的评价方面、元素都有一个等级指标，每一个元素的等级指标由几个等级组成,用于描述不同的绩效水平。如在评价多媒体课件时,可以把课件内容、教学设计、制作技术、操作应用等方面作为重要的评价要素或指标,在每个要素或指标里,根据实际情况可以进一步细化二级或三级指标,分别描述不同指标的绩效水平,具体描述如表 5-6 所示。[①]

表 5-6　多媒体课件评价指标体系表

一级指标	二级指标	评价标准	权重	合计
课件内容	选题	选题有价值,具有典型性,突出重点,主次分明,能解决教学中的重难点问题	8	20
	内容组织	内容编排逻辑合理,符合学习者的认知规律	6	
	资源扩展	提供丰富的与课件内容密切相关的多种资源	6	
教学设计	学习目标	有明确的学习目标和教学基本要求	10	25
	信息呈现	媒体选择恰当,能激发学习者的学习动机和维持学习者的兴趣	10	
	练习评价	提供不同层次的练习和及时有效的评价反馈	5	
制作技术	素材质量	图片、视频清晰,音效质量高,动画生动准确,媒体格式符合有关技术标准	13	30
	界面设计	界面设计简洁、美观,布局合理,风格统一,色彩协调,重点突出,搭配得当	13	
	安全可靠	课件能正常、可靠运行,各功能按钮能正常工作,没有链接中断或错误,没有明显的技术故障	4	
操作应用	操作使用	操作方便,使用简单	10	25
	导航链接	导航明确,设计合理,链接明显易辨,准确无误	10	
	帮助说明	有明确清晰的指导说明	5	

　　为了使学习者能更清楚地了解学习的要求,教师可以设计一套评价用的指标体系,供学习者对照检查,这种供评价用的指标体系通常称为量规。指标体系应简单、明确,便于操作。学习者通过使用量规,可以明确自己在学习过程中应该如何去做,做到什么程度才算合格。

小贴士

　　量规是基于绩效的评价,充分运用特定的标准形成多主体、多维度评价,适用于多样化学习活动效果的评价。在日常教学中,设计一个量规并不难,难的是量规设计的效用性问题,即所设计的量规是否最适合当前教学评价需求,是否有实际价值或操作性。

3) 档案袋评价

　　档案袋评价(Portfolio Assessment)是一种典型的基于过程的评价。随着当代信息技术的广泛应用,出现了各种丰富多彩的电子档案袋形式,推动了档案袋评价的迅速发展。

　　档案袋又译为文件夹,是依据一定的目的,收集反映学生学习过程中所做的努力、取

[①] 此评价量规引自"天空教室"杯江苏省高校第三届多媒体教学课件竞赛作品评价量规,并略做修改。

得的进步、最终成果以及学习反思的一整套材料，是对个人作品的系统收集。依据使用目的、提交对象等不同，档案袋可以有不同的种类。以档案袋的不同功能为标准，常用的学习档案袋主要有三种类型：描述学生进步的档案袋、展示学生成就的档案袋和评估学生状况的档案袋。

作为过程性评价的一种形式，学习档案袋的制作一般包括规划设计、选择材料、反思交流三个阶段，其中最重要的就是要规划设计好档案袋，这样才能保证学习档案袋的质量和扩展性。

知识扩展

在规划设计档案袋时，学生和教师需要考虑以下五个问题。

(1) 建立本学习档案袋的目的是什么？

(2) 如何选择材料来反映所学的主题或学习成就？

(3) 如何组织和呈现自己所选择的材料？

(4) 如何评价这些材料？

(5) 怎样存放档案袋？

思考交流

以教为主的教学设计模式与以学为主的信息化教学设计模式各自的优势是什么？在教学实践中如何去选择？为提高教学效果，能否将两种教学设计模式整合起来进行考虑？

5.3.3　以学为主的信息化教学设计案例

1. 教学设计

高中语文网上阅读与写作《中国汽车工业与WTO》的设计①
广东南海市桂城中学

1) 概述

《中国汽车工业与 WTO》是一节基于 Internet 的高中语文阅读与写作课，分两个课时，时间共 60 分钟。

(1) 学习者特征分析。

➢　本节课的学习者特征分析主要是根据教师平时对学生的了解而作出的。

➢　学生已有一定的阅读和写作功底。

➢　学生能熟练地使用网络，上网搜索并浏览与学习内容相关的知识，但有迷航的可能。

➢　学生普遍思维活跃，能积极并有条理地发表个人观点。

➢　学生合作学习的经验还不足，需要教师在一定程度上加以引导。

(2) 教学目标分析。

① 知识与能力。

➢　了解中国加入 WTO 的一些知识。

---

① 何克抗. 教育技术培训教程(教学人员·初级)[M]. 北京：高等教育出版社，2005.

➤ 通过搜索、分析网上资源，提高利用网上资源进行意义构建的能力。

➤ 提高学生的语言文字表达能力。

② 过程与方法。

➤ 通过自主学习和小组协作收集提取网络相关资源信息，使学生掌握快速阅读与准确筛选信息的能力和方法。

➤ 学生通过参与评价过程，提高评析文章的能力，掌握从多个角度分析、评论文章的方法。

③ 情感态度与价值观。

➤ 通过参与合作学习活动，提高学生与他人积极合作的意识，培养学生的合作精神。

➤ 学生具备自我评价的意识。

2) 学习内容和任务

(1) 学习内容设计。

这节课的学习内容以策略性知识为主，陈述性知识为辅(大致了解即可)，主要是以陈述性知识为主题开展策略性知识的探索和学习。

➤ 陈述性知识：中美签署入关协议的情况；加入 WTO 对中国汽车工业将产生的影响。

➤ 策略性知识：如何快速、准确地筛选信息；如何利用收集的信息，针对一个题目写出文章；如何从多个角度分析、评论文章。

(2) 学习任务设计。

本节课的设计主要是通过完成两个学习任务来达成教学目标。

① 假如你是一名 A. 司机；B. 汽车经销商；C. 汽车厂厂长，在得知中美签署有关协议的那一天(1999 年 11 月 15 日)感受如何？你看到了哪些有关情形？请以此为内容写一篇 300 字左右的短文，文体不限，题目自拟。

② 假如你是评审委员会的教师之一，与评审会其他教师合作，对学生的作文共同给出评价，写出评语。

3) 过程

(1) 学习策略设计。

根据学习任务的要求和学习者分析的结果，这节课设计的学生的学习策略如下。

① 讨论策略：面对面或是通过网络分组讨论加入 WTO 对中国汽车工业将产生什么影响。

② 探索策略：独立利用网络收集资料，分析问题，解决学习过程中遇到的各种问题，写出一篇小短文。

③ 协同策略：学生之间分组配合，合作完成评审文章的学习任务。

④ 竞争策略：由于文章写好后，同学之间要公开评论，因此学生在整个学习过程中都必定会存在一种竞争心理。利用这种心理，可以激发和维持学生的学习兴趣。

⑤ 自我评价策略：学生在通过小组合作评价其他同学的论文结束后，利用合作学习评价量表进行自我评价。

(2) 教学流程图(参见图 5-12)。

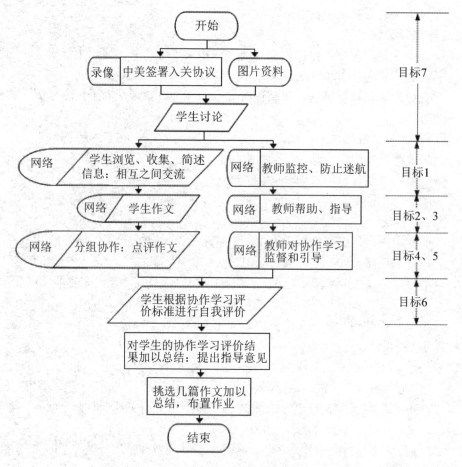

图 5-12　教学流程

注：流程图中的目标 1～7 对应概述中教学目标分析的七个目标。

4) 资源

(1) 《中美签署入关协议》的录像带。

(2) 与 WTO 有关的一些图片资料。

(3) 有 WTO 专题的一些网站，如《羊城晚报》《人民日报》和新加坡《联合早报》等。

(4) 在互联网上用搜索引擎可以搜到的与 WTO 有关的文本、音视频、动画等信息。

5) 评价

教师主要从两个方面对学生的学习开展评价。

(1) 让学生完成作业，通过对作业的检查批改，从整体上评价学生这节课在收集信息、写作和评析等方面的学习结果。

(2) 针对本节课合作学习的内容建立相应角度的评价标准(参见表 5-7)。要求学生自己根据量表进行自我评价，同时对本小组的其他同学作出评价，然后将评价结果反馈给教师和学生本人。

表 5-7　合作学习评价表

项　目	等　级				成　绩
	1	2	3	4	
倾听他人的观点	一直自己占有时间，不让别人说话	通常占有大部分的时间，很少让别人说话	听，但有时说得太多	听和说差不多	
与团队合作	经常与团队争论	有时争论	很少争论	从不争论	
做出公平的决定	通常愿意照自己的方式做事	经常偏向朋友，而不是总是考虑自己的观点	通常考虑到所有人的观点	一直使团队达成公平的决定	

6）帮助和总结

(1) 管理和帮助设计。

在学习过程中，教师通过网络监控台跟踪学生学习的进展。在收集资料阶段，注意观察学生，防止学生发生迷航；在学生独立探索阶段，随时回答学生提出的问题；评审文章时，引导组织学生分组合作，并对合作小组给予必要的指导。

(2) 总结与强化练习。

教师选取几篇作文，针对其中出现的问题，在学生讨论评析的基础上概括总结。主要围绕主题是否明确、内容是否集中、语言是否准确等三个方面进行总结。同时，布置一项作业：每个人写出一篇关于青少年心理健康状况的网络调研小报告，然后 5 个人一组，共同评论他们写的调研报告。

2. 课堂点评

《中国汽车工业与 WTO》是典型的采用"以学为主"的模式设计的。这节课通过利用 Internet 丰富的信息资源，培养学生快速阅读和准确查找信息的能力，同时也让学生获取了大量的写作材料；通过组织学生对有关问题的讨论，加深学生对事物的认识和理解，同时也培养了学生的语言表达能力和作文评析能力。

5.4　翻转课堂教学设计与应用

翻转课堂(The Flipped Classroom)，又可翻译为"反转课堂"或"颠倒教室"，2011 年在美国各地兴起的"翻转课堂"，很快就吸引了多方的关注。这种新型的教育教学形式，颠覆了传统意义上的课堂教学模式，也让处于课程教学改革胶着状态的人们看到了课堂改革的新希望。

5.4_翻转课堂教学设计与应用.mp4

5.4.1　翻转课堂概述

翻转课堂教学理念，来源于美国科罗拉多州的"林地公园"中学的教改实验。该校的两位化学老师在考虑如何给因病无法上课的学生补课时，决定使用教学录制软件对课堂进行录像，并上传到互联网上。这些教学视频不仅是部分学生学习的资源，后来还成为全体学生自主学习的重要资源。2011 年，翻转课堂成为研究热点，逐渐为众多教师所熟知，并成为全球教育界关注的新型教学模式。这要归功于美国人萨尔曼·可汗(Salman Khan)，他创立了一家教育性非营利组织——可汗学院，利用电脑制作出了数千个教学视频供学习者在线学习。美国部分学校让学生回家观看可汗学院的视频代替上课，上学则是做练习，由老师或已学会的同学去教导其他同学不懂的地方。

翻转课堂是指首先由教师创建教学视频，学生在家或在外观看视频讲解，然后再回到课堂中进行师生、生生间面对面的交流，分享学习成果，以实现教学目标为目的的一种教学模式。它主要以建构主义和掌握学习理论为指导，以现代教育技术为依托，从教学设计到教学视频的录制、网络自学、协作学习、个性化指导、教学评价等方面都是对传统教学的颠覆。

5.4.2　翻转课堂教学模式

"翻转课堂"(参见图 5-13)强调任务驱动、问题导向，要求学生根据预习任务学会结构化思考，由浅入深逐步形成自主解决问题的能力；要求教师学会制作和上传教学视频，善于运用专题学习网站，善于组织交流学习成果，善于在聆听中发现学生的思维脉络，学会智慧指导学生，并且在课堂上对需要帮助的学生做一对一的个性化指导。

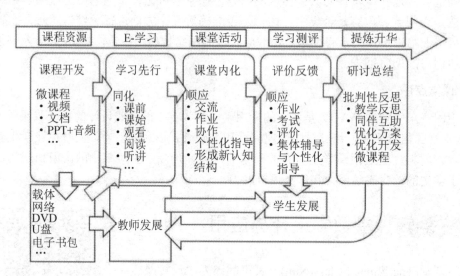

图 5-13　翻转课堂教学模式

5.4.3　翻转课堂的教学设计

1．课前设计模块

1) 教学视频的制作

自麻省理工学院(MIT)开放课件运动(OCW)以来，世界上涌现了一批高校、组织或者个人进行开放教育资源的建设，例如，哈佛、耶鲁公开课，可汗学院课程、中国国家精品课程、大学公开课等。教师可以在优质的开放教育资源中，寻找与自己教学内容相符的视频资源作为课程教学内容，提高了资源的利用率，节省了人力、物力，也使学生接触到国际性优秀教师的最新教学内容，然而网络上的开放教育资源可能会与课程目标、课程内容不完全相符。

教师自行录制教学视频能够完全与教师设定的教学目标和教学内容相吻合，同时教师也可以根据学生的实际情况对教学内容进行有针对性的讲解，并可根据不同班级学生的差异性多版本地录制教学视频。在具备这些优势的同时，自行录制教学视频也给教师的教学技术和时间提出了挑战。

教学视频的视觉效果、互动性、时间长度等对学生的学习效果有着重要的影响。因此，教师在制作教学视频时需要考虑视觉效果、支持和强调主题的要点、设计结构的互动策略等，帮助学生构建内容最丰富的学习平台，同时也要考虑学生能够坚持观看视频的时间。

2）课前针对性练习

在学生看完教学录像之后，应该对录像中的收获和疑问进行记录。同时，学生要完成教师布置的针对性课前练习，以加强学生对学习内容的巩固并发现学生的疑难之处。对于课前练习的数量和难易程度，教师要合理设计，利用"最近发展区"理论，帮助学生利用旧知识完成向新知识的过渡。

对于学生课前的学习，教师应该利用信息技术提供网络交流支持。学生在家可以通过留言板、聊天室等网络交流工具与同学进行互动沟通，了解彼此之间的收获与疑问，同学之间能够进行互动解答。

2．课堂活动设计模块

教师在设计课堂活动时，应充分利用情境、协作、会话等要素充分发挥学生的主体性，完成对当前所学知识的内化。

1）确定问题

教师需要根据课程内容和学生观看教学视频、课前练习中提出的疑问，总结出一些有探究价值的问题。学生根据理解与兴趣选择相应的探究题目。在此过程中，教师应该针对性地指导学生的选择题目。

根据所选问题对学生进行分组，其中，选择同一个问题者将组成一个小组，小组规模控制在 5 人以内。然后根据问题的难易、类型进行小组内部的协作分工设计。

在翻转课堂中，技术工具和信息资源是学生学习的基础。个性化学习环境的创建能够使学生成为自我激励的学习者，拥有强大的自主学习控制权。学生能够通过教学指导和技术工具进行自我组织的探究性学习。个性化学习环境的设计是基于可协作学习环境中发生的学习而不是整齐划一地传授知识。

2）独立探索

独立学习能力是学习者应该具备的重要素质之一。从个体的发展角度来说，学生的学习是从依赖走向独立的过程。在翻转课堂的活动设计中，教师应该注重和培养学生的独立学习能力。教师要从开始时的选择性指导逐渐转为学生的独立探究学习方面，把尊重学生的独立性贯穿于整个课堂设计，让学生在独立学习中构建自己的知识体系。

3）协作学习

在翻转课堂的交互性活动中，教师需要随时捕捉学生的动态并及时加以指导。小组是互动课程的基本构建模块，其互动涉及 2～5 人。在翻转的课堂环境中小组合作的优势：每个人都可以参与到活动中；允许和鼓励学生以低风险、无威胁的方式有意义地参与；可以为参与者提供与同伴交流的机会，并可随时检查自己想法的正确性；提供多种解决问题的策略，集思广益。

指导翻转课堂小组活动的教师，要适时地作出决策，选择合适的交互策略，保证小组活动的有效开展。常用的小组交互策略有头脑风暴、小组讨论、浅谈令牌、拼图学习、工作表等。

4) 成果交流

学生经过独立探索、协作学习之后，完成个人或者小组的成果集锦。学生需要在课堂上进行汇报、交流学习体验，分享作品制作的成功和喜悦。成果交流的形式可多种多样，如举行展览会、报告会、辩论会、小型比赛等。在成果交流中，参与的人员除了本班师生以外，还可有家长、其他学校师生等校外来宾。

除在课堂直接进行汇报之外，还可翻转汇报过程，学生在课余将自己的汇报过程进行录像，上传至网络平台，老师和同学在观看完汇报视频后，在课堂上进行讨论、评价。

5) 反馈评价

翻转课堂中的评价体制与传统课堂的评价体制完全不同。在这种教学模式中，评价应该由专家、学者、老师、同伴以及学习者自己共同完成。翻转课堂不但要注重对学习结果的评价，还通过建立学生的学习档案，注重对学习过程的评价，真正做到定量评价和定性评价、形成性评价和总结性评价、对个人的评价和对小组的评价、自我评价和他人评价之间的良好结合。评价的内容涉及问题的选择、独立学习过程中的表现、在小组学习中的表现、学习计划安排、时间安排、结果表达和成果展示等方面。对结果的评价强调学生的知识和技能的掌握程度，对过程的评价强调学生在实验记录、各种原始数据、活动记录表、调查表、访谈表、学习体会、反思日记等的内容中的表现。

5.4.4 翻转课堂教学设计应用案例

1. 艾尔蒙湖小学

艾尔蒙湖(Lake Elmo)小学，是一所位于斯蒂尔沃农村地区的学校，该校教师于 2011 年暑期接受了有关翻转课堂的相关训练，并于 2011 年 9 月至 2012 年 1 月间进行了翻转式教学。该校的特点在于教师能很好地将 Moodle 平台应用到教学中，使得翻转教学活动能在学生间、师生间的课余时间内进行良好的互动交流。

在小学 5 年级的数学课中，学校为学生配备了 iPad 和耳机，并要求学生先观看 10～15 分钟的视频教学，再通过 Moodle 学习管理平台来完成一些理解性的问题。学生对于这些问题的回答都将被保存到 Moodle 平台上，教师在第二天上课之前就可以了解到学生的答题情况，然后再针对课堂活动设计教学。此外，他们还鼓励学生在 Moodle 平台上进行协作学习，开展同学之间的互助讨论，促进学习共同体的形成。

2. 克林顿戴尔高中

2010 年，为了帮助学习成绩较差的学生，克林顿戴尔(Clintondale)高级中学教师采用了"翻转课堂"这一新的教学模式对 140 名学生进行教学改革试验。两年后，校长格雷格·格林大胆地在全校范围内推广了翻转模式。教师利用 TechSmith 公司的 Camtasia Relay(一款录屏软件)将课堂中需要讲授的内容制作成视频，让学生在家观看视频，进行笔记并记下所遇到的问题；在课堂上，教师会重新讲授多数学生仍然存疑的概念，并用大部分时间辅导学生练习，反馈学生在作业中所出现的有关信息。学校还为部分学生解决了网上遇到的难题，将学校机房对学生开放的课余时间延长了一个小时，在特殊情况下，还允许学生使用智能手机观看视频。教师则采用个人访谈和个性化评估工具的方法对学生的学业效果进行评价，努力为他们创造一个个性化的学习环境。

经过一个学期的学习，实验班学生的学业成绩得到了大幅提高。在 140 名学生中，各课程的不及格率分别降低为：英语语言艺术 33%、数学 31%、科学 22%、社会研究 19%(原先一直在 50%以上)。此外，学生的挫败感也逐渐减少，自信心也日益增强，违纪的事件也大幅减少。底特律这所曾是郊区声誉最差的学校正发生着巨大变化，更多的后进生通过了州标准化考试。

3. 河畔联合学区

加州河畔联合(Riverside Unified)学区翻转课堂最大的特点是采用了基于 iPad 的数字化互动教材。这套用于试验的代数 I 的互动教材由专门的教材公司开发，里面融合了丰富的媒体材料，包括文本、图片、3D 动画和视频等，还兼具笔记、交流与分享功能。与其他地区教师通过自备视频和教学材料翻转课堂相比，互动教材更能节省教师的时间，具有更好的互动性，用户体验更好，更能吸引学生沉浸其中。其效果：①家长可以给孩子学习提供更多的支持。如果孩子看不懂，家长可以观看视频，与子女一起审查问题，帮助他们学习。这样也使得家长对自己孩子的学习情况有了一个更加直接的了解。②学生在课堂上更主动，并对学习主题更感兴趣。学生多次利用课前时间在家中观看视频，教学效果更佳。③学生在互动教材上就可与同学或老师讨论、分享，克服了普通翻转课堂在家单纯看视频缺乏互动交流的缺点。

显然，互动教材的优势非常明显，尽管购买互动教材需要投入更多的资金，但试验成效还是令学区内的人们非常满意。据统计，在使用互动教材的学生中，有 78%的人获得了"优秀"或"良好"排名荣誉，而使用传统纸质教材的学生只有 58%。

4. 重庆江津聚奎中学"翻转课堂"实验

重庆江津聚奎中学随机选取两个实验班，在语文、数学、英语、物理、化学、政治、历史、地理等八门学科开展"翻转课堂"实验。问卷调查显示：82.9%的学生比较喜欢或非常喜欢，88%的学生认为提高了学习积极性，88.9%的学生认为增强了学习信心，88%的学生认为知识要点更容易理解，99.6%的学生认为可以帮助自己做好笔记，63%的学生认为作业完成质量更好，17%的学生认为增加了学业负担；100%的教师接受这种教学模式，并表示愿意在下学期继续参加项目实验。

5. 江苏省木渎高级中学"问题导向"自主学习模式实验

20 世纪 80 年代，江苏省木渎高级中学创造了一种叫作"问题导向"的自主学习教改模式，具有"翻转课堂"的意义。这项实验要求教师在备上一节课时，必须设计下一节课学生自学的任务，预习任务必须明确，即今天所谓的任务驱动、问题导向。在下一节课上课前，教师需要了解学生的预习情况，以便在课堂教学中因势利导；还要设计拓展教学深度的问题或案例。在上课的时候，需要控制学习进度，确保时间集中在深度拓展方面。

扩展阅读

加涅的《教学设计原理》

加涅(R.M.Gagne, 1916—2002)，美国当代著名教育心理学家、教学设计专家，著有《教学设计原理》等多部著名作品。《教学设计原理》是当代心理科学与学校教育相结合的典范之作，从教学的角度提供了整个教学设计原理的宏观框架，并且深入教学设计的每个环节，为教师提供了许多有益的建议。

在书中提到的教学设计应具备四个前提条件或者基本假设：第一，必须为个体而设计；第二，设计应当包括短期和长期的阶段；第三，设计应当实质性地影响个体发展；第四，设计必须以系统的方式进行，并且要建立在关于人们如何学习知识的基础上。加涅认为人的学习是包括不同层级的。不同类型学习的内部和外部条件是不同的。加涅的教学设计理论正是基于其"学习层级说"，教学设计的目的就是为不同学习结果或能力的产生提供最佳学习条件。

【学习资源链接】

(1) 相关参考书目

何克抗，林君芬，张文兰. 教学系统设计[M]. 北京：高等教育出版社，2003.

盛群力. 现代教学设计论[M]. 杭州：浙江教育出版社，1998.

(2) 小学教学设计网，http://www.xxjxsj.cn/

小学教学设计网收录了小学一至六年级语文、数学、英语等学科的多种版本教材的教案、教学设计，课件等教学资源。

(3) 中国中小学教育教学网，http://www.k12.com.cn/

中国中小学教育教学网涵盖了中小学教育教学的各个方面，内容包括教育教学用的资源、教案、试题、素材、软件、论文、教育新闻、高考、中考、中学生、小学生、中小学教师、基础教育论坛等。

【教与学活动建议】

(1) 本章以理论讲授及案例分析为主，实践及讨论为辅。为使理论联系实际，以下两种学习方法结合使用。

① 学完教学系统设计的每一组成部分，学习者就做与这部分相关的案例编写练习。

② 学完教学系统设计所有的组成部分，了解教学系统设计过程后，学习者根据自己对教学系统设计原理和过程的总体理解，完成一个教学产品开发或课堂教学系统设计的实际练习。

(2) 选择师生反映问题较多的一门课程或教学单元进行学习需要的内外部结合参照调查分析，并结合有关资源和约束条件，分析这门课的教学问题，确定进行教学系统设计的必要性。实践步骤如下。

① 设计调查计划(含调查方法、对象、内容、测试题或调查问卷或访谈提纲)。

② 根据学习目标编写有关测试题。

③ 设计学习者学习态度调查问卷。

④ 设计教师访谈提纲。

⑤ 收集分析数据。

⑥ 撰写调查报告(得出差距、存在问题、教学系统设计的必要性分析)。

本章小结

通过本章的学习，可以使学生对如何进行教学设计有了初步的认识，为今后学习打下良好的理论基础。

本章分四个部分：第一部分从宏观上介绍了教学设计的含义、教学设计的层次、教学设计的基本模式以及什么是信息化教学设计等知识；第二部分具体介绍了"以教为主"的教学设计程序、方法，包括学习需要分析、教学内容分析、学习者分析、教学目标的阐明、教学模式与策略的制定、教学媒体的选择和教学设计成果的评价等，并通过案例说明以教为主的教学设计的具体应用；第三部分介绍了"以学为主"的信息化教学设计程序、方法，包括教学目标分析、学习者特征分析、学习主题确定、学习情境创设、信息资源的设计与提供、自主与协作学习设计、学习评价设计等，并以案例的形式说明了以学为主的信息化教学设计的应用；第四部分介绍了"翻转课堂"教学设计，包括翻转课堂的概念、翻转课堂的类型、翻转课堂的教学设计及应用案例等内容。

思考与练习

1. 有人认为如果每堂课都采用教学设计的模式来设计，太浪费时间，也没有必要。你怎么看待这个问题？

2. 以教为主的教学过程设计的基本要素有哪些？试说明它们之间的联系。

3. 结合自己的专业，举例说明教学媒体在教育教学过程中的应用。

4. 选择你熟悉的学科主题(面向基础教育)，设计一个信息化教学方案。

5. 作为信息时代的教师，在教学中我们应该注意做好哪些方面的工作以适应角色的变化？

6. 翻转课堂改变了什么？

一个人像一块砖砌在大礼堂的墙里，是谁也动不得的；但是丢在路上，挡人走路是要被人一脚踢开的。

——艾思奇(1910—1966)，中国哲学家

第6章　信息技术与课程整合

本章学习目标

➢　了解信息技术与课程整合的内涵、目标、原则和层次。
➢　掌握信息技术与课程整合的策略和评价方式。
➢　知道概念图的概念、类型，并能利用概念图进行导向学习。
➢　熟悉探究式学习的基本步骤，并能较好地组织相关主题活动。
➢　熟悉混合式学习的基本步骤，并能较好地组织相关主题活动。
➢　熟悉校际协作学习的基本步骤，并能开展和组织相关主题活动。

 核心概念

信息技术(Information Technology)、课程整合(Curriculum Integration)、探究性学习(Inquiry Learning)、概念图(Concept Map)、混合式学习(Blend-Learning)

 引导案例

高中英语《Come nearer to the disabled》(走进残疾人)成果展示课中，应用网络提出了一种基于主题的任务驱动教学展示。活动前，教师根据课文所谈到的和学生感兴趣的话题划分成各个子任务，让学生从 Internet 上查阅信息，了解、走进残疾人；活动中，利用电子邮件与教师、同学或残疾人进行信息交换，锻炼学生们利用英语进行交际的能力；活动后，教师组织学生做成果展示，以小组为单位进行讨论、整理信息、撰写报告。小组利用 Internet 进行有目的的活动不仅能使学生学到更多的知识、获得更多的信息，还培养了他们对英语的兴趣，提高了英语的实用性，更为重要的是，还培养了他们的协作精神和共享意识。

(资料来源：南国农. 信息化教育概论[M]. 北京：高等教育出版社，2011)

6.1　信息技术与课程整合概述

6.1.mp4

21 世纪迅猛发展的信息技术，加快了人类进入信息化社会的步伐。为了适应社会快速信息化这一发展趋势，21 世纪之初我国就已经确定了在中小学基本普及信息技术教育，全面实施"校校通"工程的方针，并特别强调要加强信息技术与学科课程整合，以信息化带动教育的现代化，努力实现我国基础教育跨越式的发展。信息技术进入学校后，给传统的学校教育带来了一系列深刻的变革，教材、教学目标、教学内容、教学方式、学习方式、教学评价等都被赋予了新的内容和形式。"信息技术与课程整合"是我国面向 21 世纪基础教育教学改革的新试点，"信息技术与课程整合"的实施对于发展学生主体性、创造性以及培养学生创新精神和实践能力具有重要意义。

6.1.1　信息技术与课程整合的含义

1. 相关概念

课程，从广义上讲，是指所有学科(教学科目)，或指学生各种学习活动的总和。狭义的课程，是指某一门具体学科。

"整合"，是指一个系统内各要素的整体协调、相互渗透，并使系统各个要素发挥最大效益。

课程整合(Curriculum Integration)的含义是指对课程设置、各课程教育教学的目标、教学设计、评价等要素做系统的考虑与操作，用整体的、联系的、辩证的观点，认识和研究教育过程中各要素之间的关系。课程整合的过程就是使分化的教学系统的各个要素及其各成分形成有机联系，并成为整体的过程。

对信息技术有多种不同的说法，概述起来主要有两种：一种是基于对信息机器及其应用软件的操作和应用，认为信息技术是对信息机器及其应用软件的操作技术；另一种是基于对信息的操作技术，即信息技术是对信息的收集、分析、判断、处理、表现、创造、传递等各种操作技术的总称。

☞ 小贴士

我们讨论信息技术与课程整合时，应该持第二种理解，即信息技术是对信息进行各种操作技术的总称。信息机器及其应用软件是用于对信息进行各种操作的工具。利用信息机器及其应用软件的目的是进行信息的收集、分析、判断、处理、表现、创造和传递。

2. 信息技术与课程整合的定义

目前关于信息技术与课程整合的说法和定义有很多，这里给出一些专家的观点，使大家通过对比提炼，能够更清晰地了解信息技术与课程整合的概念。

1) 信息技术与课程整合——改变教学结构

北京师范大学何克抗教授认为，信息技术与课程整合的本质与内涵是要求在先进的教育思想、理论，尤其是主导—主体教学理论的指导下，把以计算机及网络为核心的信息技术作为促进学生自主学习的认知工具与情感激励工具、丰富的教学环境的创设工具，并将这些工具全面应用到各学科教学过程中，使各种教学资源、各个教学要素和教学环节，经过整理、组合、相互融合，在整体优化的基础上产生聚集效应，从而促进传统教学方式的根本变革，也就是促进以教师为中心的教学结构与教学模式的变革，从而达到培养学生创新精神与实践能力的目标。

2) 数字化学习——信息技术与课程整合的核心

华南师范大学李克东教授提出，数字化学习是信息时代学习的重要方式，数字化学习是信息技术与课程整合的核心。信息技术与课程整合是指在课程教学过程中把信息技术、信息资源、信息方法、人力资源和课程内容有机结合，共同完成课程教学任务的一种新型的教学方式。信息技术与课程整合是我国面向21世纪基础教育教学改革的新视点，是与传统的学科教学有着密切联系，又具有相对独立性特点的新型教学类型。对它的研究与实施将对发展学生主体性、创造性以及培养学生创新精神和实践能力具有重要意义。

目前，信息技术与课程整合的概念众多，众多学者对信息技术与课程整合的阐释也各不相同，但从中我们能够获得一些共性的东西。信息技术与课程整合使传统的信息技术从只进行辅助教学的误区中摆脱出来，强调系统、全面地看待信息技术，强调建立新型的基于信息技术的教学模式与学习模式，强调学习者使用信息技术进行自主探究、协作式学习，强调最终目的是要培养学生的创新精神与实践能力。

6.1.2　信息技术与课程整合的目标

根据国家的宏观政策和各位学者的观点，我们可以将信息技术与课程整合的宏观目标概括为："带动数字化教育环境建设，推进教育的信息化进程，促进中小学教学方式的根本性变革，培养学生的创新精神和实践能力，实现信息技术环境下的素质教育与创新教育。"信息技术与课程整合的具体目标可以概述为以下几个方面。

1. 培养学生获取、分析、加工和利用信息的知识与能力

这主要是为学生打好全面、扎实的文化基础，培养学生的信息素养与文化，具体包括以下几个方面。

(1) 信息获取包括信息发现、信息采集与信息优选。

(2) 信息分析包括信息分类、信息综合、信息查错与信息评价。

(3) 信息加工包括信息的排序与检索、信息的组织与表达、信息的存储与变换以及信息的控制与传输等。

(4) 信息利用包括如何有效地利用信息来解决学习、工作和生活中的各种问题(如能不断地自我更新知识、能用新信息提出解决问题的新方案、能适应网络时代的新生活等)。

(5) 信息意识是指对信息的深度感知，如对信息内容的批判与理解能力、运用信息能力，能够融入信息社会的态度和能力。

2. 培养学生具有终身学习的态度和能力

学生应具有主动吸取知识的愿望并能付之于日常生活的实际，要将学习视为享受，而不是负担；要能够独立自主地学习，能够自我组织、制订并执行学习计划，并能控制整个

学习过程，对学习进行自我评估，学习过程受本人支配，对他自己的学习全部负责。教师只是学习的指导者、建议者，而不是学习过程的主宰者。

3. 培养学生掌握信息时代的学习方式

使学生学会利用资源进行学习，学会在数字化情境中进行自主发现的学习，学会利用网络通信工具进行协商交流、合作讨论式的学习，学会利用信息加工工具和创作平台进行实践创造的学习。

4. 培养学生的适应能力、应变能力与解决实际问题的能力

信息技术整合于课程不是简单地将信息技术应用于教学，而是高层次地融合与主动适应。我们必须改变传统的单一辅助教学的观点，从课程的整体来考虑信息技术的功能与作用，创建数字化的学习环境，创设主动学习的情景，创造使学生最大限度地接触信息技术的条件，使信息技术成为学生强大的认知工具，最终达到改善学生学习的目的。

6.2 信息技术与课程整合的实施

6.2.1 信息技术与课程整合的层次

6.2.mp4

根据信息技术与课程整合的不同程度和深度，可以将整合的进程大略分为三个阶段：封闭式的、以知识为中心的课程整合阶段；开放式的、以资源为中心的课程整合阶段；全方位的课程整合阶段。在不同的阶段，技术投入与学生学习投入是不同的。

根据整个过程中学生参与学习程度的不同，以及学生不同的参与程度对信息技术的特征和功能的不同要求，我们可以将信息技术与课程整合的三个阶段细化为十个层次。

1. 阶段一：封闭式的、以知识为中心的课程整合

传统教学和目前大多数教学都属于此阶段：所有的教学都严格按照教学大纲，把学生封闭在教材或简单的课件内，使其和丰富的资源、现实完全隔离。整个教学过程仍以教师的讲授为主，学生仍然是被动的反应者、知识被灌输的对象。信息技术的引入，只是在帮助教师减轻教学工作量方面取得了一些进步，而对学生思维与能力的发展并没有实质性的进步。按照教学对技术的依赖程度和学生的投入程度，此阶段可细化为以下三个层次。

1) 信息技术作为演示工具

这是信息技术用于学科教学的最初表现形式，是信息技术和课程整合的最低层次，也是目前大多数基础教育和高等教育所处的层次。

2) 信息技术作为交流工具

信息技术作为交流工具就是指将信息技术以辅助教学的方式引入教学，主要完成师生之间情感交流的作用。要实现上述目的，并不需要复杂的信息技术，只需在有互联网或局域网的硬件环境下，采用简单的 BBS、聊天室等工具即可。

讲授式教学仍然是此层次的主要教学策略，学生仍以个体作业形式完成学习任务，评价方式也与前一层次相同，教师的角色和学生的角色也基本没有变化，但是，教师多了一

项工作：对交流的组织和管理，由于学生感情和学习兴趣的激起，使其对学习产生优于前一层的积极性。此外，此层次对信息技术提出了新的要求：互联网和局域网的使用。

3) 信息技术作为个别辅导工具

随着计算机软件技术的飞速发展，出现了大量的操作练习型软件和计算机辅助测验软件，让学生在练习和测验中巩固、熟练所学的知识，决定下一步学习的方向，实现了个别辅导式教学。在此层次，计算机软件实现了教师职能的部分代替，如出题、评定等。教学能在一定程度上注意学生的个别差异，提高学生学习的投入性。

🕮 **小贴士**

这一阶段对信息技术的应用，往往是以教师为中心，以信息呈现为主，属于封闭式的。在教学中由于不能充分发挥计算机的交互功能，不利于师生之间的互动，与以往投影、录像参与的教学模式有很多相似之处。教师只需要稍微进行技术指导和培训，即可应用这种模式上课，若再配上实物展示台，更是锦上添花。而且这种模式更有利于"题海战术"的应试教育。该模式的致命弱点是教师在教学理论、教学模式上没有根本性的突破，易把学生当成外部刺激的被动接收器和知识的灌输对象，在某种程度上助长了传统的以教师为中心的接受式教学，换汤不换药。因此，教师在应用此教学模式进行教学实践的过程中，还需灵活掌握、不断创新。

2. 阶段二：开放式的、以资源为中心的课程整合

信息技术与课程整合的第二阶段，教育者日益重视学生对所学知识的意义建构，教学设计从以知识为中心转变为以资源为中心、以学为中心，整个教学对资源是开放的，学生在学习某一学科内的知识时可以获得许多其他学科的知识，学生在占有丰富资源的基础上完成各种能力的培养，学生成为学习的主体，教师成为学生学习的指导者、帮助者、组织者。

按照对学生能力由低到高的培养顺序，可以将此阶段细化为四个层次，每层着重培养的学生的能力分别是：信息获取和分析能力、信息分析和加工能力、协作能力、探索和创新能力。

1) 信息技术提供资源环境

用信息技术提供资源环境就是要突破书本是知识的主要来源的限制，用各种相关资源来丰富封闭的、孤立的课堂教学，极大地扩充了教学知识量，使学生不再只限于学习课本上的内容，而是能开阔思路，看到百家思想。

这一层次，主要培养学生信息能力中获取信息、分析信息的能力，让学生在对大量信息进行筛选的过程中，实现对事物的多层面了解。教师可以在课前将所需的资源整理好，保存在某一特定文件夹下或做成内部网站，让学生访问该文件夹来选择有用信息；也可以为学生提供适当的参考信息，如网址、搜索引擎、相关人物等，由学生自己去 Internet 或资源库中搜集素材。该层次是所有后续层次教学的基础，在信息社会里，学生只有找到资源才有创作、发明可言。

2) 信息技术作为信息加工工具

这一层次强调培养学生信息能力中分析信息、加工信息的能力，强调学生在对大量信息进行快速提取的过程中，对信息进行重整、加工和再应用。该层次目标的实现，必须依

赖于"信息技术提供资源环境"。

在该层次的教学中，重点培养学生的信息加工能力和思维的流畅表达能力，达到对大量知识的内化。该层次可采用任务式教学策略，而且适合于从小学高年级以上的所有年级，如让小学六年级的学生写一篇你最向往的地方的作文，学生可以在网上自由遨游，选择祖国山河的壮丽一景，然后将文本、图形等进行重新加工，用 Word 写出一篇精美、感人的作文等。

在教学过程中，教师要密切注意学生整个的信息加工处理过程，在其遇到困难的时候给予及时的辅导和帮助。

3) 信息技术作为协作工具

协作学习有利于促进学生高级认知能力的发展，有助于学生协作意识、技巧、能力、责任心等方面的素质的培养。但是，在传统的课堂教学中，由于人数、教学内容等种种因素的限制，使协作学习常常难以实现。计算机网络技术为信息技术和课程整合，实现协作式学习提供了良好的技术基础和支持环境。计算机网络环境大大扩充了协作的范围，减少了协作的非必要性精力的支出。在基于 Internet 网络的协作学习过程中，基本的协作模式有四种：竞争、协同、伙伴和角色扮演。

☞ 小贴士

微博自 2006 年在美国出现以来，成功地掀起了一场信息传播革命。它是随着 Web 2.0 而兴起的一类开放的互联网社交服务，允许用户以简短文字随时随地更新自己的状态，每条信息的长度都在 140 字以内，支持图片、音频、视频等多媒体的出版，每个用户既是微内容的创造者，也是微内容的传播者和分享者。微博简单易用、信息发布即时性强，可以用于进行师生、生生交流，组建兴趣平台，建立协同工作平台、教学信息发布平台等。国内大型的微博平台有搜狐微博、网易微博、腾讯微博、新浪微博等。

🐛 实践

选择一个微博，注册后和你的同学感受一下随时交流的乐趣吧。

4) 信息技术作为研发工具

虽然我们强调对信息的加工、处理，以及协作能力的培养，但最重要的还是要培养学生的探索能力、自己发现问题和解决问题的能力，以及创造性思维能力，这才是教育的最终目标。在实现这种目标的教学中，信息技术扮演着"研发工具"的角色。

☞ 小贴士

很多工具型教学软件都可以为该层次的教学和学习提供很好的支持。如在中学数学教学中，几何画板可为学生提供自我动手、探索问题的机会；当面对问题时，学生可以通过思考和协作，提出自己的假设和推理，然后用几何画板进行验证；此外，学生还可以使用几何画板自己做实验来发现、总结一些数学规律和数学现象，如三角形的内角和为 180°、圆周率的存在及计算等。

这一阶段对信息技术的应用，对教师和学生的要求较高，要求教师要创设问题情境，激发学生探究的兴趣。要使探究学习有效地进行，学生还必须具有使用工具型软件的能力和探究能力。另外，这一阶段对环境的要求也较高。理想的运用方法是小班化、学生人数少、学习资源丰富，学生都有机会充分应用多媒体计算机，教师也有充分的时间照顾到每位学生。目前，在我国现实学校正常教学中，这种先进的教学模式全面普及仍有一定难度。

3. 阶段三：全方位的课程整合

前两个阶段的七个层次虽然彼此之间有很大的差异，但是，它们都没有使教学内容、教学目标，以及教学组织架构进行全面的改革和信息化。当前七个层次在较大范围内得到推广和使用，并取得很大成功时，当教育理论和学习理论得到充分发展和利用时，当信息技术在教学中的应用得到更系统、更科学的探讨和细化时，必然促进教育内容、教学目标、教学组织架构的改革，从而完成整个教学的信息化，将信息技术完全融入教育的每一个环节，达到信息技术和课程整合的更高层次。

1) 教育内容改革

信息技术在教学中的应用，给传统教学内容的结构带来了强大的冲击。那些强调知识内在联系、基本理论、与真实世界相关的教学内容变得越来越重要，而那些大量脱离实际、简单的知识传授和技术培训的教学内容则成为一种冗余和障碍。其次，教学内容的表现形式也会发生很大变化，将由原来的文本性、线性结构形式变为多媒化、超链接结构形式。

2) 教学目标改革

教育内容的一系列改革会对现有的以知识为中心的教学目标产生强烈冲击，以能力为核心的教学目标将成为主体。这些能力包括以下几个方面。

(1) 信息处理(获取、组织、操作和评价)的技能。

(2) 问题解决能力。

(3) 批判性思维能力。

(4) 学习能力。

(5) 与他人合作和协作的能力。

随着信息技术和课程改革的不断深入，必将产生新的、强调帮助学生参与真实性任务和产生真实性项目的教学目标。

3) 教学组织架构改革

随着教育内容和教学目标的改革，教学组织架构和形式也会发生相应的变革。教学目标强调以真实性问题为学习的核心，这样，就要求教学必须打破传统的 45 分钟或 50 分钟一堂课，学生都坐在教室中听课的时间和空间限制，必须以项目和问题为单位，对学习的时间和空间进行重新设计和规划。在教学的组织形式上、活动安排的分组上，也要打破传统的按能力同质分组的方式，实行异质分组。

☞ 小贴士

这一阶段的整合，对教师、学生及学校的要求更高。教师首先要具有组织、管理以及信息素养等各方面的能力，另外，还需要花费较多的时间用于设计、准备教学活动；学生要求具备收集信息、分析信息、解决问题等各方面的能力，也需要花费较多的时间用于解决问题的学习。教学任务的落实不再只是以 45 分钟或 1 课时计算，对学生的评价也不再定位在传统的卷面上。同时，为了保证教学过程的顺利实施，学校也要配备相应的信息资源设备和硬件设施。

6.2.2 信息技术与课程整合的基本条件

信息技术与课程整合要求在教学过程中把信息技术、信息资源、信息方法、人力资源和课程内容有机结合，以共同完成课程教学任务。在不断的探索实践中，人们认识到，信息技术与课程整合的实现，要求具备以下三个基本条件。

1. 信息化学习支持环境

1) 信息化学习支持环境的组成

信息技术的核心是计算机、通信以及两者结合的产物——网络。这三者是一切信息技术系统结构的基础。信息技术教学应用环境的基础是多媒体计算机和网络化环境，其中最基础的是数字化的信息处理。因此，所谓信息化学习环境，也就是数字化的学习环境。为了满足学习者的学习需求，信息化学习支持环境包括如下基本组成部分，如图 6-1 所示。

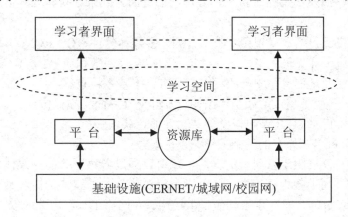

图 6-1　信息化学习支持环境

(1) 设施，如多媒体计算机、多媒体教室网络、校园网络、互联网等。

(2) 资源，为学习者提供的经数字化处理的多样化、可全球共享的学习材料和学习对象。

(3) 平台，向学习者展现的学习界面，实现网上教与学活动的软件系统。

(4) 通信，实现远程协商讨论的保障。

(5) 工具，学习者进行知识构建、创造实践、解决问题的学习工具。

小贴士

学习工具并不一定局限于计算机，如算盘、字典、点读笔等都可以作为学习工具。在整合的背景下，学习工具的含义更宽泛了，从贝壳、石头、算盘，直到学习机、复读机、电脑，以及网络资源，只要各种工具与信息技术不相斥，都可以整合在一起使用。

2) 信息化学习支持环境的特点

信息化学习支持环境的特点如下。

(1) 环境的开放性，为学校和教室提供与外部世界相联系的通道。

(2) 资源的共享性，为学习者提供多样化、可全球共享的数字化学习材料和学习对象。

(3) 学习界面的人本性，为学习者展现可以个性化选择的学习界面。

(4) 学习过程的协作性,为学习者提供进行远程协商讨论的通信手段。

(5) 知识学习的重构性,为学习者提供进行知识构建、创造实践、解决问题的学习工具。

3) 信息化学习支持环境的类型

信息化学习支持环境的类型如下。

(1) 学校学习支持系统,即校园网络系统,包括课堂学习环境和课外学习环境。

其中,课堂学习环境包括多媒体演示型教学系统、多媒体网络教室系统、Web 教室(多媒体网络教室+互联网)等。课外学习环境包括电子阅览室、多媒体工作室等。

(2) 地区性学习支持系统(地区教育信息系统)。

(3) 现代远程教育系统。

2. 信息化学习资源

信息化学习资源是指经过数字化处理,可以在多媒体计算机上或网络环境下运行的多媒体材料。它能够激发学生通过自主、合作、创造的方式来寻找和处理信息,从而使数字化学习成为可能。

信息化学习资源包括数字视频、数字音频、多媒体软件、CD-ROM、网站、电子邮件、在线学习管理系统、计算机模拟、在线讨论、数据文件、数据库等。

信息化学习资源是信息化学习的关键,具有以下基本特点。

(1) 多样性:多媒体集成、超文本结构、友好交互界面、虚拟仿真。

(2) 共享性:在网络环境下可以全球共享并随意获取。

(3) 扩展性:可以在原有的基础上补充、扩展。

信息化学习不仅局限于教科书的学习,还可以通过各种形式的多媒体电子读物、各种类型的网上资源、网上教程进行学习,但学习资源应该与教科书的内容紧密结合。信息化学习资源可以通过教师开发、学生创作、市场购买、网络下载等方式获取。

3. 信息化学习方式

信息化学习环境中,人们的学习方式发生了重要的变化。信息化学习与传统的学习方式不同(见图 6-2),学习者的学习不是依赖于教师的讲授与课本,而是利用数字化平台和数字化资源,教师、学生之间开展协商讨论、合作学习,并通过对资源的利用、探究知识、发现知识、创造知识、展示知识的方式进行学习。因此,数字化学习方式具有多种途径,具体如下。

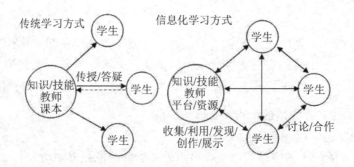

图 6-2 信息化学习与传统学习方式的比较

(1) 资源利用的学习,即利用数字化资源进行情境探究学习。

(2) 自主发现的学习，借助资源，依赖自主发现，进行探索性的学习。

(3) 协商合作的学习，利用网络通信，形成网上社群，进行合作式、讨论式的学习。

(4) 实践创造的学习，使用信息工具，进行创新性、实践性的问题解决学习。

6.2.3　信息技术与课程整合的评价

教学评价是根据教育目标的要求，按一定的规则对教学效果做出描述和确定，是教学各环节中必不可少的一环，它的目的是检查和促进教与学。信息技术与学科课程整合是一种新型的教学方式，评价不再是独立于教学之后的一种终结性活动，其本身也是教学不可缺少的一部分。教学过程的评价是基于学生的表现和过程的，关注的重点不再是学到了什么知识，而是在学习过程中获得了什么技能，具有指导学习方向、提供反馈信息、促进学生学习、诊断教学疑难、改进教学等作用。教学过程评价可以让老师及时了解、掌握学生的状况，分辨优劣、诊断问题之所在，以便因材施教、弥补缺陷，使学生能达到预定的教学目标。

信息技术与课程整合的教学过程由于其与传统教学的不同，教学评价也由学生、教师、教学实施和教学环境四个方面组成。

1. 对学生和教师的评价

这里对教学过程的评价不仅仅针对课堂教学实施部分，还包括课前的准备和课后的反思。不仅仅关注教学信息的传授情况，看量化的教学结果，更多的是关注教师的信息技术能力、教师的现代教育观、教师教学设计的能力、对整个教学进程的把握能力、对教学信息的领悟运用能力；关注学生的主体性发挥的水平，学生能力的提高水平，学生的创新、合作、交流能力的提高。强调评价者对评价情境的理解和关注，强调评价过程本身的价值。

2. 教学实施评价

教学实施阶段是体现学生主体性是否得到关注的实战环节，在这一部分，分别从教师和学生的表现中获取评价的信息。教师方面考虑：教师对教学设计的实际实施情况，教师对课堂的把握能力，教师对师生角色定位的实际应用情况，教师对学生能力培养的把握，教师对于课堂学生交互的把握能力。学生方面考虑：学生学习的参与程度，学生的学习兴趣及学习动机的维持，学生创新交流合作能力的体现情况，课堂交互性、积极性和活跃氛围。

3. 教学环境评价

对教学环境评价虽是教学过程的辅助工具，但也是教学过程评价不可缺少的一部分。主要从教学资源、课件和媒体的使用情况来评价。

信息技术在教育中的应用，推动了教学革新，改变了传统教学模式，为学生提供了更加有效学习的良好环境，经过众多教育学家、心理学家、学校的管理者和广大的一线教师积极的理论研究、广泛的实践探索，已经在教学理论、学习理论、教学设计等领域取得了丰硕的成果。然而基于多媒体和 Internet 的教和学，终究是 20 世纪 90 年代以来才发展起来的新事物，所以对于新教学模式和学习方法下的教学评价，研究者还不多。但随着新模式的推广和被采用，已经有越来越多的专家和学者提出了开展教学评价研究计划。只有建立科学的评价指标体系，充分发挥评价的"指挥棒"作用，才能使信息技术与课程整合获得良好发展，才能使教师和学生都充分享受到信息技术环境带来的更多便利。

6.3 探究式学习

6.3.mp4

探究式学习是在素质教育思想和探究式学习理论指导下发展起来的新的学习模式。其目标是贯彻素质教育思想，以培养学习者的学习能力、创新能力与实践能力为核心，促进学习者成为会求知、会实践、会发展的应用型高等专门人才。

6.3.1 探究式学习概述

1. 探究式学习的概念

探究式学习是指教学过程在教师的启发诱导下，以学生独立自主学习和合作讨论为前提，以现行教材为基本探究内容，以学生周围世界和生活实际为参照对象，为学生提供充分自由表达、质疑、探究、讨论问题的机会，让学生通过个人、小组、集体等多种解难释疑尝试活动，将自己所学知识应用于解决实际问题的一种学习模式。探究式学习模式概括起来即：整体感知——合作探究——反思拓展。

2. 探究式学习的特点

1）把培养学生的探索精神作为立足点

探究式学习的实施有利于培养学生的探索精神以及分析问题、解决问题的能力，促进智力的发展，激发学生的学习兴趣和热情，使学生能以积极的态度去探索、揭开知识的奥秘。在问题情境设计、引导学生探讨问题的过程中，只有立足培养学生的探索精神，才能使得教学充满活力，使课堂充满生机。

2）把基本问题作为学生思考的出发点

教师应当认真备课，深入研究教材，恰当地提出适合学生的基本问题，创设相应的问题情境。这样做不仅可以激发学生的兴趣和思考，更为下一步的学习、探索指明了方向。

3）把提高课堂教学效率作为终结点

探究式学习的整个过程让学生运用自己已有的知识，结合所学习的新课尝试解决相关问题，学生一直处于积极思考的兴奋状态，思维受到了很好的训练，教师抓住重点讲解，学生通过示例学习和尝试学习，高效率地掌握分析、解决问题的策略，掌握解题思路和方法，解题能力就会得到提高，由此也提高了课堂的教学效率。

3. 探究式学习的类型

探究式模式按照主题、任务和资源利用方式的不同，大致可以分为"情境—探究""资源利用—主题探索—合作学习""小组合作—远程协商""专题探索—网站开发"以及"WebQuest"模式等五类模式。下面来简要介绍一下这几类模式。

1）"情境—探究"模式

这类模式主要适用于课堂讲授型教学，可用图6-3表示。

该模式可分为如下步骤。

(1) 利用数字化的共享资源，创设探究学习情境。

(2) 指导学生初步观察情境，提出思考问题，借助信息表达工具(如 Word、BBS 等)形成意见并发表。

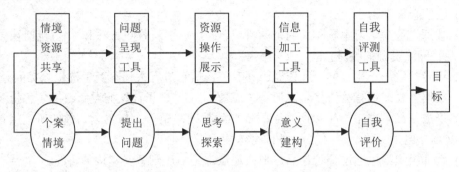

图 6-3 "情境—探究"模式

(3) 对数字化资源所展示的学习情境，指导学生进行深入观察和进行探索性的操作实践，从中发现事物的特征、关系和规律。

(4) 借助信息加工工具(如 PowerPoint、FrontPage 等)进行意义建构。

(5) 借助测评工具，进行自我学习评价，及时发现问题，获取反馈信息。

2) "资源利用—主题探索—合作学习"模式

这类模式主要适用于校园网络环境，可用图 6-4 来表示。

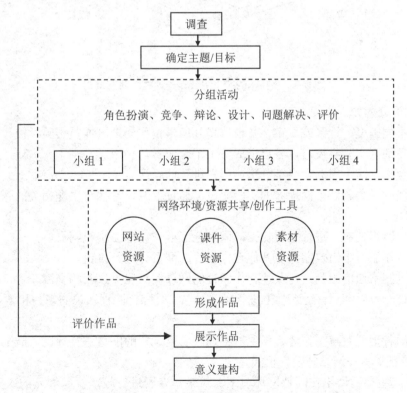

图 6-4 校园网络的"资源利用—主题探索—合作学习"模式

该模式分为如下步骤。

(1) 在教师的指导下，组织学生进行社会调查，了解可供学习的主题。

(2) 根据课程学习的需要，选择并确定学习主题，并制订主题学习计划(包括确定目标、小组分工、计划进度)。

(3) 组织合作学习小组。

(4) 教师提供与学习主题相关的资源目录、网址、资料收集方法和途径(包括社会资源、学校资源、网络资源的收集)。

(5) 指导学生浏览相关网页和资源，并对所得信息进行去伪存真、选优除劣的分析。

(6) 根据需要组织有关协作学习活动(如竞争、辩论、设计、问题解决或角色扮演等)。

(7) 形成作品，要求学生以所找到的资料为基础，做一个与主题相关的研究报告(形式可以是文本、电子文稿、网页等)，并向全体同学展示。

(8) 教师组织学生通过评价作品，形成观点意见，达到意义建构的目的。

3) "小组合作—远程协商"模式

这类模式主要适用于因特网环境，可用图6-5来表示。

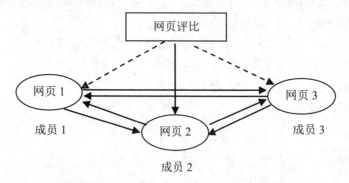

图6-5 因特网的"小组合作—远程协商"模式

该模式可分为如下步骤。

(1) 在不同国度、地区或城市，各自选择几所学校作为地区成员实验学校。

(2) 在各地区实验学校内，各自组成若干个合作学习小组。

(3) 各合作学习小组同学内部分工，分别进行问题探索。

(4) 围绕同一主题，不同地区的实验学校，通过上网，寻找与主题相关的网页并下载，获取相关信息。

(5) 利用所得资料，进行素材加工，同学分工合作，建立小组网页。

(6) 各合作学习小组定期浏览其他合作学校的网页并进行讨论。

(7) 通过网络通信工具，对其他合作学校的网页发表意见，互相交流。

(8) 经过一段时间后，组织学生进行学习总结，对综合课程知识的掌握和学习能力进行自我评价。

(9) 组织各地区教育工作者、学生对各地区实验学校的网页进行评比，鼓励先进。

4) "专题探索—网站开发"模式

这类模式主要适用于在因特网环境下，对某一专题进行较广泛、深入的研究学习，并借此培养学生创新精神和实践能力，提高学生的综合素质。该模式可用图6-6来表示。

这类学习模式要求学生构建的"专题学习网站"必须包含以下基本内容。

(1) 展示与学习专题相关的结构化的知识，把课程学习内容相关的文本、图形、图像、动态资料等进行知识结构化重组。

(2) 将与学习专题相关的、扩展性的学习素材资源进行收集管理，包括学习工具(字典、辞典、读音、仿真实验)和相关资源网站的链接。

(3) 根据学习专题，构建网上协商讨论、答疑指导和远程讨论区域。

(4) 收集与学习专题相关的思考性问题、形成性练习和总结性考查的评测资料，让学习者能进行网上自我学习评价。

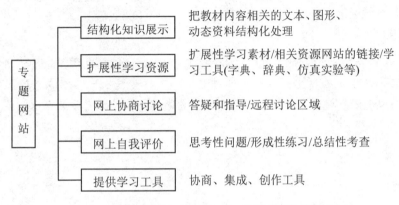

图 6-6 因特网的"专题探索—网站开发"模式

🔑 **思考交流**

研究性学习和探究性学习的异同是什么？

5) WebQuest 模式

WebQuest 模式在 1995 年由美国圣地亚哥州立大学教育技术系的伯尼·道格(Bernie Dodge)和汤姆·马奇(Tom March)创立。WebQuest 是一种以探究为取向的学习活动，教师给学生设计一个特定的情境任务，然后教师利用网页为学生提供大量的网络资源，要求学生通过对信息资源的分析与综合得出创造性的解决方案。

📖 **小贴士**

"Web"是"网络"的意思，"Quest"是"寻求""调查"的意思，而"WebQuest"在汉语中则还没有一个与之相匹配的词汇。在这类活动中，部分或所有与学习者互相作用的信息均来自互联网。根据这一意思我们可以把它译为"网络专题调查"。

WebQuest 模式一般由导言、任务、过程、资源、评价和结论等六个模块组成。

(1) 导言：主要目的是创设一个问题情境，介绍主题内容及其背景，让学生知道将学习的是什么，激发学生研究的兴趣。

(2) 任务：让学习者把注意力集中于他们将要进行的活动上，特别是那些推动所有学习活动顺利进行下去的最终表现或成果。成果可以是研究论文、调查报告、研究笔记、口头报告、模型、展板、主题演讲、作品、网页和活动设计的方案。

(3) 过程：简述学习者将如何完成学习任务，可以把任务的过程分解成循序渐进的若干步骤，以及就每个步骤向学习者提出建议或策略。在这个过程中，教师扮演四种角色：信息海洋的导航者、情境观察的指导者、协作学习问题的设计者、协作学习过程的辅导者。

(4) 资源：完成任务所必需的信息导航资源，避免学习者漫无目的地瞎闯。这些资源可以包括书籍、文献、网页、网站、光盘和录像等。

(5) 评价：罗列出与需要完成这个任务相符合的评价标准，并为学习者描述他们的行为将受到何种评价。评价人员既可以是教师，也可以是家长或同学。

(6) 结论：用来对活动进行总结，总结学习者通过完成这项活动或课程将会学到的东西，同时也鼓励他们对问题进行深入的思考。通过提出一些引导性问题，来促进学生把这种探究的经验扩展到其他领域。

📑 知识拓展

MiniQuest 是由教师设计的在线教学模块，MiniQuest 本身为真实问题的研究提供了框架，该框架引导学生带着特定的目的，通过专门的网络资源，回答有意义的问题，从而提升学习者成功地遨游环境(例如互联网)的能力。这类模式课时数大多为 2 课时左右，比较短小灵活。

🔑 思考交流

MiniQuest 与 WebQuest 的比较。

6.3.2 探究式学习的基本步骤

1. 设置合适的探究问题

探究主题本身应以教学改革及教学模式创新为基点，在整体框架上尊重课程体系及教学规律，其内容及授课顺序与课堂教学同步。

2. 组织学习小组，拟定活动计划

在调查、分析学生原有认知水平、能力水平的基础上，积极探索以课程为单元的教学组织方式，打破以往按专业、年级组班教学，让学生在指导教师和任课教师的辅助下自主选择探究主题，将知识背景、兴趣爱好、所选内容相近的学生组成 3～5 人学习小组，采取组长负责制。在组建小组时，教师应根据每个学生的个性特点、综合能力、知识水平情况进行小组优化组合，协调平衡。学习小组的主要功能应有以下几点：阅读交流——解疑、存疑；合作研究——调查分工、合作研讨、形成结论、汇报答辩；学会合作，培养团队精神；促进竞争。

学习小组确定之后，各小组要根据探究主题的主要内容，认真讨论，共同拟定整个探究活动的规划，形成具体完整的实施方案。如确定课题名称和所要达到的目标，组员任务的分工，课题成果展示与答辩，具体实施步骤等。整个过程以小组为单位，由学生独立自主完成。

3. 创设探究情景，促进探究过程有效展开

创设情景是指教师根据教学内容和要求，结合学生的实际水平，在指导学生选择探究主题的基础上，以有待解决的问题为载体，创设适应的学习氛围和特定的探究情景，提供

丰富的探究学习的信息资源和媒体支持，激发学生的学习兴趣，使之产生为达目标而需要迫切学习的心理倾向和动力，使学生在自主探究、交流沟通、协商讨论的过程中加深对问题与知识的认识、理解，使新旧知识相协调，实现认知结构的重构。具体来说，包括以下内容。

首先要积极创设问题探究情景。在探究主题提出之后，学生往往不知如何着手进行探究式学习，这时，就需要教师为学生提供若干坐标，指导学生弄清课题中存在哪些问题，可运用哪些书本知识进行分析，并提出解决方案。在此基础上，教师与学生一同去建构一个与学习者的水平相当的问题情景，引导学生提出问题主动探究。

其次要促进探究过程有效展开。整个探究过程大致分为两步：一是各组成员按照探究学习的工作框架(包括想法、事实、学习论题与行动方案等)进行讨论，对问题进行分析，最后确定好行动计划，并明确分工，让每一个学习者独立地去完成任务；二是形成阶段性结论后，各组成员重新聚集起来，交流各自完成所承担任务的情况与所查找的资料，对问题重新进行研究，看看是否解决了，如果没有，还需解决哪些新的问题，查找哪些新的资料，最后，重新制定新的行动方案，并分配任务。在此过程中，教师要及时了解并检查各组工作的进展情况，必要时给予适当的点拨与提示。

4. 主动形成解释、展示成果、评价结论、总结与反思

1) 主动形成解释并展示成果

学习者根据采集到的各种实证，通过一系列的交流与沟通，不断修改并完善解决方案，形成对探究问题的解释，最后形成结论。各组代表可利用计算机、投影等设备，以电子演示文稿的方式，向全班报告本组专题的基本内容与完成情况。各组同学根据报告内容进行自由提问，汇报组的组员们针对提问进行答辩；此外，汇报组的记录员要记录全班同学们所提问题与本组的应答，以便课后进行反思总结，评委们根据各组专题完成情况与同学们的临场表现进行评分。这样可以准确地检测学习的效果，便于教师对共性问题通过面授集中讲评，对学习目标完成情况进行小结，使其成为学生自我评价、自我发现和主动改正的提示。

2) 评价结论

对探究学习的考核与评价应采取以过程评价为重点，过程与结果相结合的原则。评价目标优劣不在于结论的正确与否，而在于活动过程中学生的能力是否得到了有效的提高。教师除根据探究课题设计任务书的情况、阶段性考评情况以及最终结果展示答辩情况之外，还应将每个人分担的任务轻重、执行情况，小组成员互相合作的表现，探究目标的达成度，是否有所创新等，都作为考评的依据。

3) 总结与反思

各组学生根据报告中出现的问题，在课外进行研究讨论，整理有关本组专题的知识，重新修改并完善各组的小组产品。并且，各组员要对本次学习的效果与过程进行反思，重新审视探究过程：讨论从何开始？问题清楚地界定了吗？能从该案例中得出什么可普遍推广应用的结论？哪些概念、理论方法和技巧有助于更好地理解与分析本案例？某个看似可行的方案在分析后被否决了吗？原因是什么？

6.3.3 探究式学习评价

1. 建立成长档案

学生的探究学习过程是一个连续过程，那么评价也应该是连续的形成性评价而不只是终结性评价。建立成长档案的目的是学生的学习与评价的主体地位，让学生主动参与对自己学习过程、结果的评价和对同学学习活动的评价，进行回顾并做出总结，及时调整自己的行动，从而调动学生学习的主动性和积极性。

原则上，一切有利于学生探究式学习发展的材料都可以作为档案的内容。如教师、家长、同学或学生自己对本人某一阶段的探究学习的评价记录或学生某一阶段探究学习的成果展示或者探究学习过程的文字、图片或音像记载，或者学生在探究学习过程的认知情感体验的记载。由于档案的内容没有硬性规定，种类繁多，因此学生或教师有必要将其进行整理归类。

一般来说，学生作为探究学习的主体，对成长档案行使管理权与使用权，但考虑到学生的年龄特点和心理特征，教师必须对成长档案的建立、管理与使用进行指导，并就档案存放的地点、使用的时间与学生磋商，定期组织安排档案的交流、汇报与评比，并注意对个别学生的档案建立、管理与使用情况进行深入、细致的交流，以避免建立成长档案评价方式流于形式。

2. 综合探究活动的交流和汇报

有关"头脑风暴法"的研究表明，交流和汇报可以激发参与者的创新潜能，并促进他们的方法、态度、情感等方面的迁移，同时交流和汇报过程也是一种交往互动过程，学生作为交往互动的主体，与参与者相互理解、相互激发，发展探究能力及人际交往能力。因此，只要组织得当，学生在交流和汇报过程中一定能学习科学探究，发展科学探究能力，在评价同学的探究学习的同时接受同学的评价。

交流和汇报既可以是对探究式学习过程的形成性评价，也可以是对探究式学习的某一阶段作出的总结性评价。它的内容既可以是学习成果的汇报，也可以是个人探究学习的体验心得的交流，还可以是问题提出或探讨及探究前景展望，甚至可以是探究式学习过程的情境的描述。学习成果可以是个人成果，也可以是小组成果，可以是实物形式，也可以是文字、符号、音像等形式。个人体验包括认知体验、情感体验及交往体验，通过体验的交流，激发学生更强烈的体验。探究学习过程中，经常出现一些棘手的问题，将这些问题与同学交流汇报，可以从别人的交流中得到启迪与鼓励。探究式学习需要以一定的物质环境为依托，以一定的问题情境为学习起点，在一定的社会环境中进行。通过对情境的描述，可以对学生将来的或正在进行的探究式学习的物质环境的选择、问题情境的创设等都有好处，并有助于提高学生的探究学习能力。

3. 笔试

笔试是一种古老的学习评价方式，传统上由于笔试具有过于强大的甄别和选拔功能而屡屡遭到批评。笔试虽然有其缺陷，但它也有诊断与指导等功能。只要笔试的目标、内容选择组织得好，笔试对评价探究式学习也能发挥一定的作用。

为了使测验的内容有效，它的取样能满足探究式学习目标、内容及技能的要求，教师应该首先确定笔试内容范围和认知层次、技能层次的测量数量的比率和权重，并以此为依据设计目标—内容双向细目表，然后再依据该表选择具体的笔试测题。

4. 实践技能考查

探究式学习是一种实践性的学习活动。学生探究学习的问题可以来自实践活动，探究学习中的假说需要在实践活动中证实或证伪，探究式学习必须以一定的实践技能为基础，因此加强实践技能考查，将有助于学生探究学习水平的提高。

实践技能考查的目标和内容：实践技能考查的目的是对学生的实践技能目标达成情况作出判断，并进一步诊断学生探究式学习问题所在，以利于对探究学习能力的提高。学生实践能力水平有高有低，活动空间有校内、校外之分，活动方式有参观、访问、社会考察、手工制作、社区服务、研究性学习等，活动按指导程度又可分为指导性实践活动、非指导性实践活动。由于活动类型繁多，所以考查的目标和内容应根据具体情况而定。[①]

6.3.4　应用案例

"网页制作"是高中信息技术课程中的重点教学内容。根据当今中小学信息技术课程的主要任务及对教材内容的分析研究，在"网页制作"课的教学中，将掌握网页制作的一些技术和方法为知识目标，通过对知识的学习和对作品的创作培养学生的创造能力、协作能力、动手能力、评价能力，同时在教学中以培养学生的审美、欣赏、创新、主动探索与发展的能力为情感目标。那么，如何实现教学目标呢？以下案例进行了教学研究的尝试，引导学生开展探究性学习。

1. 主题：班级网站

以小组为单位，规划和设计本班班级网站。

2. 案例目标

该案例的目标可分为知识目标、能力目标及情感目标。

1) 知识目标
➢ 初步了解网页制作的过程，熟悉网页的各种元素。
➢ 掌握网页制作的一些技术和方法。

2) 能力目标
➢ 以建构主义理论为指导，以研究性学习为载体，培养学生自学、合作学习和动手的能力。
➢ 学生通过亲身经历，提高分析和解决实际问题的能力。

3) 情感目标
➢ 培养学生与他人协作的学习品质，加强集体主义的观念。
➢ 培养学生的科学探索精神与严谨的治学态度。

---

① http://se.risechina.org/kspj/pjyj/201003/3023_5.html.

3. 任务描述

根据学生不同的学习能力、储备知识、兴趣爱好，依据自愿组成原则，将全班分为6～8人的小组，各小组规划出网站设计方案，分工合作制作网页，并由学生自己担任评委，评选出优秀网站。

4. 教学过程

1) 课前准备

➢ 以小组为单位，规划班级网站结构方案。

➢ 根据这个方案进行工作分配，每个小组成员负责1～2个网页。

2) 制作过程

➢ 资料搜集。

➢ 网页制作。

➢ 网页调度及修改。

3) 网站评审

各小组派一名成员上台演示，根据老师制定的评分标准，请各小组长进行评分，评出优秀的班级网站。

5. 教学活动主要环节

1) 引入教学资源环境，创设学习情境

这个环节的主要教学目的是激发学生的学习兴趣和对新知识的渴望，让他们有对新知识和技能的学习动机、愿望和需求。在教学中，根据学生的思想特点与学习心理，可以借用好的班级网站来创设情景，向学生展示好的班级网站，并指出：大家看到的每一幅画面都是一个网页，这些网页有的美观大方，有的丰富多彩，有的个性鲜明，那么我们能不能制作出具有自己风格的网页呢？这样就可以激发学生学习网页制作的兴趣及求知欲望，产生完成本班班级网站制作的动机。此时，笔者对学生提出研究的目标——如何利用FrontPage 2003软件来完成你们的班级网页制作，最后各研究小组要分别展示你们的研究成果。

2) 小组合作，确定网站结构

小组协作的形式能拓展学生自主发展与创作的空间。在这个环节中，教师先组织学生分成几个小组，一般6～8人一组。在分组的时候，特别考虑了学生的学习能力、储备知识、学习动机等，以避免在同一组中出现操作能力过强或过弱的学生的过分集中。接着每个小组围绕"初一(1)班班级网站"确定一个网站设计方案，并在课余时间进行相关的资料搜集。这样能激励学生发挥出自己的最高水平，能促进学生间在学习上相互帮助、共同提高，并且还能增进同学间的情感沟通，改善人际关系，能够让学生都积极地参与到学习活动中来。

3) 小组学习与探索研究

在课堂上，教师出示范例，引导学生分析网页的结构，指出：网页中可以有文字、图片，甚至有动画和声音，为了和浏览者更好地交流，有时还添加各种表格、组件。当然，各式各样的超链接更是常常出现在网页里。学生有了初步的直观印象后，就不会感到盲目，而且会引起学生极大的兴趣。随后，将任务分解成若干个小任务，引导学生轻松愉快、主动地去解决问题，完成任务，进而达到自身对知识的意义建构。

4) 小组展示班级网站及网站评审

展示交流是研究课题的最后一个环节，各小组通过多媒体教室向全班同学展示了自己小组的研究成果，并进行自评，即说出哪些是本小组最好的，哪些是本小组还没能解决的。最后请各小组长评选出优秀网站。笔者认为在此环节，教师应把握评价的尺度，评价的侧重点应该放在学生在自主学习过程中学会了哪些学习方法，同学间团结合作意识是否体现，并充分肯定学生的成果，鼓励他们继续发扬这种探索研究精神。

6. 教学反思

在"网页制作"这堂课的教学过程中，该案例充分利用了软件本身的特点，为学生创设了和谐、美好、愉快的信息化学习平台，发挥了学生的主体作用。在教学中，充分调动了学生的学习积极性，培养了学生的动手能力、观察分析能力和主动探索性学习的能力。通过设计教学方法，教会了学生分析问题的方法，教学情景的设计激发了学生探索新知识、深研新知识的强烈欲望，培养了学生良好的思维习惯、学习习惯，使学生在学到新知识的同时形成了良好的学习心理，实现了教学目标。

实践表明，开展探究性学习对网页制作的教学具有非常好的效果，活动中充分发挥了学生的主体性，学生学习的积极性被充分调动起来了。同时，提高了课堂效率，使整节课的教学目标得以顺利完成，小组的分工合作体现了平等原则，每个学生都积极参与到教学活动中。此外，小组成果评比演示也充分体现了学生在课堂活动中的主体地位。

6.4　基于概念图的学习

6.4.1　概念图概述

6.4.mp4

概念图是 20 世纪 60 年代康奈尔大学的诺瓦克(J.D.Novak)博士根据奥苏贝尔(David P.Ausubel)的有意义学习理论提出的一种知识呈现工具。最早的概念图被用来作为诺瓦克研究中呈现儿童认知结构及其变化的图形化方法。由于概念图在知识表征、知识组织、沟通交流方面的独特效果，它被越来越广泛地应用于教学、学习和培训中。

1. 概念图的定义

诺瓦克于 1984 年出版其专著《学会学习》(Learning How to Learn)，首次形成了概念图的系统理论，如图 6-7 所示。该书将概念图定义为："概念图就是用来组织和表征知识的工具，是一种以科学命题的形式显示了概念之间的意义联系，并用具体事例加以说明，从而把所有的基本概念有机地联系起来的空间网络结构图。"

2. 概念图的四个要素

概念(Concepts)、命题(Propositions)、交叉连接(Cross-Links)和层级结构(Hierarchical Frameworks)是概念图的四个要素。

概念是感知到的事物的规则属性，通常用专有名词或符号进行标记。

命题是对事物现象、结构和规则的陈述。在概念图中，命题是两个概念之间通过某个连接词而形成的意义关系。

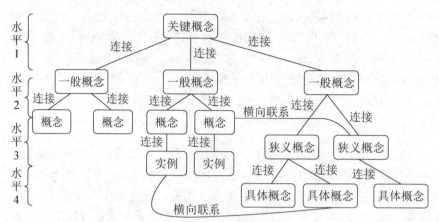

图 6-7   J.D.Novak 的概念图模型

交叉连接表示不同知识领域概念之间的相互关系。

层级结构有两个含义：一是指同一知识领域内的结构，即同一知识领域中的概念依据其概括性水平不同分层排布，概括性最强、最一般的概念处于图的最上层，从属的放在其下，具体的事例位于图的最下层；二是不同知识领域间的结构，即不同知识领域的概念图之间可以进行超链接。

某一领域的知识还可以考虑通过超级链接提供相关的文献资料和背景知识。

3. 概念图的结构

概念图一般由节点、连接和有关文字标注组成。

(1) 节点：由几何图形、图案、文字等表示某个概念，每个节点表示一个概念，一般同一层级的概念用同种的符号(图形)标识。

(2) 连接：表示不同节点间的有意义的关系，常用各种形式的线连接不同节点，这其中表达了构图者对概念的理解程度。

(3) 文字标注：可以是表示不同节点上的概念的关系，也可以是对节点上的概念详细阐述，还可以是对整幅图的有关说明。

6.4.2   制作概念图的一般步骤

概念图可采用徒手方式绘制，如采用粉笔、黑板、纸和笔等，也可采用平常的办公应用软件如 Office、WPS 绘制。但针对概念图的特点，一些专用的概念图制作工具被研发出来，如 Inspiration、MindManagr、Mindmapper 等。不论是采用何种方式制作概念图，所遵循的基本思路和基本步骤是一致的，都要阐述概念和概念的联系，表达对概念的理解。

下面是制作概念图的一般步骤。

(1) 认定中心主题：确定你希望利用概念图理解的问题焦点、知识或概念，并用这个焦点主题作导引，找出与中心主题相关的概念，并罗列出来。

(2) 将列出来的概念排序：把一般、最抽象和最具涵盖性的概念放在最高位置。在拣选最高层概念时可能会遇上困难，反思中心主题的引导方向可以为概念排序。这个过程可能需要反复思考、修正乃至重新确定概念图的中心主题。

（3）将其余的概念按层级排放在列表上。

（4）开始制作概念图：把一般的、最抽象和最具涵盖性的概念放在最高位置。在最高层的位置通常会有 2～3 个概括性的概念。

（5）随后将往下的第二、三、四层的子概念放置在概念图上。

（6）将概念用线连上。在连接线上写上合适的连接词。连接词必须清晰地表达两个概念之间的关系，使之成为简单、有效的命题，有连接制造意义。当大量相关的概念连接起来并形成层次后，可以看到对应某一知识、命题、中心主题的意义架构，如图 6-8 所示。

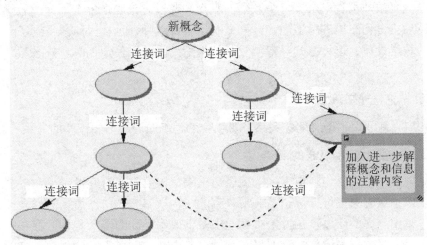

图 6-8　概念图的绘制步骤

（7）重新整理概念图的架构。这包括为概念图进行概念的增减或改变上下层关系等。这可能需要进行多次的整理，但也正是这些整理的过程能带来新的启示和有意义的学习。

（8）在不同分支的概念之间寻找有意义的"横向连接"，并在连线上用连接词标明关系。横向连接能有效地帮助在某一知识范畴内看到新的关系。

（9）仔细、具体的例子可以用简图或代表符号附在概念上。

（10）知识或问题的表达不止一种形式，对同一系列的概念，可以运用不同结构的概念图来表现。

小贴士

专用的概念图绘制工具有 Inspiration、MindManager、Mindmapper、MindMeister、Freemind、亿图图示等，它们都能提供完备的概念构图功能。除此之外，PowerPoint、Word、画笔等也都可以用来绘制概念图。

实践

下载一个概念图绘制工具，选择一个感兴趣的专业概念，将它的概念图绘制出来。

6.4.3　概念图在教学中的应用

概念图作为一种教学策略和帮助学生认知的工具，可以有多种使用方法，适合不同的教学情景。概念图在具体教学实践中可以有以下使用方法。

1. 辅助教学设计

教师利用概念图归纳整理自己的教学设计思路。教师也可以在集体备课中共同讨论，完成教学设计。备课是重要的教学行为，如何才能提高备课的效果呢？除了教师自己认真研读教材、教学大纲、查阅有关资料之外，教师之间的讨论也是提高备课效果的重要方式，这样可以做到集思广益、智慧共享。然而在通常的备课过程中由于缺乏及时有效的记录和整理，集体讨论效果不好，而且容易跑题。在整个讨论过程中，大家紧紧围绕讨论内容展开话题，由一名教师负责记录下每个教师的观点，通过讨论确定各个部分的教学内容和教学方法。然后将讨论结果进行整理，分别复制给各位教师，这样大家就得到了一份凝聚着集体智慧的教学设计。这种方式对青年教师特别适用，可以使他们尽早熟悉教学规律和教学内容。

2. 辅助学生整理知识概念

概念图清晰地展现了概念间的关系，可以帮助学生厘清新旧知识间的关系。

3. 辅助学生进行头脑风暴的活动

在讨论中，学生可以将观点用概念图表达出来，以引导和激发讨论。在探究式课堂教学中，学生以小组为单位进行讨论是非常普遍的一种学习方式，然而也同样会出现我们前面所说的讨论中出现的问题，在讨论式教学中教学效率不高的现象是普遍存在的。要改变这种情况，只有将学生的注意力全部集中到讨论的中心话题上来，这正是概念图要解决的问题。同时利用合适的软件，还可以及时记录下讨论结果，体现集体思维的成果。

4. 辅助学生整理加工信息

在收集和整理资料的过程中，可使用概念图将多个零散的知识点集合在一起，帮助学生从纷繁的信息中找到信息间的联系。学生可以利用概念图来分析复杂知识的结构。学生来制作概念图，能够激发他们的学习兴趣，促使学生积极思考，加强对知识的理解，也增强了他们的成就感，促进学生学习能力的提高。另外，也使他们在制作概念图的过程中体会、观察知识间的关系，甚至发现自己从来没有注意和意识到的各个知识间的关系，从而产生一些具有创新性的理解，达到创新性的学习目的。

5. 作为师生表达知识的工具

在教学过程中，教师可以利用概念图展示教学内容。

6. 作为学习活动的交流工具

师生之间、生生之间可以使用概念图进行交流，利用概念图软件，可以远程共同设计和交流概念图，促进学习者之间的相互理解。

7. 作为协作学习的工具

通过学生共同合作制作概念图，或者教师和学生共同合作来完成概念图，有助于协作小组成员之间共同发展认知和解决问题。

8. 作为辅助师生在教学活动中进行反思的工具

师生通过概念图的制作、修改、反思和再设计的往复循环，可以不断地完善概念图，学会反思自己的学习过程，从而学会自我导向学习。

9. 作为教学评价工具

例如，教师通过观察学生设计概念图的构图过程，了解其学习进展和内部思维活动的情况，以便及时给出诊断，改进教学，这样，概念图就是形成性评价的有效工具。同样，概念图也可以作为总结性评价的工具，它与传统的试题测试相比优点在于，其为教师和学生提供的考试结果，已经不仅仅是一个抽象的分数，而是学生头脑中关于知识结构的图示再现。教师和学生可以清晰地了解学生学习的状况，从而有效地帮助学生认识自我。

10. 作为辅助教学科研的工具

教师作为教育科研的行动研究者，可以利用概念图分析科研对象的各个要素、研究教学活动规律和总结教育科研的基本经验等。

11. 准备讲课笔记

使用概念图最有效的办法是记备课笔记。以概念图的形式备课比写出来更快，而且还可以让讲课的人和学生始终都能掌握全盘内容。用概念图准备出来的讲义内容很容易更新，它所具有的助记特点意味着，在上课之前快速地浏览一些备课材料会很快把讲课内容带入正题。绘制概念图时，讲课者对知识的理解得以体现其中，因此在每次的教学中，概念图会触发不同的教学内容。这既避免了陈旧的讲课笔记带来的单调无聊，又不要求增加工作量。概念图使讲课变成更有趣的事情，学生和教师双方都乐于接受。

12. 课堂与讲演

教师可以用一张大黑板、白板和活动挂图，或者用悬挂投影机在课程进行当中画出相应的概念图部分。把思想过程的回忆用外部设备表现出来，有助于把课程的结构弄清楚。它还能保持学生的注意力，并加强他们的记忆能力和对内容的理解。包含知识框架的概念图也可以分发给学生，由学生补全。概念图对帮助那些有学习缺陷的人特别有用，可使学习缺失的大脑从语义学的局限中解放出来。

13. 考试

考试的目的是检验学生的知识和理解力，而不是他们的背诵能力和写作能力，概念图是最理想的解决方法。它可以让教师一眼就能看出学生是否从总体上把握了所讲的内容，以及各个学生单独的长处和短处。这个方法可以给教师一个清晰而且客观的图景，可以了解学生的知识状态，而不会因为在其他一些如语法正确程度、拼写能力和书法是否整洁等方面受到牵制。另外还能节省许多时间，而不会把它们浪费在阅读和批改大堆试卷上面。

14. 组织概念，勾勒知识结构图

依据概念图的要求，在老师的指导下由学生总结概念结构，这种方法学生十分愿意接受。首先利用计算机可以提高学生的兴趣，调动学生积极思考；其次，对于不同学生的作品可以很方便地进行交流，每个学生都可以从他人那里学到自己没有想到的东西。在实际

操作中，可以有两种方法：教师制作出模板，学生按照模板完成内容；学生根据自己的理解制作概念图作品。

15. 指导学生，进行研究性学习

研究性学习作为一种课程理念，可以单独举办综合课程，也可以结合课堂教学或者学科进行，如果将这种理念和网络教学联系起来，就产生了 WebQuest。根据自己的实际情况，以课堂教学的内容为研究性学习的生长点，以 WebQuest 为主要学习形式，以概念图为指导手段，开展研究性学习，非常受学生的欢迎。概念图在其中的作用是指导学生的探究步骤和探究内容。

除了上述应用领域以外，每一个教师在自己的教学活动中，都可以利用概念图表达自己的各种创意，用来研究自己感兴趣的任何问题，从而创造出更加丰富多彩的活动来。

6.4.4 概念图教学应用案例

《生态系统的能量流动》第一课时教学设计[①]

【教学分析】

本节是人教版高中生物必修 3 第五章第二节的内容，包括能量流动的概念、过程、特点、能量流动的意义和能量传递效率的计算。本节内容第一课时教学中，教师需使学生掌握能量流动的概念、过程、特点，会简单地进行能量传递效率的计算。这些内容是对之前已学的细胞的能量供应和利用及生态系统的结构内容的延续，又为第二节能量流动的实践意义的学习打下基础，同时又是学习生态系统的物质循环和稳定性、生态环境的保护等内容的基础，所以本节内容起到了承前启后的作用。

学生已经掌握了光合作用、呼吸作用、食物链和食物网等内容；并且已经掌握了能量、能量传递和能量守恒等基本概念。在之前的学习中已涉及模型的构建，如用光合作用图解描述光合作用的主要反应过程、甲状腺激素的分级调节、达尔文自然选择学说的解释模型等。

【教学目标】

知识目标

概述生态系统的能量流动；分析生态系统能量流动的过程及特点。

能力目标

培养分析问题和解决问题的能力、小组合作与交流能力、思维迁移能力、处理数据及运算能力、构建模型能力及动手能力。

情感、态度与价值观目标

体会生物科学与生产生活实践的密切联系，激发学生学习生物科学的兴趣。

【教学难重点】

重点：能量流动的过程，能量流动的特点，能量传递效率的计算。

难点：能量流动过程中每个营养级同化量的去路问题；摄入量、同化量和粪便量的关

---

① 摘自 魏永强. 构建概念模型在高中生物教学中的应用——"生态系统的能量流动"(第一课时)教学案例分析[J]. 中学生物学，2017，33(03)：29-32.

系；能量传递效率的计算。

【教学方法】

角色扮演。

【教学用具】

多媒体、大屏幕投影。

【教学过程及步骤】

1) 课堂导入——荒岛求生，设疑激趣

教师结合教材第 93 页"问题探讨"，课前找 3 名学生(一人扮演求生者、一人扮演母鸡、一人扮演玉米)彩排一个小的情景剧，上课进行表演。

求生者：我好饿啊，这里什么吃的也没有，我只能把你们(母鸡和玉米)吃了啊。

母鸡：敬爱的主人，别吃我，您用一部分玉米喂我，我能给您下蛋，这样玉米和鸡蛋您就都能吃到了。

玉米：傻主人，你应该先吃鸡，不然的话它就会和你抢着吃我啊。

求生者：我该听谁的呢？谁能帮帮我啊？

教师：为了帮到这位可怜的求生者，让我们进入本节课的学习，从本节课中寻找答案。

2) 能量流动的过程——问题导航，层层建模

教师围绕学生熟悉的一条食物链"草→兔子→ 狼"层层设问，引导小组讨论。

(1) 草的能量来自什么形式的能量，通过什么途径获取？

学生根据已学的光合作用相关知识回答生产者通过光合作用固定太阳能，并且生产者固定太阳能的总量就是流入该生态系统的总能量，构建能量输入过程的模型(见图 6-9)。

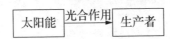

图 6-9　能量输入的过程

(2) 草固定的能量哪里去了？

教师通过幻灯片播放一段有关小草的 Flash 动画。

小草：我是一棵小草，我最矮，我的兄弟姐妹们都笑话我，我想长大，所以我利用体内的叶绿体拼命地进行光合作用固定太阳能，合成有机物。可我旺盛的生长一直在消耗我的有机物。唉，什么时候能长大呢？

老草：我是一棵老草，我马上就要入土为安了，地球上将不再有我美丽的身影，但我无怨无悔，因为我的死将换来来年更多的生机。

死草：我是一棵死草，我死得好冤啊，我还没来得及谈一场轰轰烈烈的恋爱，就被一只山羊一口吞进了肚子里，呜呜呜……

小组讨论，教师点拨归纳，分析出草固定的能量去路，构建生产者能量去路的模型(见图 6-10)。

(3) 兔子摄入的能量全部流入兔子体内了吗？学生根据常识回答兔子摄入的能量中有一部分以粪便的形式排出体外，其余的才流入兔子体内。教师顺水推舟，告诉学生流入兔子体内的能量称为兔子的同化量，从而得出"摄入量-粪便量=同化量"的关系，继续构建概念模型(见图 6-11)。

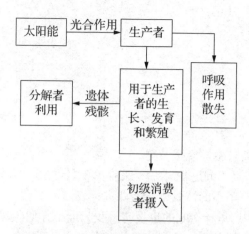

图 6-10　生产者的能量去路的初步模型

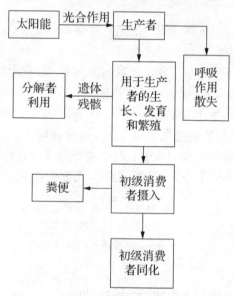

图 6-11　继续构建的生产者能量去路模型

　　教师引导学生进一步分析，兔子产生的粪便最终也是被分解者利用，所以对生产者能量的去路进一步进行了调整(见图 6-12)。

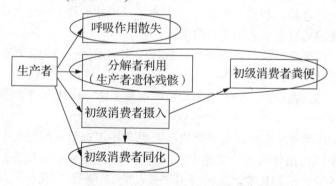

图 6-12　生产者能量去路的模型

(4) 流入兔子体内的能量又有哪些去向?

学生借鉴生产者同化量的去向分析初级消费者同化量的去路,并构建模型(见图 6-13)。

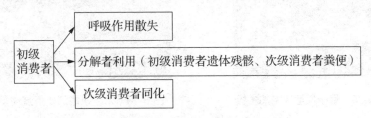

图 6-13　初级消费者能量去路模型

(5) 每个营养级的同化量的去路都一样吗?

教师引导学生:狼作为此食物链的最高营养级,它的同化量没有哪个去路?这样进一步引导学生去构建一个完整的能量流动的模型(见图 6-14)。

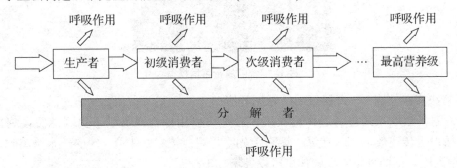

图 6-14　能量流动的模型

3) 能量流动的概念——过程小结,生成概念

通过以上五个问题,学生掌握了能量流动的过程。教师利用幻灯片进行小结。

(1) 能量输入:生产者通过光合作用固定太阳能。

(2) 传递渠道:食物链(网)。

(3) 能量转化:太阳能→化学能→热能。

(4) 能量散失:呼吸作用以热能散失。

教师引导学生归纳:生态系统中能量的输入、传递、转化和散失的过程,称为生态系统的能量流动。

4) 能量流动的特点——分析案例,巧构模型

教师用幻灯片呈现赛达伯格湖的能量流动图解。每个小组有九块木板(见图 6-15),A1 至 A4 四块木板之和表示生产者的同化量;B1 至 B4 四块木板之和表示初级消费者的同化量;C 木板表示次级消费者同化量。结合本图解写出每个小木板表示的能量去路及其数值,写完后将同一营养级的四块木板拼成一个规则的长方形,最后将拼成的三块长方形木板按食物链的相对位置摆放。小组对构建的模型进行展示,师生共同评价并修正模型(见图 6-16)。

通过模型演示,学生定性分析能量流动过程的特点并定量计算此案例中相邻营养级之间的能量传递效率。学生通过变换模型的位置,构建能量金字塔(见图 6-17)。

图 6-15　用于模型建构的木板

图 6-16　木板拼成的能量流动模型

图 6-17　能量金字塔模型

5) 解决实践问题——释疑解惑，首尾呼应

为了更科学地帮助鲁宾逊作出决策，教师可以用课件提供以下实例：假设鸡自身重 1.5kg，按最大传递效率 20%计算，策略 1 先吃母鸡；策略 2 中有 1/5 的玉米给鸡吃，剩余的玉米给人吃。则两种策略人的体重可以各增加多少？

学生计算如下。

策略 1：$1.5×20\%+15×20\%=3.3$ kg。

策略 2：$(15×1/5×20\%+1.5)×20\%+15×4/5×20\%=2.82$ kg。

教师引导学生通过数据模拟，解决了实际问题，体验了由定性分析到定量研究的方法。

6) 布置作业

(略)

6.5　混合式学习

6.5.1　混合式学习概述

6.5.mp4

20 世纪 90 年代末以来，E-learning 在教育领域得到了迅速应用与发展，由此推动了教育革新，并产生了许多新的教育思想与理念。人们在应用 E-learning 的过程中逐渐体会到，不同的问题需要用不同的方案来解决。通过对 E-learning 的反思，在企业培训领域中首先出现并经常使用一个词语："混合学习"(Blend-learning)。企业培训与传统的学校教育有所不同，企业培训的主要目的是提高商业收益。考虑到培训对象在时间与地点方面的多样性需求，企业在应用 E-learning 进行培训的实践中，逐步探索用传统课堂教学与远程教学相结合的方式进行培训，之后又进一步探索采用课堂教学分组讨论、专题研讨及网上远程教学相结合的方式进行培训。这种把网络学习

和面对面的教学结合起来开展的学习活动即"混合学习"。

混合式学习中的"混合"主要包括五个方面的混合。

(1) 学习理论的混合：混合式学习的教学策略需要多种学习理论的指导，以适应不同的学习者、不同类型的学习目标、不同学习环境和不同学习资源的要求。

(2) 学习资源的混合：混合式学习的资源来自不同的媒介，可以是来源于印刷品、光盘、磁带、手机、互联网等。通过使用这些不同的资源，学习者可以完成不同的学习任务。

(3) 学习环境的混合：由于混合式学习混合了传统面对面的教学和 E-learning，因此学习者不但可以在真实的教室、图书馆等传统环境中进行学习，也可以在各种网络环境下进行学习。

(4) 学习方式的混合：学习者在学习过程中，可以采取多种方式进行学习，可以是上课听教师讲解，也可以是自主学习、探究学习、协作学习等。

(5) 学习风格的混合：学习者在学习过程中要调动多重感官参与学习活动，通过多种活动形式获得各种学习体验，最终达到预期的学习目标。

其中，从学习方式"混合"的维度，混合式学习主要包括：混合在线学习与离线学习、混合自定步调学习与协作学习、混合结构化的学习与非结构化学习、混合特定的学习材料与灵活的学习材料、混合"工作"与"学习"。

6.5.2　混合式学习的实施步骤

华南师范大学李克东教授把混合学习的设计分解为八个环节。这八个环节形成一个不断完善的循环过程。各步骤的任务如下。

步骤一：确定混合学习目标。

步骤二：确定预期绩效(业绩)。确定通过混合学习应取得什么样的绩效。

步骤三：选择传递通道和媒体。需要考虑到两个方面的内容：一是可供选择的传递手段，包括学习方式与媒体，主要有在线、课堂、视频、技术支持、PDA、电子绩效支持、组合、自我指导、教师指导、协商、同步、异步和实况 E-learning；二是要考虑同传递手段有关的效能和成本因素，如存取方式、成本、教学模式、交流、用户友好、组织授权、新颖性和速度。

步骤四：学习设计。邀请课程专家、教育专家和技术专家，制订并形成混合学习计划。

步骤五：支持策略。确定完成混合学习需要什么样的支持策略。

步骤六：计划实施的行动观察。设计在实施计划过程中需要观察记录的项目(表格)。

步骤七：学习评价。对学习的效果进行评价，包括诊断性评价、形成性评价和总结性评价。

步骤八：修订学习。根据学习评价的结果，对学习计划进行修订，然后进入下一轮学习。

值得注意的是，混合学习基本形式是在线学习与面对面教学(课堂教学)的结合，是教师主导与学生主体的结合。但它不是两种形式的简单组合，而是要充分发挥和利用在线学习和面对面教学的优势，同时通过"混合"促进传统教学模式的变革。因此混合学习不应片面强调网络学习环境的应用而忽视课堂教学，不应片面强调以学生为中心而忽视教师的主导作用，不能片面强调建构主义理论而忽视其他学习理论的指导作用，也不能片面强调网上资源的利用而忽视音像媒体和其他传统媒体的利用。　因此，混合学习既体现了信息时代的特征，又正视了学习的传统本源。

6.5.3 混合式学习的评价

1. 混合式学习评价概述

教学评价是对教学过程和结果进行的价值判断。由前述可知，混合式学习活动综合了多种学习活动，而不同的学习活动需要不同的评价方式，再加上混合式学习强调以学习者为中心，特别关注学习者的学习方法与学习能力的培养，因此，混合式学习评价应该是一种综合性评价，其评价的形式应该是多样的，包括对学习者的学习成果评价、教师评价、课程的教学设计评价、教学媒体使用的评价等。

2. 混合式学习评价的内容

1）教师评价

在混合式教学中，教师是课程设计的主要参与者和课程教学的主要实施者，因而，教师评价是混合式学习评价的重要组成部分。开展教师评价要坚持发展性评价理念，通过评价促进教师不断地改进课程教学。

教师评价要考虑两方面内容：一是社会发展对教师提出的要求。这里主要是对教师信息技术素养、学科知识、教育知识等素养的评价。二是教师工作本身所固有的特点与规律。这里包括对教师的教学设计能力、教学实施能力等进行评价。

2）学习者评价

对学习者评价是混合式学习评价最重要的部分，也能体现以学习者为中心。传统课程教学中，对学习者评价主要采用的是总结性评价。在混合式学习中，学习者采用的活动多种多样，学习过程复杂，因此，学习者评价要综合使用诊断性评价、形成性评价和总结性评价，要关注学习者在知识、技能、情感、学习过程与方法等方面的变化。

3）教学设计评价

教学设计评价包括对课程教学活动设计和教学安排的评价两个方面。课程教学活动评价是以知识类型来设计活动安排，根据不同的知识类型、教学目标去安排不同的活动类型。课程教学活动评价就是对一门课程的教学目标、教学内容、教学活动等方面安排的恰当性作出判断。教学安排是根据课程实施的时间要求来合理安排教学进度，教学安排评价就是要对这种安排是否合理作出判断。

4）教学过程评价

由于混合式学习活动过程的多样性，决定了教学过程评价的复杂性。需要对教师的课堂讲授进行观察，征求学生对教学过程的意见等。

5）教学媒体评价

教学媒体是开展教学活动的重要组成要素。对教学媒体进行评价应考虑四个方面的内容，即媒体的丰富性、媒体的适合性、媒体的有效利用性和媒体的可持续发展性。

3. 混合式学习评价方式

混合式学习综合了传统学习与在线学习的优势，学习活动呈现出多样性和复杂性，因此，开展混合式学习评价的方式也应该坚持多样性。混合式学习评价需要整合传统评价方式与网络评价方式。

6.5.4 混合式学习应用案例

混合式学习课程活动设计可以分为四个组成部分：课程导入、活动组织、学习支持、教学评价。这里以 Moodle 平台为例，介绍混合式学习的组织与实施。

1. 课程导入

课程导入的基本任务是师生就该课程的性质、学习目标、内容范围、进度安排以及考试(考查)的方式等达成共识。其主要内容为课程结构、学习方法(不同类型知识的学习方法、教学方法介绍、学习支持介绍)。在课程开始前，教师需要通过板书或 PPT 讲稿向学生展示，同时教师也需要将整个课程的教学计划及各个阶段的教学计划公布在 Moodle 上，当然教师也需要在每次课前将该课的相关内容公布在 Moodle 平台上，以便学生预习。

2. 活动组织

活动组织既是混合学习原理中最重要的环节，同时也是 Moodle 平台最有特色的地方。对中学生来说，教学过程中的活动一般有讨论、资料调查、情景模拟和操作性活动、讲授等。利用 Moodle 进行 BL 教学设计就需要教师在课程中设计活动，哪些活动设计在课上，哪些活动设计在课下，哪些活动设计在 Moodle 平台上，通过这些设计使学生获得更丰富的学习体验，支持学生进行多种形式的学习。例如，教师可以在课堂教学时发起讨论，然后将此次讨论继续在课后利用 Moodle 的"讨论区"进行在线讨论延续和深化课堂讨论。教师除了课堂讲授外，还可以利用 Moodle 平台的"测验"模块所提供的试题对当堂或以前的教学内容进行现场测试，平台将客观类型的题的结果自动反馈给教师和学生，教师可以根据反馈结果掌握学生的学习情况，以便调整教学计划。

3. 学习支持

BL 教学设计中的学习支持主要是指对学生的学习进行辅导、指导和答疑，主要设计形式为提供网络教学资源、在线答疑、在线研讨和交流、构造协作学习。

提供网络教学资源主要是指在 Moodle 平台上呈现课堂教学内容、精选的各类网络教学资源等，以便学生复习或者扩展学习。

在线答疑是指学生将问题发布到 Moodle 平台上(讨论区)，教师和其他学生都可以对该问题进行回答，同时教师也可以将学生的具有普遍性的问题的答案发布到 Moodle 平台，减轻工作量。这种方式不但避免课堂的时间有限，而且随着问题的增多，教师可以将所有的问题积累起来成为教学资源。

在线研讨指教师和学生之间、学生和学生之间在 Moodle 平台上的讨论区或聊天室平等地就某问题进行研究和讨论。讨论议题可由教师发起，也可由学生发起，通过在线研讨，激发学生的学习兴趣，同时也通过交流对问题的认识达到深刻的理解，并且还构建了新型的师生关系。

对于协作学习，教师可将班级分成几个小组，每个小组围绕一个具体问题展开，每个小组在 Moodle 平台上共同学习，将各自收集的资料上传到平台，利用 Moodle 进行讨论。通过 Moodle 平台使得小组成员可以跨时空，同步或异步交流。同时，培养了学生协作和解决实际问题的能力。

4. 教学评价

教学评价主要包括对学生的学习效果的评价和教师教学效果的评价。在 BL 教学中的评价是将传统评价和网络评价进行整合。对于教师教学的评价，教师可以在班级中让学生匿名为教师打分或提意见，也可以利用 Moodle 平台的"问卷调查""投票"进行调查以获得教学反馈。

对于学生的评价可以设计"电子档案"和"测验"来实现学生的过程性评价。在 Moodle 平台上完整记录了学生浏览教学资源情况、学生参与讨论的次数和内容以及在协作学习中资料贡献情况、提问内容和次数及心得体会等。这些记录都是学生过程性评价的依据。

6.6 校际协作学习

6.6.mp4

在国外一些发达国家，从 1994 年就开始利用因特网进行"基于网络开展跨国界协作学习"教育的活动。最早提议的是当时美国副总统戈尔，之后英国、法国、加拿大等数十个国家参加了网上协作学习研究活动。这项研究活动，是以观测地球、保护环境为目的，以学校为基础，开设国际性的环境教育"地球环境观测学习"课程。到目前为止，全世界有 130 多个国家和地区的中小学校参加了这个项目的研究活动。在日本，1955 年也开始实施著名的"百校计划"，全国有 111 所中小学参加了基于网络的学校间的共同学习活动。可以说，西方发达国家在利用网络等远程教育方式构建终身学习体系方面处于国际领先水平。

6.6.1 校际协作学习概述

1. 校际协作学习的概念

校际协作学习，是指利用因特网开展校际共同主题学习活动，并关注在不同学校间学习的差异性，学习这一差异，并利用这一差异开展相互学习，由此加深对知识的理解和相互认识，并开展共同的调查研究或作品创作，以及开展社会实践活动这一形式的学习。在具有这种特征的学习活动中，参加学习的伙伴之间表现出一种相互协调和合作的关系，由此一般称为校际"协作学习(Collaborative Learning)"。

在现实中，作为校际交流学习的拓展，根据某一方的提议设定共同的主题开展共同学习；在开展共同学习中交换各自学校、年级的特色等交流学习，由此可见，交流学习与共同学习没有严格的界限和区分，一般情况下将这两者的意义综合起来统称为"校际协作学习"。

开展校际协作学习从本质上说，就是为了交流、共享、促进。因此，总的来说，校际协作学习的开展具有以下好处。

(1) 对于学生，通过异地学生之间的交流，加强彼此的了解，利用"同伴连带学习"，激发学生的学习热情；通过参与主题活动，并进行交流、讨论，既能让学生体验到科学研究的过程，又能培养其民主、求实、协作的科学态度；丰富视野、扩大知识面；培养信息能力，包括信息的获取、整理、利用的能力。

(2) 对于教师，可以促进教学经验与体会的交流；教学资源的共享与利用。

(3) 对于学校，提供了开展素质教育的支持平台；促进教与学；资源的共享与利用。

2．校际协作学习的特点

基于网络的校际协作学习活动，实质是研究性学习在校际之间利用网络平台进行协作、交流、拓展的一种新形式，也是信息技术与学科整合，开展综合实践课程的一种尝试。它表现为差异性、开放性、共享性、实践性及交互性等特征。

1) 差异性

所谓差异性，是指各协作学校由于地域的差异，文化背景的不同，对同一主题的学习探究的结论、体会，肯定也存在着差异。通过网络平台交流，互相观看评议，发表各自的意见，学习这种差异。再整合、总结网络成员的心得体会，在主动建构知识的模型(网络综合学习课程)过程中，达到共同建构意义的目的。这是"基于网络校际协作学习"的核心所在，也为信息技术与学科整合、开展综合实践课程的研究提供了方法、途径。

2) 开放性

由于这种学习活动是完全自主的学习方式，因此从内容到形式都是采取一种开放的模式。就内容而言，是依据学习者的"关心"和"兴趣"选定的学习主题。这个主题本身就具有开放性。因为它涉及的知识不是单一的，有时涉及几个学科的知识内容。如"保护环境"这个主题，内容可以是"水资源"，也可以是"酸雨"，还可以是"垃圾处理"等，每一个具体内容都涉及一到几个学科的知识。像"水资源"，它的"分布"，涉及地理知识；"污染"涉及化学、社会学知识；"利用"，涉及物理、生物、化学等学科知识。就其形式而言，可以是(小组或一个人)探究调查，可以是协商、讨论、争辩，也可以上网探究。总之，形式不拘一格。

3) 共享性

共享性是 Internet 的本质特征。"基于网络校际协作学习"就是利用这种特征，一方面通过网络平台获取所需要的共享资源，为研究性学习的开展提供丰富的素材；另一方面各协作学校的同学上传学习成果，实现资源共享，达到共同提高的目的。

4) 实践性

校际协作学习以实践为基础，以信息技术和网络技术为依托，通过不同地区的实验学校围绕一个中心主题，开展调查研究，分头收集资料信息，进行加工处理，再将自己的学习结果通过 E-mail 或制作成具有特点的网页上传到网络专用平台上。

5) 交互性

交互性是指异地学校与学校、同学与同学之间的学习活动，除了用 E-mail 方式进行交流外，还可以用网络平台如在线会议系统进行学习和交流。

3．校际协作学习的类型

校际协作学习一般可以分为三类，它们分别是地区间协作学习、异文化交流学习及世代间交流学习等。

1) 地区间协作学习

地区间校际协作学习的特征是：处于不同地区之间难以直接见面的学生之间开展本地

区特有文化、自然、社会习惯等的调查活动，相互借鉴传授，或者设定"环境调查""自然变化""植物栽培""气候变化"等共同主题开展协作调查研究活动。

2）异文化交流学习

异文化交流学习的特征是：超越国家框架，加深不同文化之间的理解，为解决由于不同文化和社会背景而造成的冲突和问题，共同付诸自我努力和行动来开展学习。

3）世代间交流学习

在发达国家，还有一种不同年龄层之间开展交流学习的事例。比如，老人与儿童之间通过一同做游戏、联欢会等形式，开展可供相互接触、相互了解的亲善活动；不同学校、小学生与中学生等不同年级之间开展共同学习等的交流学习。

6.6.2　校际协作学习的基本步骤

1. 确定主题，提供一定的相关资源

主题应是学生共同关心的问题，学生有条件和能力参与，并且对他们有吸引力。一般来说，确定校际协作学习时，可以考虑以下因素。

(1) 主题最好具有明显的地域特色，各地文化、历史、自然地理、风俗人情、社会习惯都不尽相同，通过交流可以扩大学生的知识面，并且激发他们参与的热情。

(2) 主题应该具有活动性，不仅要通过网络进行交流，而且更重要的是能够围绕该主题在线下开展活动。

(3) 主题也可以是基于某学科或多个学科中的有意义的某些现象、问题。

(4) 主题也可以是针对教师的，便于异地之间的教师交流教学的经验和体会、共享教学资源、探讨某些共同关心的话题。

2. 确定协作学习的对象学校

一般来说，可以根据主题需要和申请学校的情况来确定协作学习的对象学校。各参与学校根据主题，组织学习(研究)小组，并根据主题的要求开展活动。

3. 建立具体的教学计划

确定协作学习的对象学校后，项目组和对象学校就可以依据主题内容的需要，在相互协商中制订具体的教学计划。

4. 上传相关的资源和成果等

定期将自己的学习(研究)成果，上传到支持平台的指定位置，可相互参考别人的研究进展情况，并可相互评价。

5. 组织网上协作活动

参与该主题小组组织的网上活动，如实时的或非实时的讨论会。

6. 开展学习评价和总结活动

组织开展有意义的相互评价和总结会。

6.6.3 应用案例

1. 案例的基本概况

1) 案例名称

同一河川流域内校际协作学习的实践。

2) 概要

1999 年 9 月，在日本国四国岛的高知、德岛两县三市中分别选定位于吉野川上游、中游、下游的三所小学参加"同一河川流域内校际协作学习"实践，其中一所学校作为主持学校，另外两所学校作为协作学校开展共同学习。

3) 协商的结果决定

位于同一河流——吉野川流域的三所学校，利用各种媒体协作调查河流区域独特的自然、生活情况、历史和文化、产业经济的实态、河流区域的特征等，并借助因特网与其他流域学校的儿童开展交流，促进在本地区生活的儿童对地区特色的理解，根据这一理解，加深由于与不同区域之间交流学习而产生的差异和类似性等有关认识。

4) 学校角色分配

➢ 研究组织：岗山大学教授专家、三所小学课题组，推行提案、制作指导手册。

➢ 主持学校：参与提案研究和计划制订、与实验学校联络并进行指导、分担制作实施手册、支援评价活动。

➢ 协作学校：参与提案研究和计划制订、与主持学校联系并承担制作一部分执行手册、支援评价活动。

➢ 其他支援单位：提供设备等。

5) 目的

这是一个"远距离协作学习"研究开发项目。因此，利用信息通信网络开展交流学习是这个项目的关注点。儿童们阅览网页，利用视频会议系统，特别是收发电子邮件广泛地开展不同地区儿童相互交换信息和意见的学习是这一项目的主要内容，借助这一活动使同学感受到这将是未来学校教育的主要形态。同时，还将使学生体验到综合学习的经验，以及如何在实践中学会学习，如何使学校学到的东西应用到现实的问题解决活动中去的方式和方法。

6) 学习内容

以河川作为学习的内容的可能性在哪里？

➢ 没有见过面的学生开展意见交换和信息交流学习需要精心设计学习内容。

➢ 超越地域的共同内容(项目)。

➢ 各自地区、学校的独有特征(项目)。

➢ 河川具有两面性——共同性和差异性，因此是较好的学习素材。

2. 相关的条件设置

1) 补全在线交流的学习活动

在现实中，只是依赖影像和文章这些虚拟性交流是很难顺利开展校际协作学习的。从教育的意义上思考，学校教育应该创设把虚拟世界和现实世界中的体验进行组合的学习环境。那么,什么样的学习活动可以最大限度地发挥在线交流的优势和独特风格?发挥补全在线交流的学习活动是什么?弄清这些问题就是本研究的目的。

2) 确认信息技术设备环境的最低标准

使得在线交流顺利开展的硬件设备的最低标准是什么?

➢ 因特网数据传输速度问题。

➢ 视频会议系统的接口问题。

➢ 需要多媒体型计算机的台数。

以上这些设备在维持"远距离协作学习"时的质和量的最低标准是什么?

3. 协作学习的过程

本"校际协作学习研究"作为各校一学期的课程,在综合学习中开展,其协作过程如表 6-1 所示。

表 6-1 校际协作学习过程

月/日	事 项	目 标	备 注
9 月 15 日	协作学习提案第一次"同一河川内学习交流"	各校确认本协作学习的目标、计划、时间表等	在岗山大学召开实验学校、专家会议,解决如何寻找下游学校的事宜
9 月 18 日	开设网站为校际协作学习提供基本环境	采用 E-mail 共享实验学校和专家相互交流的信息	专家组提供网站,将实验学校和研究会、专家连接起来,建立协作学习环境
……	……	……	……
11 月 17 日	研究协商	教学考察	研究协商中发现:类似或相同的题目过多;比较之后,进行筛选;"确定主题、推进学习"接受负责教师的指导;针对如何利用"展示白板"问题,交换意见
12 月期间	利用 E-mail 发送视频信函,与丰永小学进行交流;共同制作,最后加工	整理在线会议的反省点,加深交流	丰永小学 5 年级发来录像信函(交流会后的孩子非常活跃和兴奋,印象非常深刻);完成了在线会议的作品
1 月期间	制作视频信函	研究教学后进行交流	三庄小学也决定发送视频信函
1 月 30 日	制作最终结果报告书(会场:岗山大学教育学部大会议室)		

开始时由提议这次学习的三庄小学(主持校、河川中游)向上游的丰永小学校进行倡议,并共同选择协作学习的主题以及协商学习环境所需的设备。

在两校交流学习过程中又新加入一所位于河川下游的柿原小学。

4. 制定协作学习主题的方法

1) 开展协作学习前的主题

42 名学生分成 8 个组，就河川的生态和历史、文化从多方面寻找课题，并且在这些大主题下广泛地细分，列出专题。

2) 最初阶段中的协作学习主题的选择方法

主持学校选择主题，通过网络与协作学校协商，协作学校表示全力支持。但到了后来，协作学校提出主题，于是主持学校从其他的班级选出参加学生进行协作、参与学习。协作学校也表示，部分没有想好学习主题的同学参与主持学校的课题，同时提出自己主题的同学要求对方全力协助开展协作学习。

3) 学习和交流过程中变化主题的组合方法

随着学习的发展，一个小组出现不同的主题，因此有目的地向一部分主题集中。另一部分主题与其他组的主题相似，于是发展成跨组协作学习。

5. 学习主题变更和学习过程

各个学校以各自的主题开始学习，到了协作学习时应该是以共同的主题为中心开展学习，为什么有些学生会在中途变更自己的主题呢？

与协作学校儿童交流后，是自己希望变更主题，还是获得了新的信息，产生了新的学习伙伴团体，于是产生了变更主题的想法？通过交换信息，对其他地区有了新的认识，是否感觉到了与现有印象的差别？

总之，详细地记录主题变更和修正原委、过程，作为学习历程保存在学习文件夹中是非常重要的。这就是所谓的"学习过程评价"法。

6. 校际协作学习的评价

1) 评价的方法

过程评价：包括学习过程评价和指导过程评价。

2) 各个学校的成果

➢ 三庄小学：利用媒体提升学习能力；学到了在比较中开展学习的方法；协作学习带来了进一步的探究；在顾及对方的意识下开展学习；河川成为人际的纽带；有机会结交很多的朋友；开始重新看待吉野川、关注吉野川；视频会议系统大显身手；指导方法和指导能力；地区连协的学习环境。

➢ 丰永小学：儿童的态度和能力；媒体活用；指导方法和指导能力；学习环境的配备；地域连协；学年级、学校管理。

➢ 柿原小学：儿童的态度和能力；指导方法和指导能力；学习环境的配备；地域连协；学年级、学校管理。

3) 总体评价：协作学习的整体成果

➢ 实现了在不同状况学校之间的协作。

➢ 明确了可持续交流的学习环境的设计方法。

➢ 提升了儿童探究的动机。

> ➢ 形成了同伴连带意识和共同体感觉。
> ➢ 促进了乡土观的重新认识。
> ➢ 强化了与地域的连协。

以上是围绕校际协作学习而介绍的一个典型案例，旨在让我们理解如何开展校际协作学习。此外，校际协作学习开展得比较好的还有其他一些案例，如全球华语学习协作学习、爱迪生学校、小灵通信息台等，这些都为实施校际协作学习提供了有益的参考。

【学习资源链接】

(1) 探索新教育——研究性学习专题网站：http://www.yj.pte.sh.cn/

该网站由普陀区现代教育技术中心创建，主要有研究性学习相关文件、研究性学习理论荟萃、研究性学习案例展析等栏目，可供开展研究性学习参考。

(2) 惟存教育学习网站：http://www.being.org.cn/

该网站分专题探索、理性思考、探究学习、网络探究、科学课程、课程标准、另类视野、教育网志等模块，比较适合于学生的自主学习。

(3) 国家精品课程资源网：http://www.jingpinke.com

(4) 现代教育技术中心：http://xb.biem.edu.cn/

(5) 信息技术学习网：http://www.zxxzy.com.cn/

【教与学活动建议】

(1) 请以小组为单位，上网搜索一些信息技术与课程整合的典型案例，并结合本章所学知识，简要分析其属于哪种基本模式？体现了信息技术与课程的哪个层次的整合？

(2) 结合教学与学习实际，选择一个与本专业有关的专题内容，设计一个专题学习网站，开展一次有意义的研究性活动。

本章小结

本章首先介绍了信息技术与课程整合的含义、目标、基本原则，分析了信息技术与课程整合实施的层次、基本条件、模式、策略及评价方式，最后分别论述了探究式学习、概念图导向学习、混合式学习，校际协作学习的概念、特点、类型和基本步骤，并结合实例对以上各学习模式进行了分析。

思考与练习

1. 信息技术与课程整合的含义和原则是什么？
2. 自选教学内容，结合信息技术与课程整合的某一个模式，进行教学过程的设计。
3. 联系实际，说明信息技术与课程整合的评价方式和策略。
4. 联系学习和教学实际设计实施一次混合式学习活动。
5. 说明探究式学习与研究性学习的关系。
6. 校际协作学习的评价方式是什么？校际协作学习与小组合作学习的关系如何？

才以用而日生，思以引而不竭。(周易外传·震)

——王夫之(1619—1692)，湖南衡阳人，杰出的思想家、哲学家

第7章 现代教育技术应用案例

本章学习目标

➤ 了解教育信息化 2.0 的内容，提升个人的信息素养以适应学习与工作的变化。

➤ 认识和了解人工智能的发展与未来趋势。

➤ 深刻理解人工智能与教育之间的联系，并在实践中体会与应用。

➤ 了解慕课、SPOC 和可汗学院的含义。

➤ 树立终身学习的理念，并积极地运用 MOOC 资源学习并进行课程改革。

➤ 领会WISE在线学习环境对于科学学习的意义，了解WISE平台的基本结构和功能。

核心概念

教育信息化 2.0(Education Informatization 2.0)、人工智能(Artificial Intelligence)、慕课(Massive Open Online Course，MOOC)、在线科学学习(Online Science Learning)

7.1 教育技术的应用案例.mp4

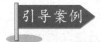

引导案例

　　如果给你一个钉子让你把它钉到坚硬的墙面上，在没有任何工具的情况下你即使用手使劲捶也无济于事，而且还会受伤。如果我再给你一个工具，如锤子、钳子或者扳手等，那么就可以轻松地解决这个问题。由此看来，工具的运用在执行任务的过程中是多么重要。当然每一种工具在做一件事情的时候体现的功能会有所不同，使用过程中也需要不同的技巧和方法。现代教育技术对于教学与学习同样如此，在某种程度上也是一种工具。那么这个工具什么时候运用？怎么运用？在运用到不同教学情境中时，运用方法是一样的吗？关于这些疑虑，本章的应用案例会给你提供一些启示和参考。

　　(资料来源：蒋巍巍. 工具与执行. 商业评论网，http://club.ebusinessveview.cn/blogAticle- 56175.html)

7.1　教育信息化 2.0

7.1.1　教育信息化 2.0 行动计划的提出

为深入贯彻落实党的十九大精神，加快教育现代化和教育强国建设，推进新时代教育信息化发展，培育创新驱动发展新引擎，结合国家互联网+、大数据、新一代人工智能等重大战略的任务安排和《国家中长期教育改革和发展规划纲要(2010—2020 年)》《国家教育事业发展"十三五"规划》《教育信息化十年发展规划(2011—2020 年)》《教育信息化"十三五"规划》等文件要求，教育部制订了《教育信息化 2.0 行动计划》，以下简称为行动计划。

7.1.2　行动计划提出的重要意义

党的十九大作出中国特色社会主义进入新时代的重大判断，开启了加快教育现代化、建设教育强国的新征程。站在新的历史起点，必须聚焦新时代对人才培养的新需求，强化以能力为先的人才培养理念，将教育信息化作为教育系统性变革的内生变量，使我国教育信息化发展水平走在世界前列，发挥全球引领作用。新时代赋予了教育信息化新的使命，也必然带动教育信息化从 1.0 时代进入 2.0 时代。为引领推动教育信息化转型升级，提出教育信息化 2.0 行动计划。

教育信息化具有突破时空限制、快速复制传播、呈现手段丰富的独特优势，必将成为促进教育公平、提高教育质量的有效手段，必将成为构建泛在学习环境、实现全民终身学习的有力支撑，必将带来教育科学决策和综合治理能力的大幅提高。以教育信息化支撑引领教育现代化，是新时代我国教育改革发展的战略选择，对于建设教育强国和人力资源强国具有重要意义。

7.1.3　行动计划的目标与任务

1) 基本目标

通过实施教育信息化 2.0 行动计划，到 2022 年基本实现"三全两高一大"的发展目标，"三全"指教学应用覆盖全体教师、学习应用覆盖全体适龄学生、数字校园建设覆盖全体学校；"两高"指信息化应用水平和师生信息素养普遍提高；"一大"指建成"互联网+教育"大平台，推动从教育专用资源向教育大资源转变、从提升师生信息技术应用能力向全面提升其信息素养转变、从融合应用向创新发展转变，努力构建互联网+条件下的人才培养新模式、发展基于互联网的教育服务新模式、探索信息时代教育治理新模式。

2) 主要任务

(1) 继续深入推进"三通两平台"，实现三个方面普及应用。"宽带网络校校通"实现提速增智，所有学校全部接入互联网，带宽满足信息化教学需求，无线校园和智能设备应用逐步普及。"优质资源班班通"和"网络学习空间人人通"实现提质增效，在"课堂用、经常用、普遍用"的基础上，形成"校校用平台、班班用资源、人人用空间"。教育资源公共服务平台和教育管理公共服务平台实现融合发展。实现信息化教与学应用覆盖全体教师和全体适龄学生，数字校园建设覆盖各级各类学校。

(2) 持续推动信息技术与教育深度融合，促进两个方面水平提高。促进教育信息化从融合应用向创新发展的高阶演进，信息技术和智能技术深度融入教育全过程，推动改进教学、优化管理、提升绩效。全面提升师生信息素养，推动从技术应用向能力素质拓展，使之具备良好的信息思维，适应信息社会发展的要求，应用信息技术解决教学、学习、生活中问题的能力成为必备的基本素质。加强教育信息化从研究到应用的系统部署、纵深推进，形成研究一代、示范一代、应用一代、普及一代的创新引领、压茬推进的可持续发展态势。

(3) 构建一体化的"互联网+教育"大平台。引入"平台+教育"服务模式，整合各级各类教育资源公共服务平台和支持系统，逐步实现资源平台、管理平台的互通、衔接与开放，建成国家数字教育资源公共服务体系。充分发挥市场在资源配置中的作用，融合众筹众创，实现数字资源、优秀师资、教育数据、信息红利的有效共享，助力教育服务供给模式升级和教育治理水平提升。

7.1.4 实施行动

为了实现教育信息化 2.0 行动计划中的"三全两高一大"的发展目标，具体实施行动应按以下几方面进行。

1) 数字资源服务普及行动

建成国家教育资源公共服务体系，国家枢纽和国家教育资源公共服务平台、32 个省级体系全部连通，数字教育资源实现开放共享，教育大资源开发利用机制全面形成。

2) 网络学习空间覆盖行动

规范网络学习空间建设与应用，保障全体教师和适龄学生"人人有空间"，开展校长领导力和教师应用力培训，普及推广网络学习空间应用，实现"人人用空间"。

3) 网络扶智工程攻坚行动

大力支持以"三区三州"为重点的深度贫困地区教育信息化发展，促进教育公平和均衡发展，有效提升教育质量，推进网络条件下的精准扶智，服务国家脱贫攻坚战略部署。

4) 教育治理能力优化行动

完善教育管理信息化顶层设计，全面提高利用大数据支撑保障教育管理、决策和公共服务的能力，实现教育政务信息系统全面整合和政务信息资源开放共享。

5) 百区千校万课引领行动

结合教育信息化各类试点和"信息技术与教育深度融合示范培育推广计划"的实施，认定百个典型区域、千所标杆学校、万堂示范课例，汇聚优秀案例，推广典型经验。

6) 数字校园规范建设行动

通过试点探索利用宽带卫星实现边远地区学校互联网接入、利用信息化手段扩大优质教育资源覆盖面的有效途径，全面推进各级各类学校的数字校园建设与应用。

7) 智慧教育创新发展行动

以人工智能、大数据、物联网等新兴技术为基础，依托各类智能设备及网络，积极开展智慧教育创新研究和示范，推动新技术支持下教育的模式变革和生态重构。

8) 信息素养全面提升行动

充分认识提升信息素养对于落实立德树人目标、培养创新人才的重要作用，制定学生信息素养评价指标体系，开展规模化测评，实施有针对性的培养和培训。

7.1.5　教育信息化2.0与1.0的区别以及变化

1) 教育信息化2.0与1.0的区别

教育部副部长杜占元认为，如果说教育信息化1.0是引入外部变量的话，那么，2.0就是要把这些外生变量转化成内生变量。具体来说，教育信息化2.0要实现从专用资源向大资源转变；从提升学生信息技术应用能力向提升信息技术素养转变；从应用融合发展向创新融合发展转变。

西安电子科技大学校长杨宗凯认为："教育信息化1.0向2.0时代转变，即从重点关注量变向重点关注质变转变；从强调应用驱动、融合发展，向注重创新引领、生态变革转变。"

2) 教育信息化2.0带来的变化

上海市电化教育馆馆长张治表示，教育信息化2.0将带来以下转变。

(1) 教育资源观转变。"过去，我们将知识资源数字化、平面资源立体化，但这还不够，我们要更强调基于互联网的大资源观。这个大资源观既包括知识，也包括知识之间的关系，即知识图谱；既包括填充学生头脑的，也包括点燃学生智慧的，教育不是把一杯水注满，更多的是把一团火点燃。"

(2) 技术素养观转变。从技术应用能力转向信息素养能力，"我们不仅要利用技术，更要利用信息素养和信息技术合作。"

(3) 教育技术观转变。教育技术不能仅停留在学习环境，而要嵌入学习系统中去。

(4) 发展动力观转变。"过去，我们非常强调教育系统的应用，创新驱动发展的动力尚未得到充分体现。"

(5) 教育治理水平转变。过去的教育治理是补救型的，先出现问题，后治理问题，没有强调教育治理现代化。

(6) 思维类型观转变。"当今教育面临的问题之一是思维方式还停留在工业时代，我们的思维类型急需从工具型思维转向人工智能思维。"

7.2　人工智能+教育

7.2.1　人工智能

人工智能的学科任务就是使用机器实现对自然和社会的认知并进行计算和推理，它的目标是模拟或拓展人类的认知和思维。人工智能源于数学和计算科学，经过半个多世纪的探索和发展，已经涉及我们大部分自然科学和社会科学学科领域。

目前人工智能的研究方向可归纳为以下五个方面。

(1) 认知科学，包括自然语言理解与交流、计算机视觉等。

(2) 计算与推理。

(3) 机器学习。

(4) 传感与控制，也就是我们常说的机器人学。

(5) 博弈与伦理。

7.2.2 《新一代人工智能发展规划》

在我国 2017 年国务院印发《新一代人工智能发展规划》(以下简称《规划》)中，也明确提出了我国新一代人工智能"三步走"发展战略。

2020 年，人工智能总体技术和应用与世界先进水平同步，人工智能产业成为新的重要经济增长点，人工智能技术应用成为改善民生的新途径。

2025 年，人工智能基础理论实现重大突破，部分技术与应用达到世界领先水平，人工智能成为我国产业升级和经济转型的主要动力，智能社会建设取得积极进展。

2030 年，人工智能理论、技术与应用总体达到世界领先水平，成为世界主要人工智能创新中心。

人工智能已经改造着我们的制造、家居、医疗、出行等生活的方方面面，相信在不久的将来，人工智能将像水和电一样，进入每个行业，成为我们日常生活的必须，深刻地改变人类的生活方式。

《规划》中提出利用人工智能促进教育发展。利用智能技术加快推动人才培养模式、教学方法改革，构建包含智能学习、交互式学习的新型教育体系。开展智能校园建设，推动人工智能在教学、管理、资源建设等全流程应用。开发立体综合教学场、基于大数据智能的在线学习教育平台。开发智能教育助理，建立智能、快速、全面的教育分析系统。建立以学习者为中心的教育环境，提供精准推送的教育服务，实现日常教育和终身教育定制化。

7.2.3 人工智能对于教育的应用体现

人工智能之于教育，能够解决数据采集的问题，实现从数字化到数据化；能够为老师减负增效，减少教师简单重复工作的时间；能够实现对学生的个性化分析、以学定教、提升学习的效率与质量；能够为教学管理提供大数据辅助决策与建议，为科学治理提供支撑。人工智能与教育的结合，已经体现在教育的教、学、考、评、管各个细分领域的应用，具体表现如下。

机器阅卷：科大讯飞的全学科智能阅卷技术已在学业水平测试，例如大学英语四六级，以及全国多个省份的高考、中考、成人高考等大规模考试中进行了多次、多范围试点验证。验证结果表明，计算机评分结果已经达到了现场阅卷老师的水平，完全可以满足大规模考试的需要。人工智能通过精准的图文识别以及海量文本检索技术，可以快速核对检查所有试卷与目标相似的文本，迅速提取并标注出可能存在问题的试卷。

个性化教学：通过大数据技术，可以收集和分析学生日常学习和完成作业过程中产生的数据，精确地告诉老师每个学生的知识点掌握情况，老师便可以针对每一位学生的学习情况有针对性地布置作业，获得因材施教的效果。而在教学方式方面，智慧课堂可以为老师提供更为丰富的教学手段，全时互动、以学定教，老师上课时也不再是只有一本教科书，而是可以任意调取后台海量的优质学习资源。

管理：智慧校园解决方案可以覆盖学校的教务处、学生处、校办、校务处等部门，满足常态化校园管理需求。例如，随着新高考的推行，走班制成为新的教学模式，面对多样的选课需求，如何合理排课成为一个亟待解决的难题。现在用人工智能算法进行排课，学生只需提交自己的课程选择，系统就可以结合课程、教室、师资进行快速的排课，极大地提高了效率与学生满意度，这就是人工智能在教和学方面的重大改革。

所以，对于教师和学校管理者来说，人工智能+教育所带来的这些变化，正是"以其所长，补之所短"，人工智能会在教学和管理过程中间起到"穿针引线"的作用，给教师和校长等做辅助或者决策性的分析。

7.2.4　人工智能教育及其发展趋势

1. 人工智能对中小学与高校教育的影响

《规划》中明确指出人工智能将成为国际竞争的新焦点，应逐步开展全民智能教育项目，在中小学阶段设置人工智能相关课程、逐步推广编程教育、建设人工智能学科，培养复合型人才，形成我国人工智能人才高地。

1) 中小学设置人工智能课程，推广编程教育

《规划》提出，实施全民智能教育项目，在中小学设置人工智能相关课程，逐步推广编程教育，鼓励社会力量参与寓教于乐的编程教学软件、游戏的开发和推广。支持开展人工智能竞赛，鼓励进行形式多样的人工智能科普创作。

其中，在2017年《义务教育小学科学课程标准》中就曾提出，为进一步加强小学科学教育，从2017年秋季开始，小学科学课程起始年级调整为一年级。原则上按照小学一、二年级每周不少于1课时安排课程，三至六年级的课时数保持不变。

2) 高校增加硕博培养，形成"人工智能+X"模式

《规划》指出，要进一步完善人工智能领域学科布局，设立人工智能专业，推动人工智能领域一级学科建设，尽快在试点院校建立人工智能学院，增加人工智能相关学科方向的博士、硕士招生名额。

鼓励高校在原有基础上拓宽人工智能专业教育内容，形成"人工智能+X"复合专业培养新模式，重视人工智能与数学、计算机科学、物理学、生物学、心理学、社会学、法学等学科专业教育的交叉融合，培育高水平人工智能创新人才和团队。

3) 普及智能交互式教育，开放研发平台

《规划》还提出，在人才培养计划中，全面的智能教育不可忽视。通过开展智能校园建设，推动人工智能在教学、管理、资源建设等全流程应用，建立以学习者为中心的交互式教育环境，提供精准推送的教育服务，以期实现日常教育和终身教育定制化。

2. 案例：人工智能K12教育(见表7-1)

1) 人工智能教育的目的
人工智能教育的目的可以分解为以下六个方面。

(1) 让学生了解人工智能的概念、应用方向以及实现原理。

(2) 掌握计算机和编程知识，能够使用编程语言进行人工智能学科项目实践。

(3) 掌握传感、运动、控制知识，并能够用于人工智能工程实践。

(4) 掌握人工智能数学基础，能用统计建模、算法工具等解决人工智能工程问题。

(5) 培养学生的创造力、设计能力、动手实践能力、沟通协作能力。

(6) 培养学生的计算思维和工程思维。

2) 如何开展人工智能 K12 教育

理解愿景目标和意义是着手教学设计的前提。通过以上对人工智能架构、人工智能 K12 学科教育目的和意义的分析，K12 人工智能教育的内容结构应包括六个方面。

(1) 人工智能概念、应用方向及其原理。

(2) 数学相关学科。

(3) 传感、运动、控制。

(4) 编程语言。

(5) 算法。

(6) 工程思维。

表 7-1　人工智能 K12 教育各阶段内容与教学任务表

阶　段	核心内容	任　务
小学	概念与原理认知	AI 原理、应用方向、图形化编程
初中	人工智能实践应用	传感和控制、工程思维、简单算法
高中	数学、计算科学与算法	数学的人工智能应用、编程、算法

人工智能学科教育作为一门科普和创客教育课程，首先要保证它的科学性和专业性。我们向学生传播的知识和方法一定要有确凿的依据，必须经得起推敲和验证。这体现在人工智能学科架构和概念原理两个方面，我们不能把与人工智能无关的知识体系包装成所谓"人工智能"课程，也不能把错误的理论和方法教授给孩子们。

在小学阶段，学生的自律能力往往比较差，研发课程时就应充分考虑如何激发学生的学习兴趣。我们的做法是在授课时通过有趣的故事进行情景引入，在知识点讲授环节则要注意内容不宜过多，每节课不应超过三个知识点；连续进行知识讲授的时间不宜超过 15 分钟，否则孩子们很难有足够的耐心听下去，同时设计紧扣知识点并且参与感与趣味性都比较强的课堂互动环节让孩子们更容易接受和掌握知识内容。

中学阶段的学生具备了一定的数学和物理学基础，在内容设计上就要考虑在激发学习兴趣的同时，让课程内容更多地与学生已学过的数学和物理学知识相结合，既能起到巩固基础学科知识的作用，又能让孩子们对人工智能的数学基础和学科知识产生更深刻的认识。

为了培养学生的创新力，我们在教学环节中设计了大量的头脑风暴和动手实践环节，通过创新思维导图、找缺点法、组合法、分解法等方式训练孩子们的创新意识和创新能力。

此外，我们在配套教具的设计上也采用了模块化、可 DIY 的方式，通过大量的动手实践环节提升孩子的动手能力、沟通协作能力。

7.2.5　人工智能教育的未来展望

人工智能教育的未来将向专业化和多元化的方向发展。

(1) 专业化是大势所趋，随着我们对人工智能以及人工智能教育理念认知的逐步深入，与人工智能无关或相关度不高的内容产品将会与人工智能教育体系脱离，将会有越来越多的优秀人工智能教育产品出现。

(2) 而在教育形式上，将会出现多元化的方向。

在中小学内将与信息技术教育或创客教育深度融合，未来会有一些具有权威性的知识和能力水平考试或竞赛出现，让教育成果更加标准化，更加易于验证。

在校外培训领域，将会与机器人教育、创造力课程、编程教育融合。

会与科普、儿童文学相结合，出现以人工智能科普教育为主题的，与《海底小纵队》《不一样的卡梅拉》《神奇校车》等相似的科普文学作品或者动画影音产品。

会与互联网媒体形式产生更多的结合，例如基于慕课平台、影音录播直播平台、知识付费平台的人工智能科普和教育产品。

人工智能和相关学科课程已逐步成为中小学必备的核心素养提升课程。相信很快人工智能中小学教育越来越科学、实用，越来越规范，让学生能够学有所得、学有所用。

7.3 慕课

7.3.1 慕课简介

所谓"慕课"(MOOC)，顾名思义，"M"代表 Massive(大规模)，与传统课程只有几十个或几百个学生不同，一门 MOOC 课程动辄上万人，最多达 16 万人；第二个字母"O"代表 Open(开放)，以兴趣为导向，凡是想学习的，都可以进来学，不分国籍，只需一个邮箱，就可注册参与；第三个字母"O"代表 Online(在线)，学习在网上完成，无须旅行，不受时空限制；第四个字母"C"代表 Course，就是课程的意思。

1. 课程范围

MOOC 是以连通主义理论和网络化学习的开放教育学为基础的。课程的范围不仅覆盖了广泛的科技学科，比如数学、统计学、计算机科学、自然科学和工程学，也包括了社会科学和人文学科。慕课课程并不提供学分，也不算在本科或研究生学位里。绝大多数课程都是免费的。Coursera 的部分课程提供收费服务"Signature Track"，可以自由选择是否购买。你也可以免费学习有这个服务的课程，并得到证书。

2. 授课形式

慕课不是搜集课程，而是一种将分布于世界各地的授课者和学习者通过某一个共同的话题或主题联系起来的方式方法。尽管这些课程通常对学习者并没有特别的要求，但是所有的慕课会以每周研讨话题这样的形式，提供一种大体的时间表，其余的课程结构也是最小的，通常会包括每周一次的讲授、研讨问题、以及阅读建议等。

3. 测验

每门课都有频繁的小测验，有时还有期中考试和期末考试。考试通常由同学评分(比如一门课的每份试卷由同班的五位同学评分，最后分数为平均数)。一些学生成立了网上学习小组，或跟附近的同学组成面对面的学习小组。

7.3.2 慕课的主要特点以及优秀平台

1. 主要特点

(1) 大规模的：不是个人发布的一两门课程。"大规模网络开放课程"(MOOC)是指那些由参与者发布的课程，只有这些课程是大型的或者叫大规模的，它才是典型的 MOOC。

(2) 开放课程：尊崇创用共享(CC)协议；只有当课程是开放的，它才可以称之为 MOOC。

(3) 网络课程：不是面对面的课程；这些课程材料散布于互联网上。人们上课地点不受局限。无论你身在何处，都可以花最少的钱享受美国大学的一流课程，只需要一台电脑和网络连接即可。斯坦福大学校长约翰·L.汉尼希(John L. Hennessy)在最近的一篇评论文章中解释说："由学界大师在堂授课的小班课程依然保持其高水准。但与此同时，网络课程也被证明是一种高效的学习方式。如果和大课相比的话，更是如此。"

2. 优秀平台

1) 三巨头

Coursera：目前发展最大的 MOOC 平台，拥有将近 500 门来自世界各地大学的课程，门类丰富，不过也良莠不齐。

edX：哈佛与 MIT 共同出资组建的非营利性组织，与全球顶级高校结盟，系统源代码开放，课程形式设计更自由灵活。

Udacity：成立时间最早，以计算机类课程为主，课程数量不多，却极为精致，许多细节专为在线授课而设计。

2) 其他平台

中国大学 MOOC

Stanford Online：斯坦福大学官方的在线课程平台，与"学堂在线"相同，也是基于 Open edX 开发，课程制作可圈可点。

NovoED：由斯坦福大学教师发起，以经济管理及创业类课程为主，重视实践环节。

FutureLearn：由英国 12 所高校联合发起，集合了全英许多优秀大学教授，不过课程要等到 next year 才会大批量上线。

Open2Study：澳洲最大 MOOC 平台，课程丰富，在设计和制作上很下功夫，值得一看。

iversity：来自德国的 MOOC 平台，课程尚且不多，不过在课程的设计和制作上思路很开阔。

Ewant：由海峡两岸五大交通大学(上海交大、西安交大、西南交大、北京交大、台湾国立交大)共同组建的 MOOC 平台。

WEPS：由美国与芬兰多所高校合作开发，开设多门数学课程。授课对象包括开设院校的在校学生，课程内容符合教学大纲要求，考试合格者可获得开设院校所认可的该课程学分。

3) 慕课学习社区

MOOC 学院(mooc.guokr.com)：MOOC 学院是最大的中文 MOOC 学习社区，收录了1500 多门各大 MOOC 平台上的课程，有 50 万学习者在这里点评课程、分享笔记、讨论交流。

4) 国内平台

学堂在线(xuetangx)：学堂在线是清华大学于 2013 年 10 月 10 日推出的 MOOC 平台，面向全球提供在线课程。

慕课网(imooc)：慕课网是由北京慕课科技中心设立的，是目前国内慕课的先驱者之一。现设有：前端开发、PHP 开发，JAVA 开发、Android 开发及职场计算机技能等课程。慕课网是一个超酷的互联网、IT 技术免费学习平台。

酷学习(kuxuexi)："酷学习"网是上海首个推出基础教育慕课的公益免费视频网站。酷学习的价值观就是"免费、分享、合作"。

7.3.3　MOOC 与 SPOC

1. MOOC 的优势之处

MOOC 与过去的国家精品课程及其他网络课程的不同之处在于以下几方面。

(1) MOOC 是著名教师为你上课，而不是你看著名教师给他的学生上课。

(2) 你可以与网络上同修这门课的同学一起交流、相互结成小组、批改作业、留言，共同进步。

(3) 课程学习结束并完成作业，能够获得老师签字的结业证书。

(4) 课程安排自由，一周内自定步调学习，自由安排。

但是随着 MOOC 平台上课程数量和学生数量增加，也引发了教学质量问题。

(1) 由于课程没门槛，而且学生基础差别大，就会挫伤基础较差学生的学习积极性。

(2) 由于开放性让学生学习没有紧迫感，课程完成率不到 5%。

(3) 属于纯网络教学模式，教师不能很好地掌握学生学习情况，影响教学效率。

2. SPOC

SPOC 中的 Small(小众)、Private(私密)与慕课的 Massive(大规模)、Open(公开)相对应，这展现了 SPOC 与慕课的不同之处。SPOC 是对 MOOC 的发展和补充，简单理解为：SPOC=MOOC+课堂，不仅弥补 MOOC 在学校教学中的不足，还将线上学习与线下相结合的一种混合式教学模式，采用 MOOC 视频实施翻转课堂教学。

SPOC 是小规模在线课程(Small Private Online Course)，其中"Small"是指学生规模一般在几十人到几百人；"Private"是指对学生设置限制性准入条件，达到要求的申请者才能被纳入 SPOC 课程。对于符合准入条件的在线学习者学习 SPOC 课程，有学习强度和时间、参与在线讨论、完成作业和考试要求，合格后获得证书。

SPOC 主要教学过程是：教师根据教学大纲，每周定期发布视频教学材料，布置作业和组织网上讨论。学生在学习清单的引导下按照时间点完成视频观看、作业和参加讨论。在课堂上教师进行课堂授课，处理网络课程答疑，并进行课堂测试。SPOC 利用 MOOC 技术支持教师将时间和精力转向更高价值的活动中，如讨论、任务协作和面对面交流互动等。

SPOC 是融合了实体课堂与在线教育的混合教学模式，既融合了 MOOC 的优点，又弥补了传统教育的不足。在进行 SPOC 教学设计时，需要注意网络教学平台只是知识传授的载体，课堂授课才是巩固教学效果和掌握教学节奏的关键。

7.3.4 可汗学院

可汗学院(Khan Academy)，是由孟加拉裔美国人萨尔曼·可汗创立的一家教育性非营利组织，主旨在于利用网络影片进行免费授课，现有关于数学、历史、金融、物理、化学、生物、天文学等科目的内容，机构的使命是加快各年龄学生的学习速度。

可汗学院的教学特点如下。

(1) 可汗学院利用网络传送的便捷与录影重复利用成本低的特性，每段课程影片长度约十分钟，从最基础的内容开始，以由易到难的进阶方式互相衔接。

(2) 教学者本人不出现在影片中，用的是一种电子黑板系统。其网站开发了一种练习系统，记录了学习者对每一个问题的完整练习记录，教学者参考该记录，可以很容易得知学习者哪些观念不懂。

(3) 传统的学校课程中，为了配合全班的进度，教师只要求学生跨过一定的门槛(例如及格)就继续往下教；但若利用类似于可汗学院的系统，则可以试图让学生搞懂每一个未来还要用到的基础观念之后，再继续往下教学，进度类似的学生可以重编在一班。

(4) 在美国某些学校已经采用回家不做功课，看可汗学院影片代替上课，上学时则是做练习，再由老师或已经懂得的同学去教导其他同学不懂的地方这样的教学模式。

(5) 可汗老师教学的方式，就是在一块触控面板上面，点选不一样颜色的彩笔，一边画，一边录音，电脑软件会帮他将他所画的东西全部录下来，最后再将这一则录下的影片上传到网上，一切就大功告成了。

(6) 可汗学院的教学视频，没有精良的画面，也看不到主讲人，只想带领观众一点点思考。

该项目由萨尔曼·可汗给亲戚的孩子讲授的在线视频课程开始，迅速向周围蔓延，并从家庭走进了学校，甚至正在"翻转课堂"，被认为正打开"未来教育"的曙光。

爱达荷州在 2011 年立法通过中学毕业 47 学分中的 2 分必须为线上学习课程，而 2013 年可汗学院的课程会在 20 多所公立学校采用。

可汗学院给我们提供了一个很好的范例，在这个数字化时代，我们要接受并迎合学习方式和受教育方式不断变化的这一趋势。对当前的视频公开课、视频资源共享课、微课等视频类资源建设，我们也应持理性态度。

7.4 美国 WISE 在线科学学习

根据建构主义观点，学习是在一定的情境即社会文化背景下，借助其他人的帮助(即通过人际间的协作活动)而实现意义建构的过程。依托于现代信息技术和理念，使学校学习环境的跨越时空性成为可能。这促使学校的学习不再孤立于自然与社会情境，学校设定的问题任务是以学生为中心的，但在解决问题和任务的过程中，可以由来自不同社区、不同国家的从业人员、各类研究者、学习者所构成的学习者共同体来协同完成。WISE 正是为学习者提供了这样的网络学习平台。

WISE 是美国加利福尼亚大学伯克利分校玛西娅·C.林恩(Marcia C.Linn)教授从 1994 年

开始主持的"知识整合环境"(Knowledge Integration Environment，KIE)研究计划的主要研究成果。WISE 的全称是 Web-based Inquiry Science Environment，可译为基于网络的科学探究环境。

7.4.1 WISE 概况

1. KIE 研究项目

KIE 研究项目是在 Marcia C.Linn 等人对当时网络学习工具及其应用的深刻反思和审视的基础上形成的。网络学习工具及其应用的主要问题表现如下。

(1) 随着更多的学校互联到信息高速公路上，师生们对各种学习环境的需求将与日俱增。这种学习环境的优势在于它将各种"课堂材料"集结在网络上，允许学生跨越国界，合作探究科学问题。然而，由于当前网络资源的未充分利用和网络学习工具的不充足，常常导致学生无目的地浏览。

(2) 老师和研究者都认为学生所需要的是整合的知识，而不是那些孤立的、惰性的知识。然而，学生却忙于应付一个又一个的主题性知识。学生没有足够的时间进行相关主题的深入学习，最终导致了他们对事物的看法浅显化。标准测试通常只评估孤立的知识，而课堂测试却经常效仿标准测试。

(3) 课堂中的教学材料通常过于抽象，不利于学生的理解。学生需要的是适合于他们理解的模型、与他们生活相关的问题，以及能够帮助他们发展综合理解的各种指导。

(4) 教师通常使用他们信奉的"真实、可靠"的方法来提高可理解性，如文献或教科书，可这样却促使学生产生了"老师和教材是权威"以及"科学是静态的"的信念，而不是我们所期望的学生积极的、以理解为中心的科学学习，以及具备动态的科学观。

因此，KIE 项目试图通过构筑 WISE 探究平台，提供一种支架式的知识整合理论框架 (Scaffolded Knowledge Integration Framework，SKIF)。

2. WISE 概述

在一个被整合的科学课程中，WISE 的活动遵循支架式知识整合的思想。通过亲历相关活动，要求学生们将不同的证据资源和他们的思想联系起来。也就是说，当学生扩展 Internet 的使用时，WISE 的软件、课程和教师的支持工具会迎合被整合的科学教学。特别是，学生以同伴或者小组进行一些涉及范围广泛的网上在线活动，WISE 是给 4～12 年级学生提供的一个免费的在线科学学习环境。如图 7-1 所示为 WISE 主页(http://wise.berkeley.edu/)。

1) WISE 课程

WISE 提供了一个功能强大的、新的在线课程活动模式。每一个课程项目由一系列活动组成，而活动资料来源于互联网、班级讨论甚至各类实验材料等。

一般来说，WISE 提供两天到两周的项目课程。如果每天进行 45 分钟的活动，大多数 WISE 项目可在一周内完成。WISE 项目有课程计划，这些计划由项目著作者提供，可以在 WISE 项目库中找到。课程计划给老师提供了一些建议，如在线课堂讨论和在线活动之间的配合、强调重要问题以及为了顺利地对班级进行项目的提示等。

目前，WISE 课程库提供了关于生命、地球和物理科学主题的项目。科学课程教师可以将这些课程项目合并到他们当前的课程中。目前的项目主题有：丑陋的青蛙；地震；基因改良食物；艾滋病和毒品；沙漠中的房屋；光是怎样向远处传播的；瘴气(疟疾)；在太空中种植；科学论战；热力学；水质问题；后院里的狼等。如图 7-2 所示为化学学习项目。

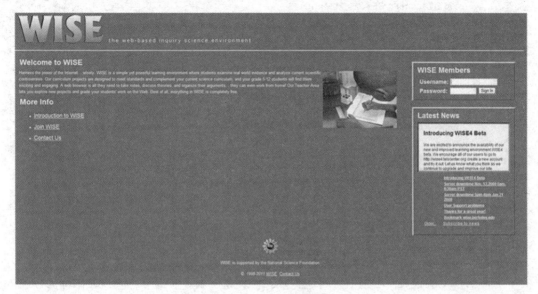

图 7-1　WISE 主页

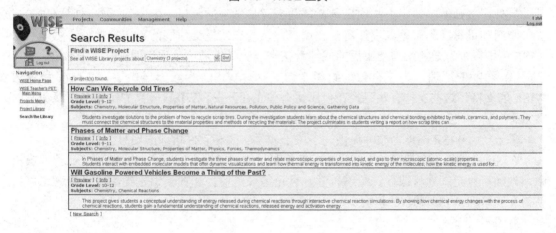

图 7-2　化学学习项目

2) 教师活动

(1) 教师的角色。WISE 营造了一个在教师的引导下，结合已有网络资源构造科学课程的环境，如图 7-3 所示为教师页面。在任何 WISE 活动中，教师的主要任务是促进活动的进行。在 WISE 项目中，教师应与学生积极交互。当学生需要帮助的时候，教师要引导学生，或组织学生聚在一起进行讨论、学习和答疑。

教师们不断地重组班级来讨论他们的调查结果和问题。另外，有时离线活动如实验或者班级辩论，在一个项目的课程计划中扮演了整合的角色。

对于教师自己来说，熟悉 WISE 项目本身也是非常重要的。为了体验学生将要进行的项目，最好的方式是提前访问项目。

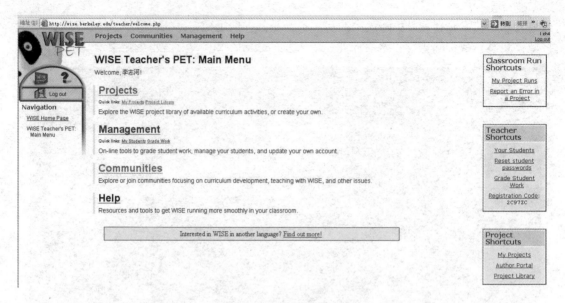

图 7-3　教师页面

(2) 评估学生的进步。学生的所有工作包括注释、图表、模型等，这些工作都被存储在 WISE 的服务器上，教师可以对这些工作进行回顾、评级以及进行注释评论。

另外，教师能够使用一些项目包括评估来评价学生的进步。学生们需要对问题作出响应，阐明和批评式的辩论，设计研究和调查，接着在线提交他们的工作。教师还可以利用 WISE 库中以前有效的培训结束后的成绩考核来测验学生通过该项目课程学习的收获。

(3) 教师的培训。为了有效地组织学习活动，WISE 为教师提供了许多学习和使用 WISE 的支持。这些支持有些已经在使用，有些正在开发。WISE 提供的是一个在线免费的网络平台。

每一年，WISE 都可为教师提供许多关于教学实践和软件培训的信息。

WISE 提供了一个教师的专门入口。教师可以通过这个入口进入教师模块。在教师模块中，教师可以定制项目课程、组织教学、讨论答疑、监控和评测学生学习质量等；也可以获得在线培训 WISE 教学的机会。

3) 学生活动

WISE 项目提供了学生入口，如图 7-4 所示是学生进入界面。这个入口提供了快速进入一个正在进行的 WISE 项目的班级。同时系统还显示教师的注解信息，指导学生复习他们的工作，了解得分以及以往项目的反馈等。学生的大多数活动是通过网页浏览器在计算机上进行的。专门的 WISE 软件引导学生通过网页提供的"内容""注释"和"提示"激励学生反思，另外，还有数据呈现、因果建模、模拟、同学在线讨论和评估工具等。

(1) 学生的探究过程。在 WISE 中，每一个项目都被分成几个主要的活动，这些被分成一系列较短而被轮流执行的活动叫作探究进程。学生们通过单击"探究进程"按钮来导航项目，这样就可以在显示窗口中引出课程内容。箭头指向的路线就是下一步碰到的事情(问题)。

学生可以通过浏览器窗口固定的按钮箱获得提示，展示他们迄今为止所有的项目，同时还可以返回学生入口。

(2) 探究方式。WISE 提供了多种探究、合作交流的方式，比如头脑风暴法等。

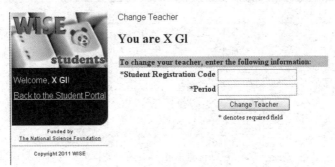

图 7-4　学生进入界面

7.4.2　WISE 探究平台的基本结构

基于互联网技术，WISE 网络平台主要包括两个部分：WISE 主页(http://wise.berkeley.edu/)和 WISE 探究平台。其基本构成如图 7-5 所示。

显然，WISE 的强大功能在于它那些镶嵌于网络浏览器上的 KIE 工具，这些工具的功能如表 7-2 所示。

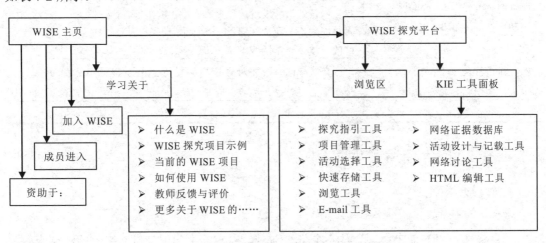

图 7-5　WISE 探究平台基本结构

表 7-2　KIE 工具及其功能

工　具	功　能
World-Wide-Web Browser (网页浏览器)	为网上证据提供适当的图像界面
HTML Editor(网页编辑器)	学生可以为网页创造和编辑多媒体文体
E-mail Software(电子邮件)	学生可以与他人进行电子邮件的收发
KIE Tool Palette(工具面板)	为系统构件提供导航。学生可以任意使用面板中的软件，可以请求引导，可以用小组笔记本来保存书签、文本或网上截取的东西，也可以有选择性地对网页参考文献进行分类保存

工　　具	功　　能
Netbook(网络书)	供合作小组组织、分析和创造证据用。学生可以通过合作来组织他们的计划和文件，也可成为网上版权所有者(作者)。Netbook 对所有进入 KIE 系统的小组开放，他们可以随时进入自己当前或过去的工作，这意味着他们可以进入所有其他的计划，或计划中的任何部分(文件夹)，以及各部分中的任何文件。学生可以创建、开放或删除任一 Netbook 元素
Networked Evidence Databases (网络证据数据库)	从网络上和学生创造中收集科学证据，通过科学主题和活动来组织。包括证据的重新表述；证据分类的标准和索引词；呈现方式可以是文本、图像、声音、视频。上传的证据可以是他们的实验观察数据或录像
SpeakEasy(多媒体讨论工具)	学生可以在网络上对他们的科学思想进行结构性对话。记录他们的观点并参与讨论，概括出一个论点地图，其中的多媒体界面还包含那些已经被检验并认为有助于刺激多产性的讨论和反思的图像、文本、声音、视频等
Student Knowledge Integration Planner and Profiler (SKIPP，学生知识整合计划者和仿制者)	允许使用者为他们的学生设计和编撰网络导向活动，同时为个别学生根据他们的专长和兴趣确定和定制活动。其中，Profiler(仿制者)的功能是：提供入口处和储存处，留下学生所完成的项目和活动的足迹以及他们所发现的证据，将学生的兴趣、认识信念、关于科学事物的知识等参数存储，以使项目、活动以及反馈成为用户化(可定制的)，根据不同学生的需要而呈现在在线指引中
Knowledge Integration Coach (KIC，知识整合教练)	一个在线导向系统，为学生活动提供支撑性的提示和反馈。它分三个水平的引导：计划类引导、活动类引导和证据类引导等
Sensemaker (感知记载)	一个论点工具，允许学生归类、评估与学习项目相关联的证据系列

7.4.3　WISE 项目开发案例

1. 项目开发案例

项目：光能走多远。

项目描述："光能走多远"是一个争论项目，要求学生利用来自网络上的证据来检验光的科学属性。它在一个非正式的课堂争论中达到高潮，在这里各小组呈现他们关于光能走多远的论点，并应答其他同学提出的问题。

项目类型：论辩。

概念学习目标：学生将提升对以下概念的理解。

物体的光反射。

物体的光散射(漫反射)。

光的吸收和能量转化。

能量转化。

远距离光强度。

光探测仪器(如望远镜)。

视觉。

科学思想目标：学生将学习以下内容。

学生解释和评价有关科学证据的可靠度以及生成这些科学证据的方法。

建立对理论思想有关证据的科学观点。

富有成效地与其他同学就观点和证据展开争论。

在这个项目中，学生将练习评论证据，使用以下标准：①证据所使用的科学观点；②创建证据的方法；③证据来源的可靠性；④证据总体上的有效性。

先决条件：学生应当首先熟悉以下概念。

光的传播。

光的反射、吸收和散射。

远距离光强度。

探究时间(每天总共用时 50 分钟)：7～9 天。

年级：7～12 年级。

一般注释：在这个项目中，学生将提供一系列与光有关的证据，利用这些证据来反驳一个或两个来自课堂争论的理论。第一种理论是"当远离光源时，光将消失殆尽"。这是一个学生带进课堂的非常普遍的观点。第二种理论是更科学有效的观点，认为"光将永远向前走，直至它被吸收"。理解这个理论会涉及调和大量的关于光的不同的观点。学生将大量的一手经验带入课堂，这是他们带来的一些共同的初步概念。

一些学生认为光仅仅指光源(如头顶的灯)，或仅指通常某区域被光照的效果。学生通常没有光以能量形式穿越太空的这种概念。

紧随这个观点，学生不能直觉地想象光与物体相互作用的特殊方式，这就是反射、散射(漫反射)以及光的传输。

许多学生并没有理解视觉包括光进入眼睛，他们通常谈论眼睛要比光探测器具有更积极的作用。

甚至当学生谈论光作为实体，而眼睛作为探测器时，他们不知道我们的眼睛在探测光的能力上的局限性：他们相信如果你看不见光，是因为光根本就不在那儿。这种观点在本项目研究中出现得非常频繁。

同样地，学生对望远镜和双眼望远镜等光学仪器也有大量的观点：他们认为望远镜可以"带你靠近"光源，或者它们可以看到"离光源更近的"光。

在 KIE 教学方法中，我们鼓励学生积极表达他们关于现象的科学观点，独立地反思这些观点，并积极与他们讨论这些观点。这个项目是为学生提供一个机会：分析与上述观点有关的证据，讨论更广泛适用的观点，最后，将他们的观点聚集成一个关于光的链接模型。

本项目应用于你的课堂，你需要做以下工作。

课程计划：你可以下载我们所提供的完整的项目摘要(complete summary of this project)，包括每一天的课程计划。下载网址：http://kie.bevkeley.edu/KIE/curriculam/HFSummry.pdf。

项目文件：本项目的相关文件已经包含在我们的 KIE 软件之中，你可以下载 software download page。下载网址：http://kie.berkeley.edu/KIE/softuare/downloads.html。

2. 项目证据数据库的表征示例

加入论辩：光能走多远？

在此输入你的姓名：

论争级别：未定。

理论：光将永远前行，直至它被吸收。

级别：中等。

观点 1：光只有被某一物体吸收时才停止向前。

(1) 光反射在浅色衣服上——晚上骑自行车的人(Bicyclists at Night)。

级别：高级。

对于这个证据，我们要记住的是一个穿白色衣服的人容易被看见，因为我们的眼睛能看到从白色衣服上反射出来的光。黑色设备吸收照射在其表面的光，而白色衣服反射其表面所接触到的光。我们的眼睛看得到被物体反射出来的光，而如果该物体吸收光，我们将无法看到它。对这个证据所采取的方法非常好，因为它得到很好的安排。它给我们提供当时所发生的一切的证据。其可信度也很高，因为他们有一部电影向我们显示骑车的人和他们骑车时的样子。这个证据来自一个可靠的来源，而我们相信这个理论受光只有被某一物体吸收时才停止向前这一理论的指引，因为我们看到白色的衬衫是由于衬衫反射出来的光，而我们看不到黑色的(衬衫)是因为它吸收了照射到它表面的光。

(2) 踢球者(the Soccer Field-Copy)。

级别：高。

关于这个证据，我们要记住的是光不会勇往直前，因为这个证据显示一个叫 Phill 的人在足球场上走，当他渐渐进入球场更远一点的地方时，光逐渐消失。我们认为这个方法是伟大的，因为它显示了一种真实的自然现象并提供了有力的证据。它对即将进行的一切也提供了一个有力的证据。其可信度非常高，因为他们有录像带和电影来证明他们所做的一切。我和 Jen 认为光逐渐消失是因为如果光将被吸收，它会在更近的地方被更快地吸收。

观点 2：随着光离得越来越远，它的强度在慢慢减少。

(3) 不同距离的光的强度(Light Intensity Over Distance)。

级别：高。

关于这个证据，我们要记住的是随着光源离探测器越来越远，光的强度似乎慢慢消失。它的强度不会完全消失，只是它的强度变得更低。强度会随着它慢慢离开而变低，即使它永远前进。我们认为这些方法对他们如何进行试验非常清楚，因为他们对如何进行有一个完整的电影作为证据。我们认为这个理论非常可信，因为我们已经对这个电影进行了实验，以便看看他们是否说了实话。我们也已经在自己家乡的课堂上进行了类似的实验。

观点 3：某一光束能持续多久取决于它的亮度。

(4) 在车里的 Robert (Robert in the Car)(视频材料)。

级别：中等。

关于这个证据，我们要记住的是我们夜晚驾车时能够看到远处驶来的车辆，以避免发生交通事故。我们认为这个证据受 LGF 理论的指引。我们认为它不是很可信，因为它只是用文本来说明(没有录像)。我们确实认为它可信，只是因为我们两个人一直在夜间时在高速公路上行驶，而且你可以看到远处驶来的车这样的一个事实。就像 Jen 一样，我认为它不是受 LGF 理论的指引，因为我注意到如果它确实在很远的地方，你看不到那些光，我还注意到黑光与亮光不一样。这样的理论证明了光不是永远前进的。我相信来自远处车辆的灯光一直前进，直到它被另外的物体吸收，而这正是光慢慢减弱的原因。

扩展阅读

教育大发现，http://sociallearnlab.org/。

教育大发现社区，是研究和传播网络新媒体、新技术在教育领域应用的公益社区，其英文名字为 SocialLearnLab，缩写为 SLL。

教育大发现社区的成员，主要是来自高校的教师、大学生、研究生，来自基础教育一线的学科教师，来自企业及所有关心教育事业的朋友。

教育大发现社区，不仅是新媒体、新技术教育应用的传播窗口，而且也是其成员体验学习方式变革的平台。每位社区成员都可以自由发起和参与社区项目，项目是社区组织活动推进社区实践的基本单元。

教育大发现社区，通过倡导社会化软件的学习与实践应用，帮助和促进学习者主动参与到互联网内容的书写传播与分享交流中。

教育大发现社区，利用网络工具搭建学习交流平台，与一线实践者(包括中小学教师、高校教师)共同探索网络新媒体、新技术学习与教学应用的模式案例与方法策略等，尤其是在课堂教学改革方面深入探索。

教育大发现社区，不断地在自身社区实践的基础上，总结提炼学习社区创建的条件、管理维护的方法策略，与其他友情社区，不断增进联系，共同切磋社区学习的管理方法。

目前，教育大发现社区的技术环境如下：sociallearnlab.org 网站是传播社区实践、沟通社区内外的桥梁，社区 Google 论坛是社区成员集思广益的主会场，社区 Wiki 则是社区项目开展和社区成果沉淀的农庄。目前教育大发现的核心服务团队成员有庄秀丽、余波、吴长城，社区发展秉承服务社会、服务教育的公益发展方式。

【教与学活动建议】

(1) 在网上搜索关于信息化 2.0 与人工智能方面的文件，深入了解科技发展对于教育的影响与变革，积极关注身边学习环境的变化和数字化学习平台的更新，并积极将其运用到自己的学习与工作中。

(2) 让学生上网浏览或手机下载相关慕课平台与 APP，并根据自己的兴趣选择和学习某一门课程，体会在线学习带来的便利。

(3) 请浏览 WISE 网站(http://wise.berkeley.edu/)，依据本章所学内容查看网站结构，并利用网站提供的学习内容进行试用学习。

本章小结

本章主要介绍了教育技术在教育实践中的发展变化和一些应用实例，包括信息化 2.0、人工智能与教育、慕课和 WISE 在线科学学习。本章只是提供了教育技术在教育教学实践中的部分案例，以期能够从中获得启示，从而将教育技术更好地应用到我们的教学与学习中。

思考与练习

1. 《教育信息化 2.0 行动计划》的基本目标是什么?
2. 教育信息化 2.0 带来了哪些变化?
3. 人工智能对教育的影响体现在哪些方面?
4. 谈一谈人工智能教育的未来发展趋势。
5. 分析与说明慕课与 SPOC 之间的联系与区别。
6. 简述 WISE 依据的基本理论与教学活动过程。

行动生困难；困难生疑问；疑问生假设；假设生试验；试验生断语；断语又生了行动，如此演进于无穷。

——陶行知(1891—1946)，中国教育家

第 8 章　现代教育技术实践

本章学习目标

➢　掌握多媒体素材的获取与处理方法。

➢　学会利用媒体工具和软件制作微电影作品。

➢　学会使用多媒体演示文稿 PowerPoint。

➢　学会利用 Flash 软件进行动画制作。

➢　学会利用皮影客 App 进行动画制作。

➢　能依据教学系统设计的思想和方法，设计优质教案。

➢　了解微格教学系统的原理和实施过程，并进行教学技能的训练。

实践 1　多媒体素材的获取与处理

1. 实践目的

(1) 掌握图形、图像、音频、视频及动画的获取方法。

(2) 能正确使用各种软件处理多媒体素材。

2. 实践任务

(1) 图像素材的获取与编辑。

(2) 音频素材的获取与编辑。

(3) 动画素材的获取与编辑。

(4) 视频素材的获取与编辑。

3. 实践环境及材料

多媒体网络教室、Windows 附件中自带的画图软件、数码相机、扫描仪、截屏大师、Photoshop 图像处理软件、豪杰超级解霸播放器，一张音乐光盘、一个电影光盘。

4. 实践内容与步骤

1) 图像素材的获取与编辑

(1) 利用扫描仪采集图片素材。

① 安装扫描仪驱动程序与扫描应用程序。

② 在 Photoshop 中调用扫描仪。

③ 利用扫描仪扫描照片或图片，并存储为图像。

④ 利用 Photoshop 等图片编辑器简单处理扫描图像。

(2) 利用数码相机拍摄照片。

① 熟悉数码相机的基本操作。

② 利用数码相机拍摄图片。

③ 将数码相机与计算机相连，将拍摄的数字图片导入计算机中。

(3) 网络下载图片资源。

① 利用搜索引擎检索图片素材。打开百度、Google 等搜索引擎，在图片搜索框中输入关键词。

② 下载与保存图片。在网页上打开图片并右击，从弹出的快捷菜单中选择"图片另存为"命令，将图片保存到计算机中。

③ 使用高级技巧检索特定格式的图片，如矢量图片、PNG 格式图片。

(4) 截取屏幕图像。

利用键盘上的 PrintScreen 键。其基本步骤如下。

① 按 PrintScreen 键。

② 选择"开始"→"程序"→"附件"→"画图"命令，打开"画图"程序。

③ 选择"编辑"→"粘贴"命令，弹出一个"剪贴板中的图像比位图大，是否扩大位图？"的提示框。单击"是"按钮，将截取的图片粘贴出来。

④ 选择左侧的选定工具 ▢，在图像上按住鼠标左键拖曳出一个矩形框，然后选择"编辑"→"剪切"命令，剪切出需要的图片。

⑤ 选择"文件"→"新建"命令，弹出一个"将改动保存到未命名？"的提示框。单击"否"按钮，然后选择"编辑"→"粘贴"命令，将裁剪过的图片粘贴出来。

⑥ 按 Ctrl+S 组合键将图片保存即可。

☞ 小贴士

在使用 PrintScreen 键进行屏幕抓图时，同时按 Alt 键，就会截取当前活动窗口中的画面，其他操作步骤相同。

也可使用截屏大师，手机截屏或 QQ 截图抓取图像。

(5) 简单加工和处理图片素材。

① 打开 Photoshop 软件。

② 对图片进行抠像。利用魔术棒、魔术橡皮擦、钢笔等工具来实现。

③ 将图片背景设置为透明色。先选择背景区域，然后用 Delete 键删除不需要的背景，最后将图片保存为支持背景透明的 GIF、PNG、PSD 或者 TIF 格式。

2) 音频素材的获取与编辑

(1) 从网络上下载声音素材。

通过相关搜索引擎(如百度、Google)获取有关奥运主题曲的音乐。其步骤如下。

① 启动浏览器，在地址栏中输入网址 http://www.baidu.com，进入百度网站的主页。

② 单击网页上的 MP3 超链接，在文本框中输入搜索关键字"我和你"，单击"百度一下"按钮。

③ 在网页中找到需要的歌曲，单击歌曲名字上的超链接，在弹出的网页的歌曲地址上右击，从弹出的快捷菜单中选择"目标另存为"命令。

④ 在弹出的对话框中选择保存路径，输入文件名，选择文件保存类型即可。

(2) 利用手机录音机录制。

(3) 从 CD、VCD 中获取声音素材。

CD、VCD 光盘是重要的声音素材来源之一，采集非常方便，只要将光盘放到光驱中，选择其中所需要的片段，利用"超级音频解霸"等软件即可将其转换为 WAV 文件或 MP3 文件。

① 打开"超级音频解霸"软件。

② 选择"文件"→"打开"命令，选择要播放的 CD 文件并开始播放。

③ 选择采集的起始位置和终止位置。

④ 选择"控制"→"播放并且录音"命令，在弹出的对话框中选择要保存的文件类型为 WAV 或 MP3 文件，然后单击"保存"按钮，此时开始播放并且录音。

(4) 从视频文件中分离素材。

① 利用 Adobe Audition 等音频编辑工具中的"文件"→"从视频文件中提取"命令能直接提取视频中的声音。

② 利用 Vegas 等视频编辑软件，直接把视频文件的声音分离出来。

3) 动画素材的获取与编辑

(1) 从网络上下载视频和动画素材。

对于带有明显下载地址的视音频或动画素材，只需要在下载地址的超链接上右击，从弹出的快捷菜单中选择"目标另存为"命令，即可把相关素材保存下来。但是很多情况下会遇到一些网页中没有给出明显的下载地址的视音频或动画，碰到这类情况，可尝试下面的方法。其步骤如下。

① 在播放视音频或动画的网页里，选择浏览器菜单上的"查看"→"源文件"命令。网页的源文件会以一个文本文档的方式出现。

② 根据音频文件、视频文件和动画文件常见格式去查找链接地址。音频常见格式有 WMA、MP3、RM、MPEG 等，视频常见格式有 RMVB、AVI、ASF、FLV 等，动画文件多为 SWF 格式。如图 8-1 所示为某网页的源文件图。

③ 右击，复制该地址。

④ 打开迅雷，选择"文件"→"新建"命令，打开"建立新的下载任务"对话框，如图 8-2 所示。在"网址"文本框中右击，粘贴下载地址。选择存储目录，输入文件名，单击"确定"按钮即可把文件下载到存储目录中。

图 8-1　某网页的源文件图

图 8-2　迅雷下载界面

(2) 使用快剪辑获取视频。

其步骤如下。

① 使用 360 浏览器播放视频，选择边播边录。

② 播放影像，单击"录制"按钮。

③ 选取好需要截取的部分，停止录制。

④ 进入编辑视频片段界面，简单地修改录制好的视频。

⑤ 编辑完成后导出视频。

(3) 采集光盘的视频素材。

① 启动超级解霸，打开光盘中的视频文件。

② 选择"循环"→"选择录取区域"命令剪辑视频文件中需要的部分。

③ 保存剪辑好的视频片段为正确的文件类型。

(4) 利用专业软件制作视频和动画素材。

① 利用 Animator 软件制作 GIF 动画。

➤ 打开 Easy GIFAnimator 软件。

> 单击"添加图像"按钮，选择导入几张用来制作动画的图片素材。

> 单击"动画属性"按钮，设置属性。

> 单击"保存"按钮，即可生成几张图片连续播放的 GIF 格式动画。

② 利用 Flash 软件制作 Flash 动画。详细步骤参看本章"实践 4 Flash 动画的制作"。

③ 利用单反摄像机录制视频素材后用会声会影软件或 Premiere 软件制作视频文件。详细步骤参看本章"实践 2 微电影作品制作"。

5. 实践扩展

(1) 下载腾讯网或优酷网上的一段视频。请注意网络下载视频的方式。

(2) 利用 Photoshop 工具将一张破损的照片修复。

(3) 利用 ACDSee 看图工具对图像内容进行管理。

(4) 利用 Premiere 非线性编辑软件处理视频文件，实现文件的裁剪、合并、插入、添加效果、录制旁白、设置背景音乐等。

(5) 利用超级解霸捕获 VCD、DVD 图像。

(6) 利用扫描仪扫描印刷品上的图像。

(7) 利用数码相机拍摄书本上和生活中的图像。

(8) 利用 Easy GIFAnimator 软件制作 GIF 动画。

实践 2 微电影作品制作

1. 实践目的

(1) 了解微电影作品制作流程。

(2) 掌握文字稿本和分镜头稿本的写作方法。

(3) 应用摄像机、手机或数码照相机的摄像功能拍摄镜头。

(4) 熟练应用爱剪辑或 Adobe Premiere 进行后期制作，简单掌握会声会影软件。

2. 实践任务

小组合作完成一个微电影作品的制作。

作品要求如下。

(1) 主题自选，思想健康、向上，充满青春气息，有一定的思想性。

(2) 体裁不限，可以是新闻类、人物类、纪录类、故事类等。

(3) 摄制组由想做导演的同学组建，主要人员有导演、编剧、演员、摄像、后期制作等。

(4) 作品评价标准参考实践内容里的"微电影作品评价量规表"，对于导演、编剧、摄像、主要演员和后期制作会酌情加分。

(5) 完成时间：4~6 周。

3. 实践环境及材料

多媒体计算机、数码照相机、数码摄像机、手机、Windows XP/Win7/Win8/Win10、爱剪辑或 Adobe Premicre 软件。

4. 实践内容与步骤

教育类电视节目制作是教育技术制作中的重要组成部分,学生应该掌握教育类电视节目的制作方法和步骤,能熟练应用相关的设备和软件,制作简单的教育电视节目。由于教育电视节目较之当前流行的大学生微电影作品更浩繁、系统、复杂和艰巨,科学性和教育性要求更高等原因,所以将制作教育电视节目的实践转换为制作生动活泼、更有大学生活气息的微电影作品。

1) 视频剪辑入门——爱剪辑教程

(视频参考案例——爱剪辑作品《雨霖铃》)

(1) 前期准备。

① 构思主题。

一个优秀的视频剪辑应该有丰富精彩的内容和明确的主题思想。

② 选择素材。

素材包括音频素材和视频素材。

视频资源获取的途径有爱奇艺、优酷、哔哩哔哩等平台;音频素材可在网易云音乐、QQ音乐或酷狗音乐等下载。

(2) 剪辑过程。

① 打开爱剪辑软件,新建一个视频并命名,如图8-3所示。

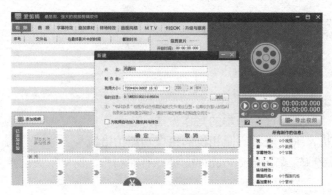

图 8-3　新建视频

② 添加视频,在预览中截取需要的片段,并移动调整片段顺序,如图8-4所示。

图 8-4　添加视频

③ 在"声音设置"中选择"消除原片声音"。添加音频，如图 8-5 所示。

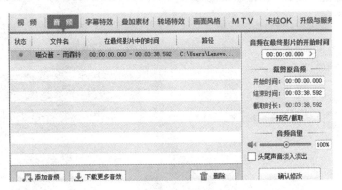

图 8-5 添加音频

④ 选择"叠加素材"中的"去水印""添加去水印区域"进行区域选定，并根据需要选择合适的方式和参数，如图 8-6 所示。

图 8-6 去水印

⑤ 添加字幕，选择字幕特效，在需要添加字幕的画面定格，双击添加，并根据需要设置相关参数，如图 8-7 所示。

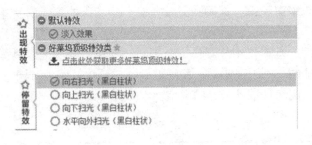

图 8-7 添加字幕

⑥ 酌情添加转场特效或修改画面风格。

⑦ 预览成品，导出视频，如图 8-8 所示。

图 8-8　导出视频

2) 微电影作品的制作过程

(1) 前期准备。

① 剧本创作。

按照表 8-1 所示的文字稿本格式编写文字稿本。

表 8-1　文字稿本格式

序　号	画　面	解　说　词	备　注
1			
2			
3			
…			

文字稿本的编写说明。

序号：内容表达的顺序编号。

画面内容：以文字或图示叙述图像、音效，便于视音频手段表现；字幕，起到提示和强调画面的作用，要求措辞精练、准确；音效，对一些特殊的揭示事物本质的生活音效进行说明。

解说词：解说词的基本作用是解释、渲染、结构和串联画面。具体要求是源于画面，不重复画面；概括画面，不脱离画面；精练准确；口语化；保证听清、听懂。

编写时可参看范例《京华烟云》的文字稿本(见表 8-2)。

表 8-2　《京华烟云》文字稿本

序　号	画　面	解　说　词	备　注
1	苏亚走进房间，木兰看了他一眼	成亲第二日	加字幕"第二天"
2	苏亚和木兰对话	(对话内容省略)	加对话字幕

续表

序　号	画　面	解　说　词	备　注
3	苏亚怒气冲冲地离开	无	加背景音乐
…			

按照表 8-3 所示的分镜头稿本格式编写分镜头稿本。

表 8-3　分镜头稿本格式

镜　号	机　号	景　别	技　巧	时　间	画　面	解　说	音　响	音　乐	备　注
1									
2									
3									
…									

编写时可参看范例——《京华烟云》的分镜头稿本，如表 8-4 所示。

表 8-4　《京华烟云》分镜头稿本

镜号	景别	技巧	时间	画面	解说	音响	音乐	备注
1	中景	无	2″	苏亚走来	成亲第二日，苏亚回来	小	无	后期配音
2	全景	无	7″	苏亚与木兰对话	同上			
3	近景	无	12″	苏亚说话	同上			
4	全景	无	15″	苏亚与木兰对话	同上			
5	近景	特写	2″	木兰抓住苏亚的手	无	小	配乐《心语一》从此处开始，但声音放低	后期配音
6	近景	无	10″	木兰说话面孔	无	小	配乐持续	后期配音
7	中景	无	15″	苏亚出走，一人镜头	无	中	配乐声音渐	后期配音
8	近景	无	3″	木兰呐喊单人镜头	无	大	配乐随此结	后期配音

② 组织人员。

小组人员分配任务，选出导演、摄像和场务，每个同学都要参与表演。

(2) 现场摄制。

现场摄制所需的设备由学生自己解决，可用小型数码摄像机，也可用数码相机中的摄像功能，最差的用手机里的摄像头进行拍摄。

演员的表演尽量要到位、真实、自然，服饰妆容贴近角色。

(3) 后期制作。

后期制作是指利用实际拍摄所得的素材，通过三维动画和合成手段制作特技镜头，然后把镜头剪辑到一起，形成完整的影片，并且为影片添加声音。

后期制作的常用软件有会声会影(绘声绘影)、Adobe Premiere、Movie Maker、爱剪辑等。

同学们可选用任一款软件进行后期制作，一般建议使用 Adobe Premiere。

3) 微电影作品评价

依据表 8-5 所示的评价量规对作品进行评价。

表 8-5　微电影作品评价量规

作品名称			
作　者			
评审指标	评价标准	权重/%	各项得分
思想性	主题明确； 内容积极、健康向上； 能科学、完整地表达主题思想； 内容贴近作者的学习和生活实际	15	
创造性	主题表达形式新颖，构思独特、巧妙； 具有想象力和个性表现力； 内容、结构设计独到	20	
艺术性	反映出作者具有一定的审美能力； 情节、人物、语言等设计上引人入胜； 角色形象、生动、活泼，富有艺术想象力； 音效与主题风格一致，具有艺术表现力	25	
技术性	选用制作工具和制作技巧恰当； 技术运用准确、适当、简洁； 画面衔接流畅，视听效果好； 字幕内容通顺，无错别字	25	
语言表达	语言表达流畅，无表达错误； 能够准确、恰当地进行表达； 语言生动，有感染力	15	
总分(满分 100)			

5. 实践扩展

(1) 积极参加全国大学生微电影作品大赛。

(2) 将制作好的微电影作品上传到视频网站上。

实践3　多媒体演示文稿 PowerPoint 的实践

1. 实践目的

(1) 掌握 PowerPoint 2010 的基本操作技巧。

(2) 熟练掌握 PowerPoint 制作技术。如：在多媒体演示文稿中集成文本、图形、图像、音频、视频以及动画等多媒体素材。

(3) 掌握演示文稿修饰和放映的操作方法。

2. 实践任务

制作一个所在学院宣传用的 PPT。学院 PPT 包括欢迎词、学院概况简介、管理机构、办学实力、学生人数图、学院一览图、成果展示图或视频七个方面的内容。

具体要求如下。

(1) 标题文字：黑体，加粗，44 磅，效果为"阴影"，颜色为"黑色"。

(2) 自设背景、自制模板(通过母版)。母版中的矩形设为圆角矩形，自己填充颜色，高度为 1.2 cm，宽度为 4 cm，线条颜色为"无线条颜色"。阴影样式为"阴影样式 6"，矩形框中的字与颜色与你的填充色协调即可。

(3) 学院概况用文字版式，管理机构用组织结构图，办学实力用表格(说明学院系别专业、实验室、学位点及教师情况)，在校学生用图表，学院一览可以用视频或相册，成果展用动画。

(4) 给制作的几张幻灯片加上效果。

3. 实践环境及材料

多媒体网络教室、Windows XP/Win7/Win8/Win10、PowerPoint 2010 软件、素材处理软件与设备、准备好的学院相关材料。

4. 实践内容与步骤

1) 演示文稿和幻灯片的基本操作

(1) 创建、保存、打开和关闭演示文稿。

(2) 插入、复制、移动、删除和放映幻灯片。

2) 在演示文稿中添加多媒体素材

(1) 添加文字。

在 PowerPoint 中加入文字，一般都需要使用文本框。另外，还可以使用"艺术字"功能制作漂亮的标题文字。

① 插入文本框。

➢ 选择"插入"→"文本框"→"水平"(或"垂直")命令。

➢ 在工作区中拖动鼠标，画一个文本框，输入"我的大学生活"。

② 制作艺术字。

➢ 选择"插入"→"艺术字"命令。

➢ 在"艺术字库"中选择艺术字样式。

➢ 在"编辑'艺术字'文字"对话框中输入艺术字的内容，设置字体、字号。

(2) 添加图形和图像。

① 选择"插入"→"图片"→"来自文件"(或者"剪贴画")命令。

② 在弹出的"插入图片"对话框中找到要添加的图片文件，单击"打开"按钮。

③ 图片出现在幻灯片上，并处于选中状态。

④ 利用图片编辑工具对添加的图片进行编辑。

(3) 添加图表和图示。

① 选择"插入"→"图表"命令，进入图表编辑状态。

② 在数据表中编辑好相应的数据内容，然后在幻灯片空白处单击，即可退出图表编辑状态。

③ 调整好图表的大小，并将其定位在合适位置上即可。

(4) 添加声音。

① 准备好声音文件(*.mid、*.wav 等格式)。

② 选中需要插入声音文件的幻灯片，选择"插入"→"媒体"→"音频"命令，打开"文件中的音频"对话框，定位到上述声音文件所在的文件夹，选中相应的声音文件，单击"确定"按钮返回。

③ 此时，系统会弹出声音对话框，根据需要单击其中相应的按钮，即可将声音文件插入幻灯片中(幻灯片中显示出一个小喇叭符号)。

(5) 添加视频。

准备好视频文件，选中相应的幻灯片，选择"插入"→"媒体"→"视频"命令，然后仿照上面"文件中的音频"的操作方法，将视频文件插入幻灯片中。

3) 幻灯片的修饰

(1) 添加背景。

① 选择"设计"→"背景"命令，或在幻灯片空白位置右击，然后在弹出的快捷菜单中选择"设置背景格式"命令。

② 单击"填充"，选择一种填充效果。

③ 选择"填充"→"图片或纹理填充"命令。选择插入自"文件"，插入需要的图片即可。

④ 如果单击"应用"按钮，则此背景效果仅对当前选中的幻灯片有效；如果单击"应用全部"按钮，则对全部幻灯片的背景有效。

✑ **小贴士**

背景的设计要体现衬托性和协调性的原则。PowerPoint 中重要的元素可以通过大号字体、加粗字体、不同的颜色、显著的位置等方法来使其醒目。

(2) 使用幻灯片母版。

使用幻灯片母版的目的是进行全局设置和更改(如设置或替换正文的字体),并使该更改应用到演示文稿中的所有幻灯片。使用幻灯片母版可改变标题、正文和页脚文本的字体;改变文本和对象的占位符位置;改变项目符号样式;改变背景设计和配色方案。

选择"视图"→"母版"→"幻灯片母版"命令,在母版视图中进行修改。

4) 设置课件的动画效果

(1) 设置自定义动画实现片内动画。

① 选中要添加效果的对象,可以是文字,也可以是图形/图像等。

② 选择"动画"→"动画"命令,为对象设置"出现""淡出""飞入"等动画效果。

③ 设置动画开始时间、动画方向以及动画速度。

④ 应用"对动画重新排序"按钮,可对多个动画效果进行重新排序。

(2) 设置幻灯片切换实现片间动画。

① 选择要添加切换效果的某张幻灯片。

② 选择"切换"→"切换到此幻灯片"命令。

③ 设置切换效果,如切换速度和声音。

④ 选择换片方式,如单击或者每隔若干秒,也可以不选择任何换片方式,而是用超链接实现幻灯片的跳转。

5) 设置课件的交互效果

① 在要添加超链接的对象上右击,从弹出的快捷菜单中选择"超链接"命令。

② 单击"屏幕提示"按钮,设置超链接的屏幕提示。

③ 选择超链接的位置。

5. 实践扩展

(1) 制作一个课件,排练计时,并让其自行播放。

(2) 从网络上下载一个 PowerPoint 模板,将其应用到自己制作的课件中。

(3) 依据本专业课程内容,结合本书第 5 章的相关内容,设计一个教学课件。

实践 4 Flash 动画的制作

1. 实践目的

(1) 能利用"绘图工具箱"中的各个按钮绘制不同的图形。

(2) 理解图层和帧的含义。

(3) 掌握演示型动画如逐帧动画、变形动画、精确控制变形动画、运动动画、路径动画、遮罩动画、色彩动画的制作方法。

(4) 掌握插入声音、制作按钮的方法。

(5) 掌握简单交互型动画的制作方法。

(6) 掌握利用 Flash 制作简单教学课件的方法。

2. 实践任务

请参考本书第 2 章、第 3 章、第 5 章以及第 6 章的相关内容，完成以下任务。

可以充分发挥你的灵感与创意，利用你的技术与创造力，大胆创作，设计出有个性、吸引人的 Flash 作品。

> 要求：图文并茂；作品中必须写上自己的专业、班级、姓名和学号；凡是制作了按钮及交互性动画的作品酌情加 5～10 分；必须交源文件(扩展名为 .fla)。

> 建议：多练习实例和欣赏别人的好作品。

> 视频教程：Flash MX 2004 超速入门与实例提高，网址为 http://www. pconline. com. cn/pcedu/videoedu/flash/0507/665563. html。

3. 实践环境及材料

多媒体网络教室、Macromedia Flash 工具。

4. 实践内容与步骤

1) 绘制图形

在 Flash 中，利用绘图工具箱可以绘制出所需的各种图形，如数学中的几何图形、化学实验装置图等。

示例：绘制圆管，其步骤如下。

(1) 新建一个空白文档，选择"修改"→"文档"命令，将背景设置为白色，并保存。

(2) 单击"椭圆"工具，在舞台上画出一个扁平的椭圆。

(3) 单击"选择"工具，选中椭圆，按住 Alt 键，并往下拖动鼠标，复制一个椭圆。

(4) 单击"线条"工具，在两椭圆的两端分别画出两条直线，将两椭圆连接在一起。

(5) 单击"选择"工具，选中下面椭圆的上边缘，按 Delete 键将其删除。

(6) 单击"填充"工具，将圆柱表面和上表面分别填充不同的颜色。

(7) 单击"选择"工具，选中上面的椭圆，单击"任意变形"工具，按住 Shift 和 Alt 键的同时，拖动鼠标，将上面椭圆等比例缩小。

(8) 单击"填充"工具，将上面小椭圆填充另外一种颜色，圆管出现。

(9) 选中多余的轮廓线，将其删除。最后效果如图 8-9 所示。

2) 演示型动画

(1) 逐帧动画。在时间帧上逐帧绘制帧内容称为逐帧动画。

示例：为汶川祈祷，其步骤如下。

① 新建一个文件，选择"修改"→"文档"命令，将文档背景色调整为黑色。

② 双击图层 1，将图层 1 命名为"蜡烛"，在舞台上绘制一个蜡烛(白色圆柱体)。

③ 新建图层 2，命名为"火焰"，在蜡烛上方绘制火焰(先绘制黄色的椭圆，然后单击"选择"工具，改变椭圆的形状)。效果如图 8-10 所示。

④ 在"火焰"层上插入四个关键帧，分别微调火焰的形状。在"蜡烛"层上插入普通帧，使其延续到第五帧。

⑤ 新建图层，在火焰上方输入汉字"为汶川祈祷"，调整字体、字号及颜色。

⑥ 按 Ctrl+Enter 组合键测试影片，可以看到跳动的火焰。

图 8-9　圆管

图 8-10　蜡烛形状

(2) 形状补间动画。通过补间形状，可以创建类似于形变的效果，使一个形状随着时间推移变成另一个形状。Flash 还可以利用补间形状来实现两个图形之间的位置、大小和颜色的相互变化。

示例：制作球体自转动画，其步骤如下。

① 新建一文件，在舞台上绘制一圆形，这个圆形将作为渐变颜色的填充区域。

② 打开"混色器"面板，将"颜色模式"设置为"放射状"。使用黑边的放射状颜色填充圆形，填充点位于圆形的左上方。

③ 在第 20 帧处插入一关键帧。使用"填充变形"工具调整渐变颜色填充点的位置，将填充点的位置移动到右下方。

④ 单击第一帧，打开"属性"面板，将"补间形式"设置为"形状"。

⑤ 按 Ctrl+Enter 组合键测试影片，可以看到球体在自转，即填充的渐变颜色亮点先是位于图形的左上方，随着时间的变化逐渐移动到图形的右下方。

(3) 精确控制形状补间动画。在形状补间动画的基础上，控制某一点变化逐渐到某一点。

示例：形状补间动画控制，其步骤如下。

① 首先制作一段形状补间动画：在第一帧的舞台上绘制一圆形；在同一图层的第 30 帧处插入一空白关键帧；在该帧的舞台上绘制一方形；单击第 1 帧，打开属性面板，将"补间形式"设置为"形状"。

② 选中第 1 帧，选择"修改"→"形状"→"添加形状提示"命令或者直接按 Ctrl+Shift+H 组合键即可添加一个形状提示，按照上述方法还可再添加若干个形状。

③ 选取最后一帧，将方形上的形状提示——拖动到合适的位置。

④ 按 Ctrl+Enter 组合键测试影片，就可以看到形状提示点将圆形相应位置变成方形的相应位置。

(4) 运动补间动画。元件由一个状态变化到另一个状态(如位置、角度和透明度等属性)，需利用运动补间动画来实现。

示例：制作单摆动画，其步骤如下。

① 在图层1的第1帧画出单摆，如图8-11所示。单击"选择"工具，框选整个单摆。选择"修改"→"转换为元件"命令将其转换成图形元件。单击"任意变形"工具，将单摆中心点拖动到单摆最上方中间位置。按住 Shift 键，将单摆向左旋转45°，效果如图8-12所示。

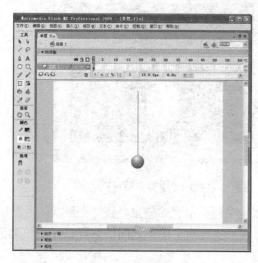

图 8-11　单摆形状

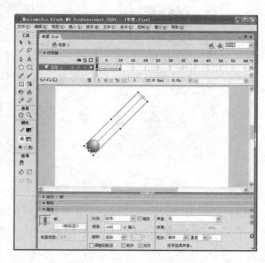

图 8-12　第 1 帧画面

② 右击图层1的第10帧，在弹出的快捷菜单中选择"插入关键帧"命令。按住 Shift 键，向右旋转单摆45°，使其垂直。

③ 选中第1帧，打开属性面板，将"补间选项"设置为"动作"，Flash 自动完成第1帧到第10帧之间帧的动画。在时间轴上，可以看到中间帧变成淡紫色并且有一条实线的箭头。

④ 将"简易"后面的数字设置成-100，使单摆下落速度越来越快。

⑤ 以上步骤完成了单摆的1/4个周期，后面的过程可参照以上步骤来完成。

⑥ 按 Ctrl+Enter 组合键测试影片，就可以看到单摆运动的过程。

(5) 遮罩动画。为了得到特殊的显示效果，可以在遮罩层上创建一个任意形状的"视窗"，遮罩层下方的对象可以通过该"视窗"显示出来，而"视窗"之外的对象将不会显示。

示例：画卷打开，其步骤如下。

① 在"画"图层的第1帧制作自己喜欢的画面(制作完成后最好转换为元件)，并延续至第50帧，如图8-13所示。

② 在"矩形"图层的第1帧制作一纵向能覆盖画卷的矩形，如图8-14所示。

③ 在"矩形"图层的第40帧上插入关键帧(此时该帧内容与第1帧的内容相同)，用"任意变形"工具将该小矩形变形为如图8-15所示，并在第1帧和第40帧之间做形状补间，延续至第50帧。

④ 在"右轴"图层的第1帧上制作自己喜爱的画卷卷轴，制作完成后转换为元件，延续至第50帧，如图8-16所示。

⑤ 在"左轴"图层的第1帧上从库中拖入卷轴元件，如图8-17所示。

图 8-13　"画"图层第 1 帧画面

图 8-14　"矩形"图层第 1 帧画面

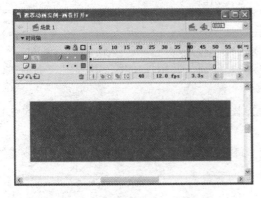

图 8-15　"矩形"图层第 40 帧画面

图 8-16　"右轴"图层第 1～50 帧画面

⑥ 在"左轴"图层的第 40 帧上插入关键帧(此时该帧内容也为卷轴)，将该卷轴移动到如图 8-18 所示的左边位置，并在第 1 帧和第 40 帧之间做动作补间，延续至第 50 帧，如图 8-19 所示。

⑦ 设置"矩形"图层为遮罩层，"画"图层为被遮罩图层，测试影片。

(6) 运动引导层动画。

运动引导层是一个指引物体沿着一个固定轨迹运动的特殊层。这个层中的物体的运动轨迹在实际动画运行中不会显示。

图 8-17　"左轴"图层第 1 帧画面

图 8-18　"左轴"图层动作补间

图 8-19 "左轴"图层动作补间

示例：小球的圆周运动，其步骤如下。

① 在图层 1 的第 1 帧绘制一个小球，并将其转换为元件，在第 40 帧插入关键帧。

② 创建运动引导层，在引导层的第 1 帧绘制一个圆，并用橡皮擦工具擦出一个小口，延续至第 40 帧，如图 8-20 所示。

③ 锁定引导层，把图层 1 第 1 帧的小球拖至图中开始运动的位置(注意：让小球的中心位置正好在引导层的开始位置)。

④ 把图层 1 第 40 帧中的小球拖至引导层圆轨迹的结束位置，同时也要注意让小球的中心恰好在引导层的结束位置，如图 8-21 所示。

⑤ 创建运动补间，然后保存并发布影片。

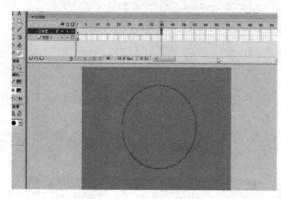

图 8-20 引导层第 1 帧

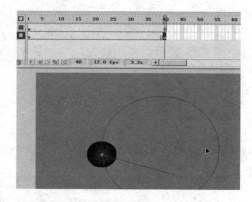

图 8-21 设置小球的结束位置

3) 交互型动画

交互型动画是指在动画作品播放时支持事件响应和交互功能的一种动画，这种动画是通过一种类似于脚本的简化语言(ActionScript)实现对动画的控制。Flash 中的行为只能添加到"关键帧""按钮"和"影片剪辑"上。与时序有关的行为必须添加到关键帧上；与事件相关的行为必须添加到按钮上。

示例：控制播放完第 1、2 帧后停止，其步骤如下。

① 逐帧动画制作多于 3 帧的动画，在每一帧中绘制不同的图形，选择"控制"→"测试影片"命令或按 Ctrl+Enter 组合键测试影片，会看到影片在这 3 帧之间循环播放。

② 回到主时间轴，选中第 2 个关键帧，按 F9 键打开"动作"面板。

③ "动作"面板左边显示了可扩展的 ActionScript 关键字目录。在"动作"\"影片控制"目录下面找到关键字 Stop 并双击，脚本窗口将添加如下所示的一行语句：stop()。

④ 按 Ctrl+Enter 组合键测试影片，播放第 1、2 帧后影片会停止。

4) 导入声音

Flash 允许导入的声音格式包括 WAV、AIFF 及 MP3 等。

① 选择 File→Import 命令。

② 在打开的 Import 对话框中选择导入声音文件的类型、位置和相应文件。

导入的声音文件已经作为元件被插入 Library 面板内，通过 Window→Library 命令可查看。

5. 实践扩展

(1) 利用绘图工具箱绘制组成化学仪器的各部分，再将各部分组成基本图形，最后通过变形、填充颜色等编辑完成化学装置图的绘制。

(2) 利用逐帧动画，实现打字效果。

(3) 利用动作补间动画类型，制作地球围绕着太阳旋转的动画。

(4) 利用 Flash 制作与本专业相关的中小学课程教学课件。

实践 5　皮影客动画的制作

1. 实践目的

(1) 利用皮影客制作动画时，可以利用"主题""场景""形象""道具"等不同类别中包含的各种素材。

(2) 了解时间轴和步骤的含义。

(3) 掌握插入配音和背景音乐的方法。

(4) 掌握添加镜头、气泡、字幕的方法。

(5) 掌握赋予人物动作和场景转换的方法。

(6) 掌握利用皮影客制作简单动画的方法。

2. 实践任务

请参考本书第 2 章、第 3 章、第 5 章以及第 6 章的相关内容，完成以下任务。

可以充分发挥你的灵感与创意，大胆创作，设计出有专业特色、吸引人的皮影客动画作品。

➤ 要求：情节连贯，内容完整，符合主流审美标准，健康积极向上；文件名必须写上自己的姓名和学号；必须交视频文件(扩展名为. MP4)。

➤ 建议：多进行实例练习和欣赏、学习别人的好作品；进行团队协作。

3. 实践环境及材料

智能手机、皮影客 App。

4. 实践内容与步骤

1) 了解皮影客

在皮影客中有内置的多种经典动画主题，包含场景、形象、道具等各种素材，人物、动物的各种情绪、对话表现、肢体动作和移动方式等都可以直接选择赋予，所以动画制作的难度较 Flash 等动画软件降低，而与之相对的是制作动画可以表现的主题和内容受到一定的限制。

2) 制作动画内容

皮影客动画的制作是在时间轴上展开的，类似于 Flash 的逐帧动画。

示例：皇帝的新装，以人们议论皇帝一幕为例，其制作步骤如下。

打开皮影客 App，点击下方"+"开始动画制作。

选择场景。点击"场景"栏，下拉选择"花店内"场景，效果如图 8-22 所示。

> **小贴士**
>
> 动画的设计要体现协调性的原则。因为皮影客包含多种经典动画主题，不同动画的画风有所不同，所以在制作动画时要注意选择场景、形象或道具等素材，避免出现冲突与违和感。

(1) 选择形象。点击"形象"栏，下拉选择"大可""飘飘"形象(点击选中某一形象之后会自动跳转到"动作"选择栏，此时点击左侧"店铺"图标可以返回)，点击"飘飘"右上角的"翻转"图标翻转人物，然后将二者通过手指按住拖动到合适的地方。

> **小贴士**
>
> 皮影客中的"形象""道具"和"气泡"这些素材都在其四周具有相同的图标功能。在选中状态下，左上角图标为"删除"；右上角图标为"翻转"；左下角图标为功能折叠图标，点击展开后从左到右依次为"固定"和"返回上一步"；右下角图标为"缩放和旋转"，手指按住拖动即可操作，也可上下拖动界面左侧功能栏，仅进行缩放。图标形式如图 8-23 所示。

(2) 赋予动作。点击"飘飘"，出现"动作"选择栏，选择"对话类"中的"指点*"。

> **小贴士**
>
> 在制作过程中，人物或动物每选择赋予一个动作都可以点击"√"按钮进行保存，在时间轴上会产生一个圆点，即为一个步骤，然后进入下一个动作的赋予。不保存动作时点击其他动作会对当前动作进行覆盖，保存之后则成为连续动作。每次只能编辑一点内容，点击之前的圆点可以进行查看或修改。

(3) 添加气泡。点击"气泡"栏，选择第二行第三个气泡，在自动跳出输入界面中输入"国王"，按住右下角适当地调整大小，并将其按住拖动到合适的地方。效果如图 8-24 所示。

(4) 点击"√"按钮保存当前内容。

(5) 添加镜头。双指拖动屏幕以"大可"为中心适当放大，点击右侧第一个"摄像机"

图标，选择第一行第四个"镜头动作"，此时动画出现了由远及近的预览效果。点击"大可"，选择"对话类"中的"站-说话-无奈*"，点击"√"按钮保存。效果如图 8-25 所示。

图 8-22　选择场景

图 8-23　选择形象

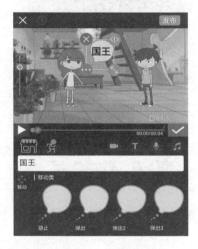

图 8-24　添加气泡

图 8-25　添加镜头

(6) 添加字幕。选择第二个点，点击右侧第二个"T"型图标，在自动弹出的输入界面中输入"这个王国的国王非常喜欢穿华丽的衣服"，点击"√"按钮保存。同理，在第三个点输入"人们提起他总是说国王在更衣室里"并保存。

☞ **小贴士**

制作字幕时要注意单个步骤中避免出现过长的语句，受单个步骤的时长限制，长句会给之后的配音工作带来麻烦。

3) 添加配音和背景音乐

示例：在 2)的制作基础上进行添加。

(1) 添加配音。滑动时间轴到需要配音的地方，点击右侧第三个"麦克风"图标，单击录入当前步，长按则从当前步开始一直录到动画结束。可以重复录制，结束后点击"√"按钮保存。效果如图 8-26 所示。

小贴士

某一步骤允许配音的时长取决于该步骤最长动作的时间，不同的动作时长不同，制作动画时要意识到这一点，恰当选取符合剧情与字幕时长的动作。如果遇到旁白或符合的动作太短不便配音等特殊情况，可以采用随机选取一个道具缩放至肉眼不易观察的程度，赋予其移动动作的方法，利用类似手段可以达到产生或延长步骤时长的目的，方便配音。

配音结束后可以点击"+1""-1"等进行一定程度的变音。

(2) 添加背景音乐。点击右侧第四个"音符"图标，选择第一行第一个"森林跳跃"背景音乐。此步骤无须保存。效果如图 8-27 所示。

图 8-26　添加配音

图 8-27　添加背景音乐

4) 预览和导出

(1) 预览和修改。动画初稿制作完成后，点击第一个圆点，点击左侧"播放"图标进行预览，对不足之处进行修改并保存。

小贴士

点击某一步骤圆点时，会弹出功能栏，从左到右依次为"添加一个步骤"，点击后会在当前步骤后增加一个新的步骤，仅保留当前步骤的场景、形象和道具；"复制当前步骤"，点击后会在当前步骤后产生一个与当前步骤完全相同的新步骤；"删除当前步骤"，点击后删除当前步骤。

(2) 发布与保存。动画制作完成后，点击右上角"发布"图标，就可输入动画名称"皇帝的新装"，也可在下方编辑想说的话。效果如图 8-28 所示。

之后点击右上角"发布"图标，自动跳转到视频录制界面，上方显示视频录制进度条，录制完成后自动跳转到"朋友圈"界面，上方显示视频转码进度条。等待转码完成后界面下方会跳出"发布成功"提示，点击"微信好友"和"微信朋友圈"等图标可以进行分享，点击"保存到本地"可以保存视频文件到本地。效果如图 8-29 所示。

图 8-28 填写发布　　　　　图 8-29 发布成功

5. 实践扩展

(1) 利用不同的场景图，增减形象，获得不同场景的转换效果。

(2) 尝试完整地制作一个情节连贯、内容完整的视频。

(3) 利用皮影客制作与本专业中小学课程教学相关的动画。

实践6 教学过程设计

1. 实践目的

(1) 了解教学设计的各个环节。

(2) 掌握教学设计的系统方法。

(3) 结合本书相关章节内容进行本专业课程的教学过程设计。

2. 实践任务

请参阅本书第1章、第5章、第6章以及第7章的相关内容，完成以下任务。

(1) 设计一个以"教"为主的教学过程设计方案(与本专业相关的一节中小学课程教学内容)。

(2) 设计一个以"学"为主的教学过程设计方案(与本专业相关的一节中小学课程教学内容)。

3. 实践环境及材料

(1) 小组协作，选好学习主题，确定学习对象和教学内容，准备好相关的教学资料，最好选择高中或初中的教学内容。

(2) 教学设计子表。

4. 实践内容与步骤

1) 以"教"为主的教学过程设计

(1) 分析学习者及学习需求。具体分析学生的基础、学习情况及学生对本堂课知识的理解能力，通过这堂课学生可以在哪些方面得到提高，填写表8-6和表8-7。

表8-6　教材内容表

设计者		执教者		时间		年		月		日	
选自　　学科				章(单元)				节(课)			
学习的具体内容有:											

表8-7　学生特征分析

1. 说明学生所在地区、学校、年级
2. 分析学生基础水平、初始能力、学习风格等(选择关键特征分析)

(2) 分析学习内容或教材。对内容进行分层,哪些内容是学生必须掌握的,哪些内容是学生容易掌握的,哪些内容较深,与学生目前的知识水平有哪些差距,学习的内容对学生有哪些实际的帮助,填写表8-8。

表8-8　教学内容分析表

章　节	知识点		学习目标层次						教学建议		计划学时
	编号	内容							重点	难点	

(3) 撰写学习目标。应用布鲁姆的教学目标分类法,根据该班学生的实际情况及教材的要求,分别设定本次课的知识目标、能力目标、情感态度目标(目标要实际、具体,可操作性强),填写表8-9。

表8-9　教学目标分析表

章节名称				计划学时	
教学总目标					
教学目标描述	知识点编号	目标层次	具体描述语句		行为动词
项目	内容			措施	
教学重点					
教学难点					

（4）分析学习媒体。结合媒体本身的特性和当前的学习内容选择合适的媒体，注意媒体的设计一定要符合当前班级所在的教室的实际环境，填写表 8-10。

表 8-10　基于课堂演示型课件的教学媒体设计表

教学媒体的选择	知识点编号	学习目标	媒体类型	媒体内容要点	教学作用	使用方式	使用时间	备注
课件框面设计								

（5）设计教学或学习的过程。依据学习目标选择教学方法和教学手段，能更好地获得预期教学效果。对教学过程能有一定的预测，以便调控。注意发挥学生的主体作用和教师的主导作用，并填写表 8-11。

表 8-11　教学过程结构设计

教学过程结构的设计	□ 教学内容和教师的活动　　⊖ 媒体的应用　　▱ 学生的活动　　◇ 教师进行逻辑判断

（6）设计教学设计方案。依据表 8-12 填写教学设计的详细方案。

表 8-12　教学过程设计详案

教师活动	学生活动	设计意图
[引入]我们已经学过卤族元素和氧族元素，认识到同一族元素的化学性质是相似的，今天我们学习新的一族——碱金属元素 [板书/投影]第四章　碱金属元素	回忆卤族元素、氧族元素的相似性及原因	复习相关旧知识，引入新课
[提问] [讨论]		激发学生探求新知识的欲望
……		培养学生观察和表达的能力，突出重点等

(7) 教学方案评价。编写形成性练习题，对本次方案进行初步评价，填写表 8-13。

表 8-13　形成性练习设计和对方案的评价意见

知识点编号	学习目标	练习题目内容

本设计方案的优缺点及改善意见：

2) 以"学"为主的教学过程设计

现在一般的信息化教学模式都是以学为主的，比如基于问题的、基于项目的、基于网络协作的等。以"学"为主的教学过程设计包括以下环节，填写表 8-14。

表 8-14　以"学"为主的教学过程设计要素表

设计者：	单位：		学科领域：	年级：
主题(问题或项目)描述：				
学习目标(任务、成果)分析	知识： 能力： 情感：			
情境创设	真实的社会环境： 网络或其他媒体辅助： 虚拟的环境：			
信息资源设计	书本类： 电子类媒体： 认知工具： 网址： 社会文化机构： 使用指导：			
学习活动设计	学习活动(自主学习和协作学习)的过程或结构：			
学习评价设计	学习效果评价： 　自我评价量规： 　小组评价量规：(自主学习能力评价；协作学习中所做出的贡献；是否达到意义建构的要求) 强化练习题：			

填写说明如下。

(1) 主题(问题或项目)描述。主题表述应明确、简洁，不会产生歧义或模棱两可。

(2) 学习目标分析(任务分析)。学习目标表述除了选用行为动词外，还要用任务的描述或学习成果的取得来表示。

(3) 情境创设。为学习者创设具体的、与主题相关的、尽可能真实的学习情境。

(4) 信息资源设计。信息资源设计包括从何处获取以及如何有效地利用资源等问题，应尽可能给出不同种类的资源，以便学习者根据自己的条件去选择和利用。

(5) 学习活动设计。学习活动设计用来设计学习者完成学习任务时应遵循的步骤，应说明学习活动的过程和结构，包括自主学习时学习者应阅读的材料，分析、加工和处理的资源，教师和学习资源中心能给予学习者的必要支持的类型和内容，以及关于自主学习活动的建议等；协作学习的组织环境、空间环境、硬件环境、资源环境的设计，协作学习的模式和辅导教师的配备等。

(6) 学习评价设计。应给出评价的标准——量规，评价用的案例、材料、工具，以及评价的方法和要求。

5. 实践扩展

设计一个你所熟悉的课程学习的 WebQuest 方案。

实践 7　微格教学系统及教学技能训练

1. 实践目的

(1) 了解微格教室的结构与布局。

(2) 了解微格教室的设备与环境。

(3) 能独立、正确地操作微格教学系统。

(4) 应用多媒体微格教学系统训练教学技能。

2. 实践任务

请结合本书第 2～5 章的相关内容，完成以下任务。

(1) 独立、正确地操作微格教学系统的全部设备。

(2) 利用微格教室进行课堂教学技能训练(包括语言表达技能、板书技能、提问技能、导入技能、讲解技能、总结技能、课堂管理和组织技能、实验技能等)。

3. 实践环境及材料

微格教学系统、微格教室、录像带等。

4. 实践内容与步骤

(1) 事先的学习和研究。微格教学开始前应先学习微格教学的训练方法、各项教学技能的教育理论基础、教学技能的功能和行为模式。

(2) 确定培训技能和编写教案。微格教学的主要目的是培训在职教师和师范生的课堂教学技能。课堂教学技能可划分为多个单项技能，如导入技能、语言技能、提问技能、讲解技能、变化技能、强化技能、板书技能、演示技能、结束技能、组织课堂技能等。

① 确定培训技能。从表 8-15 中选择单项技能，每次集中培训一两项技能，以便掌握。

② 编写教案。根据培训计划确定培训技能后，被培训者就要选择恰当的教学内容，根据所设定的教学目标进行教学设计，并编写出比较详细的教案。需要注意的是，微格教学的教案具有不同于一般教案的特点，它要详细说明教师的教学行为和学生的学习行为。微格教学教案必须包括以下项目。

➤　教学目标：表述要具体、确切。不贪大求全，应便于评价。

> 教师的教学行为：按教学进程，写出讲授、提问、实验、举例等教师的活动。
> 应用的教学技能：在教学过程中教师的某些行为可以归入某类教学技能，在其对应处注明。对重点训练的技能应注明其构成要素。这样便于检查教师教学技能的训练成果，是训练教师对教学技能的识别、理解和应用能力的一项内容。
> 学生行为：教师预想学生在回忆、观察、回答问题时的可能行为。对学生行为的预先估计是教师在教学中能及时采取应变措施的基础。
> 教学媒体：将需要用的教学媒体按顺序注明，以便准备和使用。
> 时间分配：教学中预计教师行为、学生行为持续的时间。

表 8-15　课堂教学技能

教学技能	描 述	构 成	类 型
导入技能	它是引起学生注意、激发学习兴趣、引起学习动机、明确学习目的和建立知识间联系的教学活动方式。应用于上课之始或开设新学科，进入新单元、新段落的教学过程中	(1)引起注意。 (2)激发认知需要。 (3)形成学习期待。 (4)促进参与	(1)直接导入； (2)经验导入； (3)旧知识导入； (4)实验导入； (5)直观导入； (6)设疑导入； (7)事例导入； (8)悬念导入； (9)故事导入
语言技能	教师在课堂上阐明教材、传授知识、组织练习和不断激发学生积极的学习情绪的过程中所运用的语言就是教学语言。教学语言技能是教师完成教学任务的最主要的保证	(1)必须掌握基本语言技能。 (2)课堂口语技能应遵循学科性和科学性、教育性和针对性、简明性和启发性原则	(1)基本语言技能： ①语言和吐字； ②音量和语速； ③语调和节奏； ④词汇； ⑤语法。 (2)特殊语言技能：是指教师的课堂口语技能，是在课堂教学的特殊语境中形成的
提问技能	这是教师在课堂教学中进行师生相互交流的重要教学技能，是检查学习、促进思维、巩固知识、运用知识、实现教学目标的一种重要方式	结构：设置问题要系统完整；措辞确切；问题集中；探查诱导；面向全体；停顿；反应	(1)回忆提问； (2)理解提问； (3)运用提问； (4)分析提问； (5)综合提问； (6)评价提问

教学技能	描　述	构　成	类　型
讲解技能	讲解又称讲授，是用语言传授知识的一种教学方式，也是人们用语言交流思想、情感和知识的一种表达方式	讲解技能的一般模式： (1)引入(导论)； (2)主体(议论、推论)； (3)总结(结论、结果)	(1)讲述法； (2)讲解法(解释式、描述式、原理中心式、问题中心式)； (3)讲读法
变化技能	这是教学过程中信息传递、师生相互作用和各种教学媒体、资料的转换方式。它能使教学充满生气，是形成教师教学个性与风格的主要因素	(1)明确新旧知识间的联系； (2)语言清晰流畅； (3)使用例证恰当； (4)适当地进行强调； (5)获得反馈	(1)教态的变化； (2)信息传输通道及教学媒体的变化； (3)师生相互作用的变化
强化技能	这是教师在教学中的一系列促进和增强学生反应和保持学习动力的方式	(1)教学材料的刺激。 (2)所期望的学生反应。 (3)各种肯定或鼓励的方式。 (4)学生形成正确的行为，促进了思维发展	(1)语言强化； (2)动作强化； (3)标志强化； (4)活动强化； (5)获得反馈
板书技能	这是教师为辅助课堂口语的表达而写在黑板上(或写在投影片上)的文字或其他符号	(1)板书语言要准确、富有科学性； (2)直观、形象，富有启发性； (3)板书规范，布局统一； (4)重点突出，富有针对性； (5)条理清楚，层次分明； (6)板书要及时、有效	(1)提纲式； (2)表格式； (3)图示式； (4)综合式； (5)计算式和方程式； (6)线索式
演示技能	这是教师进行实际表演和示范操作，运用实物、样品、标本、模型、图画、图表、幻灯片、影片、录像带和课件提供感性材料，以及指导学生进行观察、分析和归纳的方式	(1)演示设计； (2)指引观察； (3)操作控制； (4)归纳总结	(1)分析法； (2)归纳法； (3)质疑法； (4)引疑激趣法； (5)展示法； (6)声像法
结束技能	这是教师通过归纳总结、实践活动、转化升华等教学活动来结束教学任务的方式	(1)概括要点、结论明确； (2)建立问题和结论之间的联系； (3)重申解决问题的思维轨迹和思维方法； (4)为下节课创设学习情境； (5)组织练习，培养抽象和概括能力； (6)引导学生讨论、评价； (7)适量布置作业，提高学生能力	(1)系统归纳； (2)比较异同； (3)集中小结； (4)领悟主题

教学技能	描　述	构　成	类　型
组织课堂技能	这是课堂教学的"支点"，是使课堂教学得以顺利进行的重要保证，帮助学生顺利地达到预定课堂目标的行为方式	(1)组织学生注意力； (2)管理纪律； (3)引导学习； (4)建立和谐环境	(1)管理性组织； (2)指导性组织； (3)诱导性组织

(3) 提供示范。在正式培训之前，为了使被培训的学生明确培训目的及要求，可以利用录像或实际角色扮演这种直观的方法对所要训练的技能进行示范，并加以讲解与说明。示范可以是正面典型，这样便于培训者学习好的经验；也可以是反面例子，这样被培训者可从中吸取教训，少走弯路。

(4) 微格教学实践。

① 微格教学系统由扮演教师角色、学生角色、教学评价人员和摄录像设备的操作人员组成。

② 在课堂上，教师角色在 10～15 分钟的时间里，上一节课的一部分，练习一两种技能。在课前，对被培训者做一个简短说明，以便使其明确训练的技能、教学内容、教学设计思想。

③ 在课堂上进行角色扮演时，采用录像的方法对教学过程进行记录，便于及时、准确地获取反馈信息。

(5) 反馈评价。能否对被培训者的角色扮演过程给予准确、及时的反馈和恰如其分的评价，是被培训者通过微格教学能否得到提高的关键。评价的方式有以下几种。

① 重放录像。为了使被培训者及时地获得反馈信息，角色扮演完成后要重放录像，让被培训者耳闻目睹自己的教学行为，并与事先的设计相对照，找出优势与不足。由于这种方法所产生的强烈刺激，被培训者看后印象深刻，对缺点改正得比较快。指导教师、评价人员、学生在讨论分析的过程中有重点地重放录像，对于形成较为统一的意见，帮助被培训者改进提供了有利的条件。

② 自我分析。被培训者观看自己的角色扮演录像后，要进行自我分析，检查实践过程是否实现了自己所设定的目标，是否掌握了所培训的教学技能，以及是否存在其他教学问题，以明确改进方向。

③ 讨论评价。作为学生、评价人员和指导教师都要从各自的立场来评价实践过程，总结出优点和所存在的问题，指出努力的方向。

最后，填写分项教学技能的评价量规表，见表8-16～表8-25。

(6) 修改教案。被培训者根据自我分析和讨论评价中所发现的问题修改教案，准备进行微格教学的再循环，或进入教学实习阶段。对反馈中发现的问题按指导教师及学员集体的建设性意见修改教案，经准备后进行重教。重教后的反馈评价方法与"反馈评价"相同。若第一次角色扮演比较成功，则可不进行重教，直接进行其他教学技能的训练。

表 8-16　导入技能评价量规

任课教师：　　　　　　日期：

(请您在听课后对以下各项进行评价，并在恰当的等级栏内划"√")

评价项目	评价等级			
	优	良	中	差
1. 教学设计合理，目标明确				
2. 能自然引入新课，衔接紧凑恰当				
3. 能引起学生兴趣和学习积极性				
4. 设计、提出的问题明确、恰当				
5. 对学生的评价有确认、评价				
6. 语言清晰、有感染力(通顺、准确、规范、有条理)				
7. 教学媒体的使用恰到好处				

您有什么建议，请写在下面：

表 8-17　语言技能评价量规

任课教师：　　　　　　日期：

(请您在听课后对以下各项进行评价，并在恰当的等级栏内划"√")

评价项目	评价等级			
	优	良	中	差
1. 语言表达的内容正确，无科学性错误				
2. 语言表达有条理，逻辑严密				
3. 语言形象、生动、有趣、简洁				
4. 善于设疑，启发学生思维				
5. 吐字清晰，通顺连贯				
6. 声音洪亮，感情充沛，态度亲切				
7. 语速适中，语调恰当，张弛有致				
8. 普通话标准				
9. 语言与眼神、手势密切配合				

您有什么建议，请写在下面：

表 8-18　提问技能的评价量规

任课教师：　　　　　　　日期：

(请您在听课后对以下各项进行评价，并在恰当的等级栏内划"√")

评价项目	评价等级			
	优	良	中	差
1. 问题内容明确，重点突出				
2. 联系旧知识，解决新问题				
3. 问题设计包括多种水平，能培养学生能力				
4. 把握提问时机，促进学生思维				
5. 表述清晰流畅，引入界限明确				
6. 提问后适当停顿，给予思考时间				
7. 提示恰当，帮助学生思考				
8. 提问面广，照顾到各类学生				
9. 对学生的回答能认真分析评价，使大多数学生明确				
10. 对学生以鼓励为主，批评要适时适当				

您有什么建议，请写在下面：

表 8-19　讲解技能的评价量规

任课教师：　　　　　　　日期：

(请您在听课后对以下各项进行评价，并在恰当的等级栏内划"√")

评价项目	评价等级			
	优	良	中	差
1. 讲解目标明确，设计合理				
2. 讲解内容准确，观点科学				
3. 语言简练、清晰，描述生动，富有感染力，能够调动学生的积极性，提高学生的学习积极性				
4. 有助于学生掌握基础知识、基本概念和历史意识				
5. 有助于提高学生的分析、综合比较、概括的能力				

您有什么建议，请写在下面：

表 8-20　变化技能的评价量规

任课教师：　　　　　　　　日期：

(请您在听课后对以下各项进行评价，并在恰当的等级栏内划"√")

评价项目	评价等级			
	优	良	中	差
1. 音量和语调的变化				
2. 讲话的节奏和速度				
3. 语言中的停顿				
4. 目光移动与学生接触恰当自然				
5. 面部表情的变化恰当自然				
6. 手势和头部变化自然协调				
7. 身体移动恰当				
8. 运用教学媒体的变化				

您有什么建议，请写在下面：

表 8-21　强化技能评价量规

任课教师：　　　　　　　　日期：

(请您在听课后对以下各项进行评价，并在恰当的等级栏内划"√")

评价项目	评价等级			
	优	良	中	差
1. 强化目的明确				
2. 强化手段运用时机恰当				
3. 强化方式多样化				
4. 强化效果可靠				
5. 教师态度真诚				

您有什么建议，请写在下面：

表 8-22　演示技能评价量规

任课教师：　　　　　　　　日期：

(请您在听课后对以下各项进行评价，并在恰当的等级栏内划"√")

评价项目	评价等级			
	优	良	中	差
1. 演示目的紧密结合教学目的				
2. 演示内容围绕教学重点和难点				
3. 演示媒体与课程内容配合紧密				
4. 指引观察所取步骤清晰				
5. 演示操作规范熟练				
6. 演示效果清楚明显				
7. 唤起学生兴趣，进行积极探索				
8. 归纳总结，形成概念				
9. 演示过程中应急处理问题的程度				

您有什么建议，请写在下面：

表 8-23　板书技能评价量规

任课教师：　　　　　　　　日期：

(请您在听课后对以下各项进行评价，并在恰当的等级栏内划"√")

评价项目	评价等级			
	优	良	中	差
1. 板书文辞精练、准确				
2. 书写工整，布局美观				
3. 板书反映教学内容系统正确				
4. 变化生动灵活有利学生记忆				
5. 文字规范，笔顺正确				

您有什么建议，请写在下面：

表 8-24　传来技能评价量规

任课教师：　　　　　　日期：

(请您在听课后对以下各项进行评价，并在恰当的等级栏内划"√")

评价项目	评价等级			
	优	良	中	差
1. 目的明确				
2. 概括本课的知识结构和重点				
3. 强化学生对课程的兴趣				
4. 深化知识，升华主题				
5. 总结有承上启下的作用				
6. 语言简洁、贴切、生动，富有感染力				
7. 时间掌握恰当(紧凑性)				

您有什么建议，请写在下面：

表 8-25　组织管理技能评价量规

任课教师：　　　　　　日期：

(请您在听课后对以下各项进行评价，并在恰当的等级栏内划"√")

评价项目	评价等级			
	优	良	中	差
1. 要求明确				
2. 用目光暗示与语言配合使学生尽快进入课堂学习状态				
3. 及时运用反馈调整控制教学				
4. 不断更换教学方式使学生处于思维活跃状态				
5. 采用恰当的方法使不同层次的学生积极投入				
6. 处理课堂突发事件的能力				
7. 师生关系融洽，相互作用好				

您有什么建议，请写在下面：

5. 实践扩展

运用微格教学系统生成网络课程。

参 考 文 献

[1] 教育部. 教育部关于印发《教育信息化 2.0 行动计划》的通知(教技〔2018〕6 号).
http://www.moe.gov.cn/srcsite/A16/s3342/201804/t20180425_334188.html

[2] 一张图看懂《教育信息化 2.0 行动计划》. 搜狐教育.2018.04.24.

[3] 王延平. "现状、目标、方法"——谈人工智能 K12 学科教育. 2018.11.25.
https://www.jiemodui.com/N/102514.html

[4] 国务院. 新一代人工智能发展规划的通知(国发〔2017〕35 号). http://www.gov.cn/zhengce/content/
2017-07/20/content_5211996.html

[5] 科大讯飞. 人工智能(AI)与教育有哪些结合点?.
https://www.zhihu.com/question/63008649/answer/215329820

[6] 百度百科. 慕课. https://baike.baidu.com/item/%E6%85%95%E8%AF%BE

[7] 黄来也.解读慕课(MOOC)、SPOC、微课、翻转课堂的含义. 2017.07.11.
http://www.sohu.com/a/156183475_631873

[8] 百度百科. 可汗学院.
https://baike.baidu.com/item/%E5%8F%AF%E6%B1%97%E5%AD%A6%E9%99%A2

[9] 黄都. 促进知识整合的科学探究式学习环境设计——基于 WISE 网络探究平台的评价[J]. 全球教育展
望，2007(7).